Am Schlusse dieses Bandes befindet sich ein **„Nachweis wichtiger Gesetzesausgaben"**, in dem die meisten Bände der jetzt über 240 Nummern umfassenden

Guttentagschen Sammlung Deutscher Reichs- und Preußischer Gesetze

sowie größere und kleinere Kommentare, Lehrbücher, Sammelwerke, Entscheidungssammlungen und Zeitschriften verzeichnet sind

Guttentagsche Sammlung
Nr. 53. Deutscher Reichsgesetze. Nr. 53.
Kommentare und erläuterte Textausgaben.

Reichspreßgesetz

vom 7. Mai 1874

in der jetzt geltenden Fassung

nebst

den einschlägigen Bestimmungen
der Reichsverfassung, des Reichsstrafgesetzbuchs,
der Gewerbeordnung usw.

Mit Kommentar und Sachregister

von

A. Born,
Erster Bürgermeister i. R.

Vierte, veränderte Auflage.

Berlin und Leipzig 1931.
Walter de Gruyter & Co.
vormals G. J. Göschen'sche Verlagshandlung — J. Guttentag, Verlagsbuchhandlung — Georg Reimer — Karl J. Trübner — Veit & Comp.

Archiv-Nr. 21 1 053.

Vorwort.

Es sind verschiedene Kommentare zum Reichspreßgesetz herausgegeben worden. Sie sind aber fast alle älteren Datums. Abgesehen hiervon ist es von Wert, nicht bloß zu wissen, wie in den verschiedensten Fällen der oberste Gerichtshof, namentlich das Reichsgericht, entschieden hat, sondern auch, warum die Entscheidung, wie geschehen, ergangen ist, was auch in neueren Kommentaren entweder vollständig oder doch größtenteils zu vermissen ist. Aus diesem Grunde ist fast durchweg den zitierten Entscheidungen der Wortlaut aus den „Gründen" derselben beigefügt. Von einer Erörterung des Preßrechtes, wie es von den Rechtslehrern in voneinander abweichenden Ansichten gelehrt und interpretiert wird, ist im großen und ganzen abgesehen, da bei Erörterung des Preßgesetzes in diesem Buche von dem Standpunkte ausgegangen ist, daß für den praktischen Gebrauch, insbesondere für den Nichtjuristen und namentlich auch für den Exekutivpolizeibeamten, dem dieses Buch als Nachschlagebuch dienen soll, es weniger von Wichtigkeit ist, die wissenschaftlichen Abhandlungen über das Preßrecht mit ihren verschiedenen auseinandergehenden, sich bekämpfenden Ansichten kennenzulernen. Für ihn kommt es in erster Linie darauf an, die einzelnen Bestimmungen des Preßgesetzes zu verstehen. Deshalb findet hier vor allem die einschlägige Rechtsprechung Berücksichtigung, da z. B. der Exekutivpolizeibeamte bei Verfolgung von Zuwiderhandlungen gegen das Preßgesetz stets in Einklang mit der Judikatur, mit der Rechtsanschauung der praktischen Juristen stehen muß. Natürlich ist die Kenntnis dieser Rechtsanschauung überhaupt für jedermann von Wichtigkeit. Es sind aber nicht bloß die einzelnen Bestimmungen des Preßgesetzes erörtert; vielmehr haben auch die eingreifenden Bestimmungen anderer Gesetze, z. B. des Reichsstrafgesetzbuches, der Gewerbeordnung usw. an den hierfür in Betracht kommenden Stellen des Preßgesetzes in gebührender Weise ihren Platz und Besprechung gefunden.

Königsberg, 1900.

Der Herausgeber.

Vorwort zur dritten Auflage.

Der Umschwung der politischen Verhältnisse, herbeigeführt durch den unglücklichen Ausgang des Weltkrieges und die innere Umwälzung in Deutschland, hat zur republikanischen Regierungsform und dementsprechend zu einer neuen Verfassung geführt, die für zahlreiche Gebiete der Verwaltung bzw. der Gesetzgebung, auch der der Einzelländer des Deutschen Reiches, von tief einschneidender, wesentlicher Bedeutung geworden ist. Es sei hier nur das Gebiet der Eisenbahn- und Postverwaltung sowie des Steuerwesens (Steuerrecht der Einzelländer und Gemeinden!) erwähnt.

Das Preßgesetz, wie es, aufgebaut auf dem verfassungsmäßigen Grundsatz der Preßfreiheit, im Reichspreßgesetz seine Regelung gefunden hat, ist im allgemeinen, wenn von den Ausnahmen des Artikel 48 der neuen Verfassung und des Gesetzes zum Schutze der Republik abgesehen wird, dasselbe geblieben: Das Preßrecht ist durch die neuere Gesetzgebung (seit 1918) unberührt geblieben.

In der dritten Auflage des Kommentars sind die neuen verfassungsrechtlichen usw. Bestimmungen sowie die neueren Entscheidungen des Reichsgerichts, Kammergerichts, Oberverwaltungsgerichts auf dem Gebiete des Preßrechtes berücksichtigt. Einzelne Gesetzesbestimmungen sind einer neuen Darlegung und Erörterung unterzogen worden.

Münster i. Westf., 1924.

Der Herausgeber.

Vorwort zur vierten Auflage.

In der vierten Auflage haben die neueren gesetzlichen Bestimmungen, welche sich mit dem Preßrecht befassen oder es beeinflussen, Aufnahme gefunden. Ebenso hat die neuere Rechtsprechung der höchstinstanzlichen Gerichte Aufnahme gefunden, wie auch die das Preßrecht betreffenden Verordnungen und Ministerialerlasse, soweit sie von Bedeutung für die preßgesetzlichen Bestimmungen sind, besondere Berücksichtigung gefunden haben.

Münster i. Westf., 1931.

Der Herausgeber.

Inhaltsverzeichnis.

Abkürzungen.

a. a. O. = am angeführten Orte.
Art. = Artikel.
Bd. = Band.
GO. = Reichsgewerbeordnung.
GS. = Preußische Gesetzsammlung.
GVG. = Gerichtsverfassungsgesetz.
KgSt. = Entscheidung des Kammergerichts in Strafsachen.
OG. = Entscheidung des Oberverwaltungsgerichts.
OT. = Entscheidung des vormaligen Obertribunals.
Pr. Vrwltgsbl. = Preußisches Verwaltungsblatt.
RdErl. = Runderlaß.
RGBl. = Reichsgesetzblatt.
RGBl. I = Reichsgesetzblatt Teil I.
RGSt. = Entscheidung des Reichsgerichts in Strafsachen.
RMBl. = Reichsministerialblatt.
RStGB. = Reichsstrafgesetzbuch.
S. = Seite.
StPO. = Reichsstrafprozeßordnung.
UZB. = Zentralblatt (der Unterrichtsverwaltung) des Ministeriums für Wissenschaft, Kunst und Volksbildung.

(Nr. 1003.)

Gesetz über die Presse.

Vom 7. Mai 1874 (RGBl. Nr. 16, S. 65) in der durch das Reichsgesetz zur Änderung des Reichsgesetzes über die Presse vom 4. März 1931 (RGBl. I S. 29) gegebenen Fassung.

Wir Wilhelm, von Gottes Gnaden Deutscher Kaiser, König von Preußen usw., verordnen im Namen des Deutschen Reichs, nach erfolgter Zustimmung des Bundesrats und des Reichstags, was folgt:

I. Einleitende Bestimmungen.

§ 1. Die Freiheit der Presse unterliegt nur denjenigen Beschränkungen, welche durch das gegenwärtige Gesetz vorgeschrieben oder zugelassen sind.

§ 2. Das gegenwärtige Gesetz findet Anwendung auf alle Erzeugnisse der Buchdruckerpresse, sowie auf alle anderen, durch mechanische oder chemische Mittel bewirkten, zur Verbreitung bestimmten Vervielfältigungen von Schriften und bildlichen Darstellungen mit oder ohne Schrift, und von Musikalien mit Text oder Erläuterungen.

Was im folgenden von „Druckschriften" verordnet ist, gilt für alle vorstehend bezeichneten Erzeugnisse.

Hierzu Reichsgesetz vom 12. März 1884 (RGBl. S. 17), betreffend Stimmzettel für öffentliche Wahlen:

Stimmzettel, welche im Wege der Vervielfältigung hergestellt sind und nur die Bezeichnung der zu wählenden Personen enthalten, gelten nicht als Druckschriften im Sinne der Reichs- und der Landesgesetze.

§ 3. Als Verbreitung einer Druckschrift im Sinne dieses Gesetzes gilt auch das Anschlagen, Ausstellen oder Auslegen derselben an Orten, wo sie der Kenntnisnahme durch das Publikum zugänglich ist.

§ 4. Eine Entziehung der Befugnis zum selbständigen Betriebe irgendeines Preßgewerbes oder sonst zur Herausgabe und zum Vertriebe von Druckschriften kann weder im administrativen, noch im richterlichen Wege stattfinden.

Im übrigen sind für den Betrieb der Preßgewerbe die Bestimmungen der Gewerbeordnung maßgebend.

§ 5. Die nichtgewerbsmäßige öffentliche Verbreitung von Druckschriften kann durch die Ortspolizeibehörde denjenigen Personen verboten werden, welchen nach *§§ 57 Nr. 1, 2, 57a, 57b Nr. 1 u. 2* der Gewerbeordnung ein Legitimationsschein versagt werden darf.

Ursprüngl. Fassung: „nach § 57 der Gew.-Ord."; abgeändert durch Reichsgesetz vom 1. Juli 1883 (RGBl. S. 159).

Zuwiderhandlungen gegen ein solches Verbot werden nach § 148 der Gewerbeordnung bestraft.

II. Ordnung der Presse.

§ 6. Auf jeder im Geltungsbereich dieses Gesetzes erscheinenden Druckschrift muß der Name und Wohnort des Druckers und, wenn sie für den Buchhandel oder sonst zur Verbreitung bestimmt ist, der Name und Wohnort des Verlegers, oder — beim Selbstvertriebe der Druckschrift — des Verfassers oder Herausgebers genannt sein. An Stelle des Namens des Druckers oder Verlegers genügt die Angabe der in das Handelsregister eingetragenen Firma.

Ausgenommen von dieser Vorschrift sind die nur zu den Zwecken des Gewerbes und Verkehrs, des häuslichen und geselligen Lebens dienenden Druckschriften, als: Formulare, Preiszettel, Visitenkarten u. dgl., sowie Stimmzettel für öffentliche Wahlen, sofern sie nichts weiter als Zweck, Zeit und Ort der Wahl und die Bezeichnung der zu wählenden Personen enthalten.

§ 7. Zeitungen und Zeitschriften, welche in monatlichen oder kürzeren, wenn auch unregelmäßigen Fristen erscheinen (periodische Druckschriften im Sinne dieses Gesetzes), müssen außerdem auf jeder Nummer, jedem Stücke oder Hefte den Namen und Wohnort des verantwortlichen Redakteurs enthalten.

Die Benennung mehrerer Personen als verantwortliche Redakteure ist nur dann zulässig, wenn aus Form und Inhalt der Benennung mit Bestimmtheit zu ersehen ist, für welchen Teil der Druckschrift jede der benannten Personen die Redaktion besorgt.

§ 8. Verantwortliche Redakteure periodischer Druckschriften dürfen nur Personen sein, welche verfügungsfähig, im Besitze der bürgerlichen Ehrenrechte sind und im Deutschen Reiche ihren Wohnsitz oder gewöhnlichen Aufenthalt haben.

Wer nach gesetzlicher Vorschrift nicht oder nur mit besonderer Zustimmung oder Genehmigung strafrechtlich verfolgt werden kann, darf nicht verantwortlicher Redakteur einer periodischen Druckschrift sein*).

§ 9. Von jeder Nummer (Heft, Stück) einer periodischen Druckschrift muß der Verleger, sobald die Austeilung oder Versendung beginnt, ein Exemplar gegen eine ihm sofort zu erteilende Bescheinigung an die Polizeibehörde des Ausgabeorts unentgeltlich abliefern.

---

*) Den 2. Absatz hat § 8 erhalten durch das Gesetz zur Änderung des Reichsgesetzes über die Presse vom 4. März 1931 (RGBl. I S. 29).

Diese Vorschrift findet keine Anwendung auf Druckschriften, welche ausschließlich Zwecken der Wissenschaft, der Kunst, des Gewerbes oder der Industrie dienen.

§ 10. Der verantwortliche Redakteur einer periodischen Druckschrift, welche Anzeigen aufnimmt, ist verpflichtet, die ihm von öffentlichen Behörden mitgeteilten amtlichen Bekanntmachungen auf deren Verlangen gegen Zahlung der üblichen Einrückungsgebühren in eine der beiden nächsten Nummern des Blattes aufzunehmen.

§ 11. Der verantwortliche Redakteur einer periodischen Druckschrift ist verpflichtet, eine Berichtigung der in letzterer mitgeteilten Tatsachen auf Verlangen einer beteiligten öffentlichen Behörde oder Privatperson ohne Einschaltungen oder Weglassungen aufzunehmen, sofern die Berichtigung von dem Einsender unterzeichnet ist, keinen strafbaren Inhalt hat und sich auf tatsächliche Angaben beschränkt.

Der Abdruck muß in der nach Empfang der Einsendung nächstfolgenden, für den Druck nicht bereits abgeschlossenen Nummer, und zwar in demselben Teile der Druckschrift und mit derselben Schrift, wie der Abdruck des zu berichtigenden Artikels geschehen.

Die Aufnahme erfolgt kostenfrei, soweit nicht die Entgegnung den Raum der zu berichtigenden Mitteilung überschreitet; für die über dieses Maß hinausgehenden Zeilen sind die üblichen Einrückungsgebühren zu entrichten.

§ 12. Auf die von den deutschen Reichs-, Staats- und Gemeindebehörden, von dem Reichstage oder von der Landesvertretung eines deutschen Bundesstaats ausgehenden Druckschriften finden, soweit sich ihr Inhalt auf amtliche Mitteilungen beschränkt, die Vorschriften der §§ 6 bis 11 keine Anwendung.

§ 13. Die auf mechanischem oder chemischem Wege vervielfältigten periodischen Mitteilungen (lithographierte, autographierte, metallographierte, durchschriebene Korrespondenzen) unterliegen, sofern sie ausschließlich an Redaktionen verbreitet werden, den in diesem Gesetze für periodische Druckschriften getroffenen Bestimmungen nicht.

§ 14. Ist gegen eine Nummer (Stück, Heft) einer im Auslande erscheinenden periodischen Druckschrift binnen Jahresfrist zweimal eine Verurteilung auf Grund der §§ 41 und 42 des Strafgesetzbuchs erfolgt, so kann der Reichskanzler innerhalb zwei Monaten nach Eintritt der Rechtskraft des letzten Erkenntnisses das Verbot der ferneren Verbreitung dieser Druckschrift bis auf zwei Jahre durch öffentliche Bekanntmachung aussprechen.

Die in den einzelnen Bundesstaaten auf Grund der Landesgesetzgebung bisher erlassenen Verbote ausländischer periodischer Druckschriften treten außer Wirksamkeit.

§ 15. Dieser Paragraph ist durch das Reichsgesetz gegen den Verrat militärischer Geheimnisse vom 3. Juni 1914 (RGBl. S. 195) außer Kraft gesetzt, ebenso im § 18 Abs. 1 Ziff. 1 die Zahl „15".

§ 16. Öffentliche Aufforderungen mittels der Presse zur Aufbringung der wegen einer strafbaren Handlung erkannten Geldstrafen und Kosten, sowie öffentliche Bescheinigungen mittels der Presse über den Empfang der zu solchen Zwecken gezahlten Beiträge sind verboten.

Das zufolge solcher Aufforderungen Empfangene

oder der Wert desselben ist der Armenkasse des Orts der Sammlung für verfallen zu erklären.

§ 17. Die Anklageschrift oder andere amtliche Schriftstücke eines Strafprozesses dürfen durch die Presse nicht eher veröffentlicht werden, als bis dieselben in öffentlicher Verhandlung kundgegeben worden sind oder das Verfahren sein Ende erreicht hat.

§ 18. Mit Geldstrafe bis zu eintausend Reichsmark oder mit Haft oder mit Gefängnis bis zu sechs Monaten werden bestraft:

1. Zuwiderhandlungen gegen die in den §§ 14, 16 und 17 enthaltenen Verbote*);
2. Zuwiderhandlungen gegen die Bestimmungen der §§ 6 und 7, welche durch falsche Angaben mit Kenntnis der Unrichtigkeit begangen werden sowie vorsätzliche Zuwiderhandlungen gegen die Bestimmungen des § 8.

Dieselbe Strafe trifft den Verleger einer periodischen Druckschrift auch dann, wenn er wissentlich geschehen läßt, daß auf derselben eine Person fälschlich oder im Widerspruch mit § 8 als Redakteur benannt wird**).

§ 19. Mit Geldstrafe bis zu einhundertundfünfzig Reichsmark oder mit Haft werden bestraft:

1. Zuwiderhandlungen gegen die §§ 6, 7 und 8, welche nicht durch § 18 Ziffer 2 getroffen sind;
2. Zuwiderhandlungen gegen den § 9;
3. Zuwiderhandlungen gegen die §§ 10 und 11.

In den Fällen der Ziffer 3 tritt die Verfolgung nur auf Antrag ein, und hat das Strafurteil zugleich die

---

*) Siehe vorstehend § 15.

**) Die Änderungen in Abs. 1 Nr. 2 und Abs. 3 beruhen auf dem Reichsgesetz vom 4. März 1931; s. oben § 8.

Aufnahme des eingesandten Artikels in die nächstfolgende Nummer anzuordnen. Ist die unberechtigte Verweigerung im guten Glauben geschehen, so ist unter Freisprechung von Strafe und Kosten lediglich die nachträgliche Aufnahme anzuordnen.

III. Verantwortlichkeit für die durch die Presse begangenen strafbaren Handlungen.

§ 20. Die Verantwortlichkeit für Handlungen, deren Strafbarkeit durch den Inhalt einer Druckschrift begründet wird, bestimmt sich nach den bestehenden allgemeinen Strafgesetzen.

Ist die Druckschrift eine periodische, so ist der verantwortliche Redakteur als Täter zu bestrafen, wenn nicht durch besondere Umstände die Annahme seiner Täterschaft ausgeschlossen wird.

§ 21. Begründet der Inhalt einer Druckschrift den Tatbestand einer strafbaren Handlung, so sind

der verantwortliche Redakteur,
der Verleger,
der Drucker,
derjenige, welcher die Druckschrift gewerbsmäßig vertrieben oder sonst öffentlich verbreitet hat (Verbreiter),

soweit sie nicht nach § 20 als Täter oder Teilnehmer zu bestrafen sind, wegen Fahrlässigkeit mit Geldstrafe bis zu eintausend Reichsmark oder mit Haft oder mit Festungshaft oder Gefängnis bis zu einem Jahre zu belegen, wenn sie nicht die Anwendung der pflichtgemäßen Sorgfalt oder Umstände nachweisen, welche diese Anwendung unmöglich gemacht haben.

Die Bestrafung bleibt jedoch für jede der benannten Personen ausgeschlossen, wenn sie als den Verfasser oder den Einsender, mit dessen Einwilligung die Veröffentlichung geschehen ist, oder, wenn es sich um eine nicht periodische Druckschrift handelt, als den Herausgeber derselben, oder als einen der in obiger Reihenfolge vor ihr Benannten eine Person bis zur Verkündung des ersten Urteils nachweist, welche in dem Bereich der richterlichen Gewalt eines deutschen Bundesstaats sich befindet, oder falls sie verstorben ist, sich zur Zeit der Veröffentlichung befunden hat; hinsichtlich des Verbreiters ausländischer Druckschriften außerdem, wenn ihm dieselben im Wege des Buchhandels zugekommen sind.

IV. Verjährung.

§ 22. Die Strafverfolgung derjenigen Verbrechen und Vergehen, welche durch die Verbreitung von Druckschriften strafbaren Inhalts begangen werden, sowie derjenigen sonstigen Vergehen, welche in diesem Gesetze mit Strafe bedroht sind, verjährt in sechs Monaten.

V. Beschlagnahme.

§ 23. Eine Beschlagnahme von Druckschriften ohne richterliche Anordnung findet nur statt:

1. wenn eine Druckschrift den Vorschriften der §§ 6 und 7 nicht entspricht, oder den Vorschriften des § 14 zuwider verbreitet wird,
2. wenn durch eine Druckschrift einem auf Grund des § 15 dieses Gesetzes erlassenen Verbot zuwidergehandelt wird*),
3. wenn der Inhalt einer Druckschrift den Tatbestand einer der in den §§ 85, 95, 111, 130 oder

*) An Stelle des § 15 ist das Reichsgesetz gegen den Verrat militärischer Geheimnisse vom 3. Juni 1914 getreten (siehe oben zu § 15).

184 des deutschen Strafgesetzbuchs mit Strafe bedrohten Handlungen begründet, in den Fällen der §§ 111 und 130 jedoch nur dann, wenn dringende Gefahr besteht, daß bei Verzögerung der Beschlagnahme die Aufforderung oder Anreizung ein Verbrechen oder Vergehen unmittelbar zur Folge haben werde.

§ 24. Über die Bestätigung oder Aufhebung der vorläufigen Beschlagnahme hat das zuständige Gericht zu entscheiden.

Diese Entscheidung muß von der Staatsanwaltschaft binnen vierundzwanzig Stunden nach Anordnung der Beschlagnahme beantragt und von dem Gericht binnen vierundzwanzig Stunden nach Empfang des Antrags erlassen werden.

Hat die Polizeibehörde die Beschlagnahme ohne Anordnung der Staatsanwaltschaft verfügt, so muß sie die Absendung der Verhandlungen an die letztere ohne Verzug und spätestens binnen zwölf Stunden bewirken. Die Staatsanwaltschaft hat entweder die Wiederaufhebung der Beschlagnahme mittels einer sofort vollstreckbaren Verfügung anzuordnen oder die gerichtliche Bestätigung binnen zwölf Stunden nach Empfang der Verhandlungen zu beantragen.

Wenn nicht bis zum Ablaufe des fünften Tages nach Anordnung der Beschlagnahme der bestätigende Gerichtsbeschluß der Behörde, welche die Beschlagnahme angeordnet hat, zugegangen ist, erlischt die letztere und muß die Freigabe der einzelnen Stücke erfolgen.

§ 25. Gegen den Beschluß des Gerichts, welcher die vorläufige Beschlagnahme aufhebt, findet ein Rechtsmittel nicht statt.

§ 26. Die vom Gericht bestätigte, vorläufige Beschlagnahme ist wieder aufzuheben, wenn nicht binnen zwei Wochen nach der Bestätigung die Strafverfolgung in der Hauptsache eingeleitet worden ist.

§ 27. Die Beschlagnahme von Druckschriften trifft die Exemplare nur da, wo dergleichen zum Zwecke der Verbreitung sich befinden. Sie kann sich auf die zur Vervielfältigung dienenden Platten und Formen erstrecken; bei Druckschriften im engeren Sinne hat auf Antrag des Beteiligten statt Beschlagnahme des Satzes das Ablegen des letzteren zu geschehen.

Bei der Beschlagnahme sind die dieselbe veranlassenden Stellen der Schrift unter Anführung der verletzten Gesetze zu bezeichnen. Trennbare Teile der Druckschrift (Beilagen einer Zeitung usw.), welche nichts Strafbares enthalten, sind von der Beschlagnahme auszuschließen.

§ 28. Während der Dauer der Beschlagnahme ist die Verbreitung der von derselben betroffenen Druckschrift oder der Wiederabdruck der die Beschlagnahme veranlassenden Stellen unstatthaft.

Wer mit Kenntnis der verfügten Beschlagnahme dieser Bestimmung entgegenhandelt, wird mit Geldstrafe bis fünfhundert Reichsmark oder mit Gefängnis bis zu sechs Monaten bestraft.

§ 29. Zur Entscheidung über die durch die Presse begangenen Übertretungen sind die Gerichte auch in denjenigen Bundesstaaten ausschließlich zuständig, wo zurzeit noch deren Aburteilung den Verwaltungsbehörden zusteht.

Abs. 2, durch § 142 d. GVG. in der Textfassung v. 22. März 1924, RGBl. I, 1924, S. 299 ff. gegenstandslos geworden, lautet: Soweit in einzelnen Bundesstaaten eine Mitwirkung der

Staatsanwaltschaft bei den Gerichten unterster Instanz nicht vorgeschrieben ist, sind in den Fällen der ohne richterliche Anordnung erfolgten Beschlagnahme die Akten unmittelbar dem Gericht vorzulegen.

VI. Schlußbestimmungen.

§ 30. Die für Zeiten der Kriegsgefahr, des Krieges, des erklärten Kriegs- (Belagerungs-) Zustandes oder innerer Unruhen (Aufruhrs) in bezug auf die Presse bestehenden besonderen gesetzlichen Bestimmungen bleiben auch diesem Gesetze gegenüber bis auf weiteres in Kraft.

Das Recht der Landesgesetzgebung, Vorschriften über das öffentliche Anschlagen, Anheften, Ausstellen, sowie die öffentliche, unentgeltliche Verteilung von Bekanntmachungen, Plakaten und Aufrufen zu erlassen, wird durch dieses Gesetz nicht berührt.

Dasselbe gilt von den Vorschriften der Landesgesetze über Abgabe von Freiexemplaren an Bibliotheken und öffentliche Sammlungen.

Vorbehaltlich der auf den Landesgesetzen beruhenden allgemeinen Gewerbesteuer findet eine besondere Besteuerung der Presse und der einzelnen Preßerzeugnisse (Zeitungs- und Kalenderstempel, Abgaben von Inseraten usw.) nicht statt.

§ 31. Dieses Gesetz tritt am 1. Juli 1874 in Kraft. Seine Einführung in Elsaß-Lothringen bleibt einem besonderen Gesetze vorbehalten.

Urkundlich unter Unserer Höchsteigenhändigen Unterschrift und beigedrucktem Kaiserlichen Insiegel.

Gegeben Berlin, den 7. Mai 1874.

(L. S.) Wilhelm.

Fürst v. Bismarck.

Verweisung auf die Seiten der Erläuterungen.

I. Einleitung.

Die frühere Verfassungsurkunde für den preußischen Staat vom 31. Januar 1850 bestimmte in Art. 27:

„Jeder Preuße hat das Recht, durch Wort, Schrift, Druck und bildliche Darstellung seine Meinung frei zu äußern.

Die Zensur darf nicht eingeführt werden; jede andere Beschränkung der Preßfreiheit nur im Wege der Gesetzgebung."

In Art. 28:

„Vergehen, welche durch Wort, Schrift, Druck oder bildliche Darstellung begangen werden, sind nach den allgemeinen Strafgesetzen zu bestrafen."

Von der im Art. 27 zugelassenen Beschränkung der Preßfreiheit wurde durch das preußische Gesetz über die Presse v. 12. Mai 1851 Gebrauch gemacht. An dessen Stelle trat, nachdem durch das Reichsgesetz betreffend die Verfassung des Deutschen Reiches, Art. 4 Nr. 16 die Regelung der staatlichen Aufsicht über die Presse dem Reiche und dessen Gesetzgebung zugewiesen worden war, das Reichspreßgesetz.

Die Reichsverfassung v. 16. April 1871 ist nach der Staatsumwälzung (9. November 1918) aufgehoben worden durch die Verfassung des Deutschen Reiches v. 11. August 1919 (RGBl. 1919 S. 1383 ff.). Aus letzterem sollen wegen ihrer grundsätzlichen Bedeutung die die Preßfreiheit berührenden Vorschriften der neuen Verfassung hier im Wortlaut Aufnahme finden:

Art. 7: „Das Reich hat die Gesetzgebung über: . . . 6. das Presse-, Vereins- und Versammlungswesen".

Art. 9: „Soweit ein Bedürfnis für den Erlaß einheitlicher Vorschriften vorhanden ist, hat das Reich die Gesetzgebung über . . . 2. den Schutz der öffentlichen Ordnung und Sicherheit".

Art. 12: „Solange und soweit das Reich von seinem Gesetzgebungsrechte keinen Gebrauch macht, behalten die Länder das Recht der Gesetzgebung. Dies gilt nicht für die ausschließliche Gesetzgebung des Reichs".

Art. 13: „Reichsrecht bricht Landrecht.

Bestehen Zweifel oder Meinungsverschiedenheiten darüber, ob eine landesrechtliche Vorschrift mit dem Reichsrecht vereinbar ist, so kann die zuständige Reichs- oder Landeszentralbehörde nach näherer Vorschrift eines Reichsgesetzes die Entscheidung eines obersten Gerichtshofs des Reichs anrufen."

Art. 14: „Die Reichsgesetze werden durch die Landesbehörden ausgeführt, soweit nicht die Reichsgesetze etwas anderes bestimmen".

Art. 15: „Die Reichsregierung übt die Aufsicht in den Angelegenheiten aus, in denen dem Reiche das Recht der Gesetzgebung zusteht.

Soweit die Reichsgesetze von den Landesbehörden auszuführen sind, kann die Reichsregierung allgemeine Anweisungen erlassen. Sie ist ermächtigt, zur Überwachung der Ausführung der Reichsgesetze zu den Landeszentralbehörden und mit ihrer Zustimmung zu den unteren Behörden Beauftragte zu entsenden.

Die Landesregierungen sind verpflichtet, auf Ersuchen der Reichsregierung Mängel, die bei der Ausführung der Reichsgesetze hervorgetreten sind, zu beseitigen. Bei Meinungsverschiedenheiten kann sowohl die Reichsregierung als die Landesregierung die Entscheidung des Staatsgerichtshofs anrufen, falls nicht durch Reichsgesetz ein anderes Gericht bestimmt ist."

Art. 16: „Die mit der unmittelbaren Reichsverwaltung in den Ländern betrauten Beamten sollen in der Regel Landesangehörige sein".

Art. 48: „Wenn ein Land die ihm nach der Reichsverfassung oder den Reichsgesetzen obliegenden Pflichten nicht erfüllt, kann der Reichspräsident es dazu mit Hilfe der bewaffneten Macht anhalten.

Der Reichspräsident kann, wenn im Deutschen Reiche die öffentliche Sicherheit und Ordnung erheblich gestört oder gefährdet wird, die zur Wiederherstellung der öffentlichen Sicherheit und Ordnung nötigen Maßnahmen treffen, erforderlichenfalls mit Hilfe der bewaffneten Macht einschreiten. Zu diesem Zwecke darf er vorübergehend die in den Art. 114, 115, 117, 118, 123, 124 und 153 festgesetzten Grundrechte ganz oder zum Teil außer Kraft setzen.

Von allen gemäß Abs. 1 oder Abs. 2 dieses Artikels getroffenen Maßnahmen hat der Reichspräsident unverzüglich dem Reichstag Kenntnis zu geben. Die Maßnahmen sind auf Verlangen des Reichstags außer Kraft zu setzen.

Bei Gefahr im Verzuge kann die Landesregierung für ihr Gebiet einstweilige Maßnahmen der in Abs. 2 bezeichneten Art treffen. Die Maßnahmen sind auf Verlangen des Reichspräsidenten oder des Reichstags außer Kraft zu setzen.

Das Nähere bestimmt ein Reichsgesetz". Dazu vgl. RGSt. v. 24. Mai 1927, PrVerwBl. Jahrg. 48, S. 647.

Art. 108: „Nach Maßgabe eines Reichsgesetzes wird ein Staatsgerichtshof für das Deutsche Reich errichtet".

Art. 116: „Eine Handlung kann nur dann mit einer Strafe belegt werden, wenn die Strafbarkeit gesetzlich bestimmt war, bevor die Handlung begangen wurde".

Art. 118: „Jeder Deutsche hat das Recht, innerhalb der Schranken der allgemeinen Gesetze seine Meinung durch Wort, Schrift, Druck, Bild oder in sonstiger Weise frei zu äußern. An diesem Rechte darf ihn kein Arbeits- oder Anstellungsverhältnis hindern, und niemand darf ihn benachteiligen, wenn er von diesem Rechte Gebrauch macht.

Eine Zensur findet nicht statt; doch können für Lichtspiele durch Gesetz abweichende Bestimmungen getroffen werden. Auch sind zur Bekämpfung der Schund- und Schmutzliteratur sowie zum Schutze der Jugend bei öffentlichen Schaustellungen und Darbietungen gesetzliche Maßnahmen zulässig."

Art. 172: „Bis zum Inkrafttreten des Reichsgesetzes über den Staatsgerichtshof übt seine Befugnisse ein Senat von sieben Mitgliedern aus, wovon der Reichstag vier und das Reichsgericht aus seiner Mitte drei wählt. Sein Verfahren regelt er selbst".

Durch Art. 178 der neuen Verfassung ist das Reichsgesetz über die Verfassung des Deutschen Reiches v. 16. April 1871 und das Gesetz über die vorläufige Reichsgewalt v. 10. Februar

1919 aufgehoben. Dieser Artikel (178) bestimmt in Abs. 2 und 3 noch: „Die übrigen Gesetze und Verordnungen des Reiches bleiben in Kraft, soweit ihnen diese Verfassung nicht entgegensteht. Die Bestimmungen des am 28. Juni 1919 in Versailles unterzeichneten Friedensvertrages werden durch die Verfassung nicht berührt. Anordnungen der Behörden, die auf Grund bisheriger Gesetze in rechtsgültiger Weise getroffen waren, behalten ihre Gültigkeit bis zur Aufhebung im Wege anderweiter Anordnung oder Gesetzgebung".

Von der Ermächtigung des Art. 48 hat der Reichspräsident vielfach Gebrauch gemacht, so zuletzt für die Verordnung zur Bekämpfung politischer Ausschreitungen v. 28. März 1931 (RGBl. I S. 79) sowie sonstige verschiedene Notverordnungen, welch letztere hier nicht interessieren.

Von einschneidender Bedeutung für die Presse ist, wenn auch nur bis spätestens zum 31. Dezember 1932 in Kraft, das zum Schutze der Republik erlassene Reichsgesetz v. 25. März 1930 (RGBl. I S. 91), das an die Stelle des bis dahin geltend gewesenen Reichsgesetzes v. 21. Juli 1922 (RGBl. S. 585) getreten ist sowie die Verordnungen des Reichspräsidenten zur Bekämpfung politischer Ausschreitungen v. 28. März 1931 (RGBl. I S. 79) und vom 17. Juli 1931 (RGBl. I S. 371). Die Bestimmungen des Gesetzes zum Schutze der Republik, soweit sie das Preßrecht berühren, lauten:

„§ 1. Wer an einer Verbindung oder Verabredung teilnimmt, die Verbrechen wider das Leben bezweckt oder als Mittel für andere Zwecke in Aussicht nimmt, oder wer eine solche Verbindung unterstützt, wird mit Gefängnis nicht unter drei Monaten bestraft.

In besonders schweren Fällen ist die Strafe Zuchthaus bis zu zehn Jahren.

Nach diesen Vorschriften wird nicht bestraft, wer der Behörde oder dem Bedrohten so rechtzeitig Nachricht gibt, daß ein in Verfolgung der Bestrebungen der Verbindung oder Verabredung beabsichtigtes Verbrechen wider das Leben verhindert werden kann."

„§ 2. Wer von dem Bestehen einer im § 1 genannten Verbindung oder Verabredung oder von dem Plane oder dem Vorhaben, eine Person zu töten, glaubhafte Kenntnis erhält und es unterläßt, von dem Bestehen der Verbindung oder Verabredung, von dem Plane oder dem Vorhaben und von den ihm bekannt gewordenen Beteiligten der Behörde oder dem Bedrohten rechtzeitig Anzeige zu machen, wird mit Gefängnis bestraft.

Ein Geistlicher ist nicht verpflichtet, anzuzeigen, was ihm bei Ausübung der Seelsorge anvertraut worden ist.

Wer eine Anzeige unterläßt, die er gegen Verwandte auf- und absteigender Linie, Ehegatten oder Geschwister erstatten müßte, ist straffrei, wenn er sich ernstlich bemüht hat, sie von der Tat abzuhalten oder den Erfolg abzuwenden, es sei denn, daß es zu einer Tötung oder einem Tötungsversuche gekommen ist, die bei rechtzeitiger Erstattung der Anzeige hätten verhindert werden können. Unter denselben Voraussetzungen ist ein Rechtsanwalt, Verteidiger oder Arzt straffrei, der nicht anzeigt, was ihm bei Ausübung seines Berufs anvertraut worden ist."

§ 3. „Wer gegen den Reichspräsidenten oder gegen ein Mitglied der Reichsregierung oder einer Landesregierung einen Angriff auf Leib oder Leben (Gewalttätigkeit) begeht, wird, soweit nicht andere Vorschriften eine schwerere Strafe androhen, mit Gefängnis nicht unter drei Monaten bestraft.

Wer eine solche Gewalttätigkeit mit einem anderen verabredet oder, nachdem sie begangen worden ist, belohnt, wird mit Gefängnis bis zu drei Jahren, jedoch nicht unter einem Monat, bestraft."

§ 4. „Mit Gefängnis nicht unter drei Monaten wird, soweit nicht andere Vorschriften eine schwerere Strafe androhen, bestraft:

1. wer an einer geheimen oder staatsfeindlichen Verbindung (§§ 128, 129 StGB.), die die Bestrebung verfolgt, die verfassungsmäßig festgestellte republikanische Staatsform des Reiches oder eines Landes zu untergraben, teilnimmt oder wer eine solche Verbindung unterstützt;
2. wer sich einer geheimen oder staatsfeindlichen Verbindung (§§ 128, 129 StGB.) anschließt, die selbst oder deren Mitglieder unbefugt Waffen besitzen."

§ 5. „Mit Gefängnis, nicht unter drei Monaten, neben dem auf Geldstrafe erkannt werden kann, wird bestraft, wer öffentlich oder in einer Versammlung

1. die verfassungsmäßig festgestellte republikanische Staatsform des Reichs oder eines Landes beschimpft oder böswillig und mit Überlegung verächtlich macht oder dadurch herabwürdigt, daß er den Reichspräsidenten oder ein Mitglied der Reichs- oder einer Landesregierung beschimpft oder verleumdet;
2. die Farben oder Flaggen des Reichs oder eines Landes beschimpft oder böswillig und mit Überlegung herabzusetzen sucht;
3. einen verstorbenen Reichspräsidenten oder ein verstorbenes Mitglied der Reichsregierung oder einer Landesregierung in Beziehung auf sein Amt beschimpft oder verleumdet;
4. zu Gewalttätigkeiten gegen andere wegen ihrer politischen Betätigung oder zu Gewaltätigkeiten der im § 3 Abs. 1 — NB. Angriff auf Leib oder Leben — bezeichneten Art auffordert oder eine solche Gewalttätigkeit, nachdem sie begangen worden ist, oder einen Hochverrat (§§ 81—86 StGB.), der gegen die verfassungsmäßig festgestellte republikanische Staatsform des Reichs oder eines Landes begangen worden ist, verherrlicht oder ausdrücklich billigt.

Sind mildernde Umstände vorhanden, so ist die Strafe Gefängnis, neben dem auf Geldstrafe erkannt werden kann."

§ 6. „Die Verurteilung zu Zuchthaus wegen Hochverrats oder wegen eines Verbrechens nach § 1 Abs. 2 dieses Gesetzes hat außer den im § 31 StGB. genannten Folgen den Verlust der aus öffentlichen Wahlen hervorgegangenen Rechte von Rechts wegen zur Folge.

Wird wegen Hochverrats oder wegen einer der in den §§ 1—5 dieses Gesetzes bezeichneten Handlungen auf Gefängnis erkannt, so kann zugleich auf Unfähigkeit zur Bekleidung öffentlicher Ämter oder bei Soldaten auf Lösung des Dienstverhältnisses erkannt werden. Soweit nach anderen Vorschriften auf Verlust der aus öffentlichen Wahlen hervorgegangenen Rechte erkannt werden kann, behält es dabei sein Bewenden."

§ 7. „Deutsche und Ausländer können wegen der in den §§ 1—5 bezeichneten Handlungen auch dann verfolgt werden, wenn diese Taten im Ausland begangen sind."

§§ 8, 10—12 betreffen Sonderbestimmungen für Auflösung von Versammlungen, in denen Zuwiderhandlungen gegen die §§ 1, 3, 4 oder 5 den Frieden stören und geduldet werden, sowie die Auflösung von Vereinen, sofern der Zweck dieser Vereine den Strafbestimmungen dieses Gesetzes oder den §§ 81—86 StGB. zuwiderläuft, ferner die Rechtsmittel gegen die die Auflösung anordnende Verfügung sowie die Beschlagnahme und Einziehung des Vereinsvermögens.

§ 9. „Sofern der Zweck eines Vereins den Strafbestimmungen dieses Gesetzes oder den §§ 81—86 StGB. zuwiderläuft, sind für seine nach § 2 Abs. 1 des Reichsvereinsgesetzes zulässige Auflösung die obersten Landesbehörden oder die von ihnen bestimmten Stellen zuständig.

Der Reichsminister des Innern kann die obersten Landesbehörden um die Auflösung ersuchen. Glaubt die oberste Landesbehörde, einem solchen Ersuchen nicht entsprechen zu können, so teilt sie dies unverzüglich auf telegraphischem oder telephonischem Wege, spätestens aber am zweiten Tage nach Empfang des Ersuchens dem Reichsminister des Innern mit und ruft gleichzeitig auf demselben Wege die Entscheidung des Reichsverwaltungsgerichts an. Entscheidet dieses für die Auflösung, so hat die oberste Landesbehörde die erforderlichen Maßnahmen sofort zu treffen.

Gegen die Anordnung der Auflösung eines Vereins ist binnen zwei Wochen vom Tage der Zustellung oder Veröffentlichung ab die Beschwerde zulässig; sie hat keine aufschiebende Wirkung. Die Beschwerde ist bei der Stelle einzureichen, gegen deren Anordnung sie gerichtet ist. Diese hat sie unverzüglich an die oberste Landesbehörde abzugeben. Die oberste Landesbehörde kann der Beschwerde außer im Falle des Abs. 2 abhelfen; andernfalls hat sie die Beschwerde unverzüglich dem Reichsverwaltungsgericht zur Entscheidung vorzulegen. Gegen eine Entscheidung der obersten Landesbehörde, die der Beschwerde abhilft, kann der Reichsminister des Innern die Entscheidung des Reichsverwaltungsgerichts anrufen.

Solange das Reichsverwaltungsgericht nicht besteht, tritt an seine Stelle ein Senat des Reichsgerichts, der durch den Geschäftsverteilungsplan bestimmt wird. Der Reichsminister des Innern erläßt im Einvernehmen mit dem Reichsminister der Justiz und mit Zustimmung des Reichsrats die Vorschriften über das Verfahren."

§§ 10—11 . . . . . .

§ 12. „Die Vorschriften des Gesetzes über die Presse vom 7. Mai 1874 (RGBl. S. 65) über die Beschlagnahme von Druckschriften ohne richterliche Anordnung (§§ 23ff. des Gesetzes) finden auf die in den §§ 1, 4 und 5 dieses Gesetzes und in den §§ 81—86 und 110 des Reichsstrafgesetzbuches bezeichneten strafbaren Handlungen mit der Maßgabe Anwendung, daß der Staatsanwaltschaft gegen den Beschluß des Gerichts, der die vorläufige Beschlagnahme aufhebt, die sofortige Beschwerde mit aufschiebender Wirkung zusieht."

§ 13. „Wird durch den Inhalt einer periodischen Druckschrift die Strafbarkeit einer der in den §§ 1, 4 und 5 dieses Gesetzes und in den §§ 81—86 des Reichsstrafgesetzbuches bezeichneten Handlungen begründet, so kann die periodische Druckschrift, wenn es sich um eine Tageszeitung handelt, bis auf die Dauer von vier Wochen, in anderen Fällen bis auf die Dauer von sechs Monaten verboten werden. Auf die Zuständigkeit und das Verfahren finden die Vorschriften des § 9 Anwendung.

Das Verbot einer Druckschrift umfaßt auch jede angeblich neue Druckschrift, die sich sachlich als die alte darstellt."

§ 14. „Wer eine nach § 13 verbotene periodische Druckschrift herausgibt, verlegt, druckt oder verbreitet, wird mit Gefängnis nicht unter drei Monaten bestraft, neben dem auf Geldstrafe erkannt werden kann.

Für die Beschlagnahme solcher Druckschriften gelten die Vorschriften des § 12."

§ 15. „Dieses Gesetz tritt mit dem Tage nach der Verkündung in Kraft. Es tritt mit dem Inkrafttreten des neuen Allgemeinen Deutschen Strafgesetzbuches, spätestens aber am 31. Dezember 1932 außer Kraft."

Preußische Verordnung zur Ausführung des Reichsgesetzes v. 25. März 1930 zum Schutze der Republik. Vom 29. März 1930 (GS. S. 47).

Auf Grund des Art. 51 der Verfassung des Freistaats Preußen wird zur Ausführung des Reichsgesetzes zum Schutze der Republik v. 25. März 1930 (RGBl. I S. 91) folgendes verordnet:

I. Oberste Landesbehörde im Sinne des § 9 Abs. 1, 2 und 3 und des § 13 des Gesetzes ist der Minister des Innern.

II. Außer der obersten Landesbehörde sind für Maßnahmen nach § 9 Abs. 1 und § 13 des Gesetzes die Oberpräsidenten im Bereich ihrer Provinz, der Regierungspräsident in Sigmaringen im Regierungsbezirke Sigmaringen und der Polizeipräsident in Berlin im Bezirke der Stadt Berlin zuständig.

III. Polizeibehörden im Sinne des § 8 des Gesetzes sind die Ortspolizeibehörden.

IV. Verfügungen pp., durch die das Erscheinen einer periodischen Druckschrift gemäß § 13 Abs. 1 des Gesetzes verboten wird, sind mit Gründen zu versehen, in denen die die Maßnahme begründenden Tatsachen darzulegen sind. Die Gründe sind, soweit Zustellung der Verfügung erfolgt, dem Betroffenen auch ohne besonderen Antrag mitzuteilen.

Verfügungen gemäß Abs. 1 Satz 1 sind, soweit nicht besondere Gründe entgegenstehen, dem Betroffenen zuzustellen, sonst amtlich bekanntzumachen.

Die Verfügungen sind stets, auch wenn die Bekanntgabe durch Zustellung erfolgt ist, im Reichs- und Staatsanzeiger ohne Angabe der Gründe zu veröffentlichen.

Entsprechendes gilt für die Änderung und Aufhebung solcher Verfügungen.

In den Verfügungen ist auf die Bestimmungen des Gesetzes über die Einlegung der Beschwerde hinzuweisen.

V. Von dem Verbot einer periodischen Druckschrift ist den zuständigen Dienststellen der Reichspostverwaltung, gegebenenfalls auch der Reichsbahnverwaltung unter genauer

Bezeichnung des Beginns und des Endes der Verbotsfrist unverzüglich Mitteilung zu machen, sofern die weitere Versendung einer verbotenen Druckschrift zu besorgen ist.

Zweite preußische Verordnung zur Ausführung des Reichsgesetzes v. 25. März 1930 zum Schutze der Republik. Vom 6. April 1931 (GS. S. 53):

Auf Grund des Art. 51 der Verfassung des Freistaats Preußen wird zur Ausführung des Reichsgesetzes zum Schutze der Republik v. 25. März 1930 (RGBl. I S. 91) folgendes verordnet:

Die Zuständigkeit der Oberpräsidenten, des Regierungspräsidenten in Sigmaringen und des Polizeipräsidenten in Berlin zum Verbot periodischer Druckschriften (Abschn. II der Verordnung v. 29. März 1930, GS. S. 47) erstreckt sich auch auf das Verbot von Kopfblättern, soweit diese im Freistaat Preußen erscheinen und die das Verbot des Stammblattes veranlassenden Ausführungen ebenfalls gebracht haben.

Inkrafttreten und Durchführung des Gesetzes zum Schutze der Republik v. 25. März 1930. RdErl. des preußischen Ministers des Innern v. 1. April 1930 (MBl. S. 269):

1. „Ein vorbeugendes Verbot von Versammlungen, Umzügen und Kundgebungen ist nicht mehr zulässig."

„Befristete Verbote periodischer Druckschriften sind auch nach dem neuen Gesetze möglich. Die Zulässigkeit einer solchen Maßnahme ist gegenüber dem alten Gesetz noch dadurch erweitert, daß nicht nur Verstöße gegen §§ 1, 4 und 5 des Gesetzes, sondern auch solche gegen §§ 81—86 des Reichsstrafgesetzbuches die Grundlage zu einem Verbot geben können."

„Die Vorschriften einer Beschlagnahme von Druckschriften, die grundsätzlich im § 23 des Reichsgesetzes über die Presse v. 7. Mai 1874 (RGBl. S. 65) geregelt sind, haben im neuen Gesetz insofern eine Erweiterung erfahren, als jetzt Druckschriften nicht nur in den Fällen des § 23 Reichspreßgesetzes und bei Zuwiderhandlungen gegen die Strafvorschriften der §§ 1, 4 und 5 des Gesetzes, sondern auch bei Verstößen gegen die §§ 81—86 und 110 StGB. ohne richterliche Anordnung vorläufig beschlagnahmt werden können."

„§ 14 ändert die Rechtslage, wie sie das alte Republikschutzgesetz gegeben hat, insofern, als es nunmehr zum Einschreiten gegen solche verbotswidrig weiterverbreiteten Druckschriften einer Beschlagnahme nach den Vorschriften der Strafprozeßordnung bedarf; eine einfache polizeiliche Wegnahme ist mithin nicht mehr zulässig. Allerdings kann die Beschlagnahme solcher Druckschriften im Hinblick auf die Bestimmungen des § 14 Abs. 2 des Gesetzes künftig auch ohne richterliche Anordnung erfolgen."

2. „Die Zuständigkeit für Maßnahmen nach dem neuen Gesetz stellt sich wie folgt: a) . . . . ., b) . . . . . Ein Verbot c) periodischer Druckschriften gemäß § 13 Abs. 1 des Gesetzes kann erfolgen: aa) durch die Oberpräsidenten, den Regierungspräsidenten in Sigmaringen und den Polizeipräsidenten in Berlin; bb) durch mich."

„Erblickt eine nach aa) zuständige Dienststelle in dem Inhalt einer in ihrem Bezirk verbreiteten, aber in einem anderen Bezirk erscheinenden periodischen Druckschrift einen Verstoß gegen die Bestimmungen des Gesetzes, so hat sie sich erforderlichenfalls mit der Anregung eines Verbots an die nach dem Erscheinungsort zuständige Stelle zu wenden. Erscheint die Druckschrift in einem anderen Lande oder im Auslande, so ist mir zu berichten."

„Kopfblätter einer periodischen Druckschrift werden vom Verbot stets mitbetroffen; zur Vermeidung von Zweifeln bei der Durchführung des Verbots wird sich indes die namentliche Aufführung der mitbetroffenen Kopfblätter in der Verbotsverfügung empfehlen.

d) Zur Beschlagnahme von Druckschriften ohne richterliche Anordnung gemäß §§ 12, 14 Abs. 2 des Gesetzes in Verbindung mit § 23 des Reichspreßgesetzes und § 98 der StPO. sind diejenigen Polizei- und Sicherheitsbeamten befugt, die zu Hilfsbeamten der Staatsanwaltschaft bestellt sind. Die vorläufige Beschlagnahme einzelner Stücke einer periodischen Druckschrift kann nach § 12 des Gesetzes mit der Wirkung des § 28 Reichspreßgesetzes durch Beamte der Ortspolizeibehörde, die Hilfsbeamte der Staatsanwaltschaft sind, überall da erfolgen, wo sich Exemplare zum Zwecke der Verbreitung befinden. Für die Bestätigung dieser Maßnahme ist in der Regel das Amtsgericht des Beschlagnahmeortes zuständig (§ 98 Abs. 2 Satz 3 StPO.). In allen Fällen solcher Beschlagnahme muß im Hinblick auf § 26 Reichspreßgesetzes gleichzeitig wegen des Anlaß gebenden Vergehens Strafanzeige je nach der Zuständigkeit entweder dem Oberreichsanwalt oder der zuständigen Staatsanwaltschaft erstattet werden.

3. Verfügungen auf Grund des Gesetzes sind regelmäßig durch Zustellung an den Betroffenen in Kraft zu setzen, auch wenn wahlweise die Veröffentlichung zugelassen ist. Diese ist als Ersatz der Zustellung nur in solchen Fällen zu wählen, in denen die Zustellung besonderen Schwierigkeiten begegnet, sei es, daß sie im Auslande erfolgen müßte, sei es, daß eine zur Entgegennahme der Zustellung berechtigte Person nicht bekannt oder nicht ohne weiteres zu ermitteln ist (Preußische Ausführungsverordnung v. 29. März 1930 Ziffer IV).

Von dem Verbot einer periodischen Druckschrift ist den zuständigen Dienststellen der Reichspostverwaltung, gegebenenfalls auch der Reichsbahnverwaltung, unter genauer Bezeichnung des Beginns und des Endes der Verbotsfrist unverzüglich Mitteilung zu machen, sofern die weitere Versendung einer verbotenen Druckschrift zu besorgen ist (Preußische Ausführungsverordnung v. 29. März 1930, Ziff. V).

pp. . . . .

5. . . . . Dem Bericht über . . . . das Verbot einer periodischen Druckschrift sind beizufügen: a) vier beglaubigte Abschriften der Verbotsverfügung mit Gründen; b) zwei Stücke der beanstandeten Nummer der Druckschrift.

Wird gegen die Verbotsverfügung Beschwerde eingelegt, so ist mir die Beschwerdeschrift unverzüglich vorzulegen, damit ich zu ihr gemäß § 9 Abs. 3 Satz 4 des Gesetzes Stellung nehmen kann. Der Begleitbericht hat sich zu den Darlegungen der Beschwerde eingehend zu äußern und die die Verfügung begründenden Unterlagen, soweit noch nicht in der Verfügung selbst geschehen, übersichtlich zu erörtern. Dem Begleitbericht sind beizufügen:

a) eine beglaubigte Abschrift des Begleitberichts; b) zwei beglaubigte Abschriften der Beschwerdeschrift; c) zwei weitere Stücke der beanstandeten Nummer der Druckschrift; d) die Zustellungsurkunde."

pp. . . .

Verfügung des Ministers des Innern vom 22. Januar 1923 (MBl. S. 95), betreffend Erläuterung zum Republikschutzgesetz: In entsprechender Anwendung des § 7 Abs. 2 StPO. hat der Staatsgerichtshof festgestellt, daß zu dem Verbot periodischer Druckschriften auf Grund des Republikschutzgesetzes nur die Behörden desjenigen Landes zuständig sind, in dem die Druckschrift erscheint. Die zuständige Behörde über Orte, in denen eine periodische Druckschrift verbreitet wird, kann die Behörde anderer Länder, in deren Bereich diese Druckschrift erscheint, zum Verbot anregen, wenn die Voraussetzungen dazu gegeben sind. —

Über „Erscheinen" und „Erscheinungsort" siehe unten § 4 S. 74.

Verordnung über das Verfahren in Verwaltungssachen auf Grund des Gesetzes zum Schutze der Republik. Vom 3. April 1930 (RGBl. I S. 130).

Auf Grund des § 9 Abs. 4 und § 13 Abs. 1 Satz 2 des Gesetzes zum Schutze der Republik v. 25. März 1930 (RGBl. I S. 91) wird hiermit nach Zustimmung des Reichsrats verordnet:

§ 1. Der gemäß § 9 Abs. 4 und § 13 Abs. 1 Satz 2 des Gesetzes zum Schutze der Republik bestimmte Senat des Reichsgerichts ist zuständig für die Entscheidung darüber,

1. ob eine oberste Landesbehörde einem Ersuchen des Reichsministers des Innern um die Auflösung eines Vereins oder um das Verbot einer periodischen Druckschrift entsprechen muß (§ 9 Abs. 2 und § 13 Abs. 1 Satz 2 des Gesetzes);

2. ob der Beschwerde gegen die Auflösung eines Vereins oder gegen das Verbot einer periodischen Druckschrift stattzugeben ist, wenn die oberste Landesbehörde ihr nicht abgeholfen hat (§ 9 Abs. 3 Satz 4 und § 13 Abs. 1 Satz 2 des Gesetzes);

3. ob die Entscheidung einer obersten Landesbehörde, die der Beschwerde gegen die Auflösung eines Vereins oder gegen das Verbot einer periodischen Druckschrift abgeholfen hat (§ 9 Abs. 3 Satz 5 und § 13 Abs. 1 Satz 3 des Gesetzes), aufrechtzuerhalten oder ob die Auflösung oder das Verbot erneut anzuordnen ist.

§ 2. Der Senat entscheidet auf Grund der ihm von den Beteiligten vorgelegten Unterlagen. Zu ihrer Ergänzung kann er von den Beteiligten schriftliche Äußerungen einholen und weitere Erhebungen anstellen, insbesondere Zeugen und Sachverständige eidlich vernehmen. Auf solche Vernehmungen finden die Vorschriften der Strafprozeßordnung entsprechende Anwendung. Die Gerichte sind zur Rechtshilfe nach den Bestimmungen des Titel 13 des Gerichtsverfassungsgesetzes verpflichtet.

Der Senat kann mündliche Verhandlung anordnen, zu der die Beteiligten zu laden sind. Die mündliche Verhandlung ist öffentlich. Die Vorschriften der §§ 172, 174—179, 182, 183 und des Titels 15 des Gerichtsverfassungsgesetzes finden Anwendung.

Zwischen der Zustellung der Ladung und der mündlichen Verhandlung muß, wenn es sich um die Auflösung eines Vereins handelt, eine Frist von mindestens einer Woche, wenn es sich um das Verbot einer periodischen Druckschrift handelt, eine Frist von mindestens drei Tagen liegen. Mit Zustimmung der Beteiligten ist Abkürzung dieser Fristen zulässig.

§ 3. Auf die Ausschließung und Ablehnung der Gerichtspersonen finden die Vorschriften des 1. Buches, 1. Abschnitts, Titels 4 der Zivilprozeßordnung entsprechende Anwendung.

§ 4. Die Entscheidung des Senats über das Verbot einer periodischen Druckschrift soll innerhalb einer Woche nach dem Tage ergehen, an welchem das Ersuchen um die Entscheidung des Senats bei ihm eingegangen ist.

§ 5. Die Entscheidungen des Senats erfolgen mit einfacher Mehrheit der Stimmen.

Die Entscheidungen sind schriftlich zu begründen und den Beteiligten zuzustellen. Dem Reichsminister des Innern sind die Entscheidungen auch dann zuzustellen, wenn er nicht Beteiligter war.

§ 6. Als Beteiligte gemäß §§ 2 und 5 gelten

1. im Falle des § 1 Ziff. 1 und 3
   a) der Reichsminister des Innern,
   b) die oberste Landesbehörde,
2. im Falle des § 1 Ziff. 2
   a) der Reichsminister des Innern, wenn die Auflösung des Vereins oder das Verbot der periodischen Druckschrift auf sein Ersuchen angeordnet worden ist,
   b) die oberste Landesbehörde,
   c) die Landesbehörde, welche die Auflösung des Vereins oder das Verbot der periodischen Druckschrift angeordnet hat,
   d) der Verein oder der verantwortliche Schriftleiter und der Verleger der periodischen Druckschrift.

Die Beteiligten können sich in dem Verfahren durch Bevollmächtigte vertreten lassen.

§ 7. Die Zustellung der Ladungen und der Entscheidungen erfolgt nach den Vorschriften der Zivilprozeßordnung über die Zustellungen von Amts wegen (§§ 208ff.).

§ 8. Die Verfahren werden durch die Gerichtsferien nicht gehemmt.

Verordnung des Reichspräsidenten zur Bekämpfung politischer Ausschreitungen v. 28. März 1931 (RGBl. I S. 79).

Abschnitt I.

§ 1. (1) Öffentliche politische Versammlungen sowie alle Versammlungen und Aufzüge unter freiem Himmel müssen spätestens 24 Stunden vorher unter Angabe des Ortes, der Zeit und des Verhandlungsgegenstandes der Ortspolizeibehörde angemeldet werden. Sie können verboten werden, wenn nach den Umständen zu besorgen ist,

1. daß zum Ungehorsam gegen Gesetze oder rechtsgültige Verordnungen oder die innerhalb ihrer Zuständigkeit getroffenen Anordnungen der verfassungsmäßigen Regierung oder der Behörden aufgefordert oder angereizt wird oder

2. daß Organe, Einrichtungen, Behörden oder leitende Beamte des Staates beschimpft oder böswillig verächtlich gemacht werden oder
3. daß eine Religionsgesellschaft des öffentlichen Rechts, ihre Einrichtungen, Gebräuche oder Gegenstände ihrer religiösen Verehrung beschimpft oder böswillig verächtlich gemacht werden oder
4. daß in sonstiger Weise die öffentliche Sicherheit oder Ordnung gefährdet wird.

(2) Statt des Verbotes kann eine Genehmigung unter Auflagen erfolgen.

(3) Ausgenommen sind gewöhnliche Leichenbegängnisse, die hergebrachten Züge von Hochzeitsgesellschaften, kirchliche Prozessionen, Bittgänge und Wallfahrten.

Abschnitt II.

§ 10. (1) Plakate und Flugblätter, deren Inhalt geeignet ist, die öffentliche Sicherheit oder Ordnung zu gefährden, können polizeilich beschlagnahmt und eingezogen werden.

(2) Plakate und Flugblätter politischen Inhalts sind mindestens 24 Stunden, ehe sie an oder auf öffentlichen Wegen, Straßen oder Plätzen angeschlagen, ausgestellt, verbreitet oder sonst der Öffentlichkeit zugänglich gemacht werden, der zuständigen Polizeibehörde zur Kenntnisnahme vorzulegen. Plakate und Flugblätter, die entgegen dieser Vorschrift der Öffentlichkeit zugänglich gemacht werden, können polizeilich beschlagnahmt und eingezogen werden.

(3) Die öffentliche Ankündigung politischer Versammlungen darf nur die zur Bekanntgabe der Versammlung erforderlichen sachlichen Angaben über Ort und Zeit der Versammlung, Veranstalter, Teilnehmer, Redner, Vortragsgegenstand, Aussprache und Eintrittsgeld enthalten. Plakate und Flugblätter, in denen unter Verletzung dieser Vorschrift politische Versammlungen öffentlich angekündigt werden, können polizeilich beschlagnahmt und eingezogen werden.

§ 11. (1) Wer Plakate und Flugblätter politischen Inhalts an oder auf öffentlichen Wegen, Straßen oder Plätzen anschlägt, ausstellt, verbreitet oder sonst der Öffentlichkeit zugänglich macht, die nicht mindestens 24 Stunden vorher der zuständigen Behörde zur Kenntnisnahme vorgelegt worden sind, wird mit Gefängnis bis zu drei Monaten oder mit Geldstrafe bestraft.

(2) Ebenso wird bestraft, wer der Vorschrift des § 10 Abs. 3 zuwider politische Versammlungen öffentlich ankündigt.

§ 12. (1) Druckschriften, in denen eine Kundgebung der im § 1 Abs. 1 Nr. 1—3 bezeichneten Art enthalten ist, können polizeilich beschlagnahmt und eingezogen werden.

(2) Handelt es sich um periodische Druckschriften, so können sie, wenn es Tageszeitungen sind, bis auf die Dauer von 8 Wochen, in anderen Fällen bis auf die Dauer von sechs Monaten verboten werden. Für die gleiche Dauer können periodische Druckschriften verboten werden, als deren verantwortlicher Schriftleiter dem Verbote des Reichsgesetzes v. 4. März 1931 über Änderung des Reichspreßgesetzes (RGBl. I S. 29) zuwider jemand bestellt oder benannt ist, der nicht oder nur mit besonderer Zustimmung oder Genehmigung strafrechtlich verfolgt werden kann.

(3) Das auf Grund dieser Vorschrift oder auf Grund des § 13 des Gesetzes zum Schutze der Republik v. 25. März 1930 (RGBl. I S. 91) erlassene Verbot umfaßt auch die in demselben Verlag erscheinenden Kopfblätter der Zeitung, sowie jede angeblich neue Druckschrift, die sich sachlich als die alte darstellt oder als ihr Ersatz anzusehen ist.

Abschnitt III.

§ 13. (1) Zuständig für die in den §§ 1, 6, 10, 12 Abs. 1 dieser Verordnung zugelassenen polizeilichen Maßnahmen sind, soweit die obersten Landesbehörden nicht anders bestimmen, die Ortspolizeibehörden. Zuständig für die in den §§ 7, 8, 12 Abs. 2 dieser Verordnung zugelassenen Maßnahmen sind die obersten Landesbehörden oder die von ihnen bestimmten Stellen. Gegen die getroffene Maßnahme ist in den Fällen der §§ 1, 6, 10, 12 Abs. 1 die Anfechtung nach den Bestimmungen des Landesrechts, in allen übrigen Fällen die Beschwerde an einen vom Präsidium zu bestimmenden Senat des Reichsgerichts gegeben. Die Einlegung der Rechtsmittel hat keine aufschiebende Wirkung.

(2) Die Beschwerde ist in den Fällen der §§ 7, 8, 12 Abs. 2 bei der Stelle einzureichen, gegen deren Anordnung sie gerichtet ist. Diese hat sie unverzüglich der obersten Landesbehörde vorzulegen. Hilft diese der Beschwerde nicht ab, so hat sie sie unverzüglich an den Reichsminister des Innern weiterzuleiten. Der Reichsminister des Innern kann der Beschwerde abhelfen, andernfalls hat er sie unverzüglich dem Senat des Reichsgerichts zur Entscheidung vorzulegen. Gegen eine Entscheidung des Reichsministers des Innern, die der Beschwerde abhilft, kann die oberste Landesbehörde die Entscheidung des Senats des Reichsgerichts anrufen.

(3) Der Reichsminister des Innern kann die oberste Landesbehörde um eine der in den §§ 7, 8, 12 Abs. 2 bezeichneten Maßnahmen ersuchen. Glaubt die oberste Landesbehörde einem solchen Ersuchen nicht entsprechen zu können, so teilt sie dies unverzüglich auf telegraphischem oder telephonischem Wege, spätestens aber am zweiten Tage nach Empfang des Ersuchens, dem Reichsminister des Innern mit und ruft gleichzeitig auf demselben Wege die Entscheidung des Senats des Reichsgerichts an. Entscheidet dieser für die Zulässigkeit der Maßnahme, so hat die oberste Landesbehörde dem Ersuchen sofort zu entsprechen. Einer Beschwerde gegen eine auf Ersuchen des Reichsministers des Innern angeordnete Maßnahme kann die oberste Landesbehörde nicht abhelfen.

§ 14. (1) Zur Aburteilung der in dieser Verordnung mit Strafe bedrohten Handlungen ist das Verfahren nach § 212 der StPO. auch dann zulässig, wenn der Beschuldigte sich weder freiwillig stellt noch infolge einer vorläufigen Festnahme dem Gericht vorgeführt wird.

(2) Dasselbe gilt für alle übrigen zur Zuständigkeit der Amtsgerichte gehörenden strafbaren Handlungen, die an öffentlichen Orten, in Versammlungen oder durch Verbreitung oder Anschlag von Schriften, Abbildungen oder Darstellungen begangen worden sind.

(3) So lange in einem Verfahren, das wegen der in den Abs. 1, 2 bezeichneten strafbaren Handlungen nach § 212 StPO. eingeleitet ist, ein Urteil noch nicht erlassen ist, kann das Gericht die Sache als zur Verhandlung in diesem Verfahren ungeeignet

an die Staatsanwaltschaft zurückverweisen; geschieht das, so gilt die öffentliche Klage als nicht erhoben. Der Beschluß ist nicht anfechtbar.

§ 15. (1) Die zur Durchführung dieser Verordnung erforderlichen Maßnahmen trifft der Reichsminister des Innern, und zwar, soweit es sich um Vorschriften über das Verfahren vor dem Senat des Reichsgerichts handelt, im Einvernehmen mit dem Reichsminister der Justiz. Er kann, soweit er es für erforderlich hält, Richtlinien für die Handhabung der Verordnung erlassen.

(2) Der Kreis der leitenden Beamten im Sinne dieser Verordnung (§ 1 Abs. 1 Nr. 2) wird, soweit es sich um Reichsbeamte handelt, von dem Reichsminister des Innern, soweit es sich um Landesbeamte handelt, von den Landesregierungen bestimmt.

(3) Der Reichsminister des Innern kann die Vorschrift des § 1 Abs. 1 Nr. 3, soweit ein Bedürfnis besteht, auch auf andere Religionsgesellschaften und auf Vereinigungen, die sich die gemeinschaftliche Pflege einer Weltanschauung zur Aufgabe machen, für entsprechend anwendbar erklären.

§ 16. Die im Art. 48 Abs. 2 der Reichsverfassung genannten Grundrechte werden für die Geltungsdauer dieser Verordnung in dem zu ihrer Durchführung erforderlichen Umfang außer Kraft gesetzt.

§ 17. Diese Verordnung tritt mit Ausnahme der §§ 1, 10 Abs. 2 und 3 mit ihrer Verkündung in Kraft. Die Vorschriften der §§ 1, 10 Abs. 2, 3 treten mit Beginn des dritten Tages nach der Verkündung in Kraft.

Erste Verordnung zur Durchführung der Verordnung zur Bekämpfung politischer Ausschreitungen. Vom 30. März 1931 (RGBl. I S. 129).

Diese erste Verordnung behandelt die Zuständigkeit des Senats des Reichsgerichts im Falle des § 13 Abs. 2 Satz 4 der Verordnung v. 28. März 1931 (RGBl. I S. 79), ferner im Falle des § 13 Abs. 2 Satz 3 und des § 13 Abs. 3 Satz 2 der genannten Verordnung.

Zweite Verordnung zur Durchführung der Verordnung zur Bekämpfung politischer Ausschreitungen v. 30. März 1931 (RGBl. I S. 130).

Danach werden als leitende Beamte im Sinne des § 1 Abs. 1 Nr. 2 der Verordnung v. 28. März 1931 (RGBl. I S. 79) der Reichskanzler und die Staatssekretäre des Reichs bestimmt.

Preußische Verordnung zur Ausführung der Verordnung des Reichspräsidenten zur Bekämpfung politischer Ausschreitungen vom 28. März 1931 (RGBl. I S. 79). Vom 30. März 1931 (GS. S. 45).

Auf Grund des § 13 Abs. 1 der Verordnung des Reichspräsidenten v. 28. März 1931 (RGBl. I S. 79) wird folgendes bestimmt:

I. Außer den Ortspolizeibehörden sind für Maßnahmen nach § 1 und § 4 Abs. 1 der Verordnung auch die Oberpräsidenten für den Bereich ihrer Provinz, die Regierungspräsidenten für den Bereich ihres Regierungsbezirkes und die Landräte für den Bereich ihres Kreises zuständig.

II. Außer mir, dem Minister des Innern, als der obersten Landesbehörde sind für Maßnahmen nach §§ 7 und 8 der Verordnung auch die Oberpräsidenten für den Bereich ihrer Provinz, die Regierungspräsidenten für den Bereich ihres Regierungsbezirkes und der Polizeipräsident in Berlin für den Bezirk der Stadt Berlin, für Maßnahmen nach § 12 Abs. 2 der Verordnung die Oberpräsidenten für den Bereich ihrer Provinz, der Regierungspräsident in Sigmaringen für den Regierungsbezirk Sigmaringen und der Polizeipräsident in Berlin für den Bezirk der Stadt Berlin zuständig.

Die Zuständigkeit der Oberpräsidenten, des Regierungspräsidenten in Sigmaringen und des Polizeipräsidenten in Berlin erstreckt sich auch auf das Verbot von Kopfblättern, soweit diese im Freistaat Preußen erscheinen und die das Verbot des Stammblatts veranlassenden Ausführungen ebenfalls gebracht haben.

Preußische Verordnung zur Ausführung der Verordnung des Reichspräsidenten zur Bekämpfung politischer Ausschreitungen vom 28. März 1931 (RGBl. I S. 79). Vom 24. April 1931 (GS. S. 63).

Auf Grund des § 13 Abs. 1 der Verordnung des Reichspräsidenten zur Bekämpfung politischer Ausschreitungen vom 28. März 1931 (RGBl. I S. 79) wird folgendes bestimmt: Außer den Ortspolizeibehörden ist für Maßnahmen nach § 12 Abs. 1 der Verordnung auch der Polizeipräsident in Berlin, Landeskriminalpolizeiamt, für den Bereich des Freistaats Preußen zuständig.

Durchführung der Verordnung des Herrn Reichspräsidenten zur Bekämpfung politischer Ausschreitungen vom 28. März 1931. Runderlaß des preußischen Ministers des Innern vom 1. April 1931 (MBl. S. 349).

pp. . . . . .

3. Die Vorlage von Plakaten und Flugblättern politischen Inhalts hat nach § 10 Abs. 2 in Verbindung mit § 13 Abs. 1 Satz 1 der Verordnung bei der Ortspolizeibehörde jedes Ortes zu erfolgen, in dem das Plakat oder Flugblatt auf öffentlichen Wegen, Straßen oder Plätzen angeschlagen, ausgestellt, verbreitet oder sonst der Öffentlichkeit zugänglich gemacht werden soll. Die Bescheinigung über die erfolgte Vorlage hat in der Weise zu erfolgen, daß auf der Rückseite eines Stückes des Plakates oder Flugblattes die Polizeibehörde unter Aufdrückung des Dienststempels folgenden Vermerk setzt:

> Das umseitige Plakat (Flugblatt) ist heute um . . . Uhr gemäß § 10 Abs. 2 Satz 1 der Verordnung des Herrn Reichspräsidenten vom 28. März 1931 zur Kenntnisnahme vorgelegt worden.
> (Ort) (Datum) (Unterschrift).

Ein zweites Stück des Plakates oder Flugblattes hat die Ortspolizeibehörde mit entsprechendem Vermerk über die erteilte Vorlagebescheinigung aufzubewahren.

Werden Plakate oder Flugblätter gemäß § 10 Abs. 1 der Verordnung polizeilich beschlagnahmt und eingezogen, so ist, wenn die Verbreitung der Plakate (Flugblätter) auch in anderen Orten zu besorgen ist, der zuständigen Landespolizeibehörde sofort Mitteilung zu machen, damit gegebenenfalls die anderen Landespolizeibehörden unverzüglich unterrichtet werden können. Das gleiche gilt für die Behandlung von Druckschriften gemäß § 12 Abs. 1 der Verordnung.

Preußische Verordnung zur Ausführung des § 15 Abs. 2 der Verordnung des Reichspräsidenten zur Bekämpfung politischer Ausschreitungen vom 28. März 1931. Vom 2. April 1931 (MBl. S. 481):

Auf Grund des § 15 Abs. 2 der Verordnung des Reichspräsidenten usw. wird folgendes verordnet:

Leitende preußische Beamte im Sinne des § 1 Abs. 1 Nr. 2 der Verordnung sind a) die aktiven Staatsminister; b) die Staatssekretäre in den Ministerien, c) die Oberpräsidenten; d) der Kammergerichtspräsident und die Oberlandesgerichtspräsidenten; e) die Regierungspräsidenten; f) die Polizeipräsidenten.

Der Ministerialerlaß des Ministers des Innern vom 17. April 1931 (MBl. S. 413) weist darauf hin, daß insbesondere bei der Behandlung von Plakaten, Flugblättern und ähnlichen Werbemitteln die von ihm erlassenen Richtlinien auf das genaueste einzuhalten und die von ihm gegebenen Anordnungen peinlichst zu beobachten sind ....

In Ergänzung und Erweiterung des Runderlasses v. 1. April 1931 (MBl. S. 349ff.) zu 3 — so setzt der Erlaß fort — ordne ich an, daß nach § 10 Abs. 2 in Verbindung mit § 13 Abs. 1 Satz 1 der Notverordnung außer den Ortspolizeiverwaltern die Landräte, die Regierungspräsidenten und die Oberpräsidenten für die Vorlage von Plakaten und Flugblättern politischen Inhalts zuständig sind, je nachdem die Verbreitung über einen Ortspolizeibezirk hinaus innerhalb eines Kreises, eines Regierungsbezirks oder einer Provinz erfolgen soll. Die Bescheinigung über die erfolgte Vorlage hat in diesen Fällen durch die Landräte, Regierungspräsidenten oder Oberpräsidenten in der im Runderlaß v. 1. April 1931 vorgeschriebenen Form zu erfolgen. Sie ersetzt die bisher vorgesehene Vorlage bei den Ortspolizeibehörden. Für den Landespolizeibezirk Berlin ist der Polizeipräsident in Berlin ausschließlich zuständig.

Die Oberpräsidenten, die Regierungspräsidenten und die Landräte haben Vorsorge zu treffen, daß die bei ihnen erfolgte Vorlage eines Plakats oder Flugblatts politischen Inhalts, dessen polizeiliche Beschlagnahme und Einziehung nicht in Aussicht genommen ist, den Ortspolizeibehörden ihres Amtsbereichs rechtzeitig bekanntgegeben wird. Die Anordnung des Runderlasses v. 1. April 1931 Abs. 2 bleibt unberührt mit der Maßgabe, daß in diesen Fällen von den Oberpräsidenten bzw. Regierungspräsidenten auf schnellstem Wege an mich zu berichten ist.

Verordnung zur Ausführung der Verordnung des Reichspräsidenten zur Bekämpfung politischer Ausschreitungen v. 28. März 1931. Vom 24. April 1931 (MBl. S. 483): Auf Grund des § 13 Abs. 1 der Verordnung des Reichspräsidenten usw. wird folgendes bestimmt:

Außer den Ortspolizeibehörden ist für Maßnahmen nach § 12 Abs. 1 der Verordnung auch der Polizeipräsident in Berlin, Landeskriminalpolizeiamt, für den Bereich des Freistaates Preußen zuständig.

Ausführung der Verordnung des Reichspräsidenten vom 28. März 1931 zur Bekämpfung politischer Ausschreitungen. Runderlaß des Ministers des Innern v. 2. Mai 1931 (MBl. S. 482):

Unter Bezugnahme auf meine Verordnung v. 24. April 1931 (GS. S. 63) zur Ausführung der Verordnung des Reichspräsidenten usw., ersuche ich die Ortspolizeibehörden, vor einer etwa beabsichtigten polizeilichen Beschlagnahme und Einziehung von Druckschriften der in § 12 Abs. 1 der Verordnung v. 28. März 1931 bezeichneten Art bei dem Polizeipräsidium in Berlin, Landeskriminalpolizeiamt I A über die dort beabsichtigten oder getroffenen Maßnahmen Rückfrage zu halten.

Der Polizeipräsident in Berlin hat die von ihm verfügten Maßnahmen durch Polizeifunk bekanntzugeben. Die Landeskriminalpolizeistellen haben für Weitergabe dieser Benachrichtigungen an die Ortspolizeibehörden zu sorgen.

Durchführung der Verordnung des Reichspräsidenten zur Bekämpfung politischer Ausschreitungen. Runderlaß des Ministers des Innern v. 30. Juni 1931 (MBl. S. 329ff.):

I. Zur Bekämpfung politischer Ausschreitungen habe ich die in der Anlage 1 abgedruckte, in der preußischen GS. S. 45 veröffentlichte Verordnung erlassen, die die Zuständigkeit der einzelnen Behörden regelt.

Bei der Begründung von Verfügungen auf Grund der §§ 7, 8 und 12 Abs. 2 der Verordnung finden die Bestimmungen der preußischen Ausführungsverordnung zum Republikschutzgesetz v. 29. März 1930 (GS. S. 47) Abschnitt IV, bezüglich der Benachrichtigung der Dienststellen der Reichspost- und der Reichsbahnverwaltung von dem Verbot einer periodischen Druckschrift die Bestimmungen der gleichen Verordnung unter Abschn. V entsprechende Anwendung.

Wird in den Fällen der §§ 7, 8 und 12 Abs. 2 der Verordnung Beschwerde eingelegt, so ist diese auf dem Dienstwege mir unverzüglich vorzulegen. Die Bestimmungen des Runderlasses v. 1. April 1930 (MBl. S. 269) Ziff. 5 Abs. 2 und 3 finden entsprechende Anwendung.

Welche Beamte als leitende Beamte im Sinne des § 1 Abs. 1 Nr. 2 in Verbindung mit § 15 Abs. 2 der Verordnung anzusehen sind, wird demnächst bestimmt und bekanntgegeben werden.

II. Die Verordnung des Herrn Reichspräsidenten gibt der Polizei eine Reihe von Handhaben, um den täglich bedrohlicher in die Erscheinung tretenden Auswüchsen im politischen Leben wirksamer als bisher entgegenzutreten. Die Verordnung richtet sich nicht gegen die Freiheit der politischen Betätigung in anständiger und sachlicher Form, auch nicht gegen sachliche Auseinandersetzungen in Weltanschauungsfragen; sie beschränkt nicht die Möglichkeit, sich zu politischer Tätigkeit zu vereinigen oder den politischen Meinungsstreit durch die Presse zu führen. Die Verordnung will lediglich den Mißbrauch politischer Rechte im Interesse des Allgemeinwohls verhüten. Der in sachlichen Bahnen und Grenzen sich bewegende Gebrauch verfassungsmäßiger Rechte erleidet also keine Einschränkung. Das vom Stahlhelm zur Zeit betriebene Volksbegehren zur Auflösung des preußischen Landtags ist nach Maßgabe der gesetzlichen Bestimmungen zugelassen und darf daher hinsichtlich der einzelnen, zu seiner Durchführung getroffenen gesetzmäßigen Veranstaltungen polizeilich nicht behindert werden. Soweit allerdings etwa eine unsachliche Art des Wirkens für das Volksbegehren ein polizeiliches Einschreiten erforderlich machen sollte, fällt die Verantwortung hierfür den Veranstaltern selbst zu.

Ich ersuche die Polizeibehörden, die Verordnung gerecht und völlig unparteiisch zu handhaben und jede kleinliche, dem Sinne und Zwecke der Bestimmungen widersprechende Anwendung zu vermeiden, dagegen in allen Fällen, in denen Mißbrauch politischer Rechte die öffentliche Sicherheit und Ordnung gefährdet, sich der in der Verordnung gegebenen Mittel wirksam zu bedienen.

Zweite Verordnung des Reichspräsidenten zur Bekämpfung politischer Ausschreitungen vom 17. Juli 1931 (RGBl. I S. 371):*)

Auf Grund des Art. 48 Abs. 2 der Reichsverfassung wird für das Reichsgebiet verordnet:

§ 1. Der verantwortliche Schriftleiter einer periodischen Druckschrift ist verpflichtet, auf Verlangen der obersten Reichs- oder Landesbehörden oder der von ihnen bestimmten Stellen Kundgebungen sowie Entgegnungen auf die in der periodischen Druckschrift mitgeteilten Tatsachen ohne Einschaltung oder Weglassung unentgeltlich aufzunehmen.

Der Abdruck hat unverzüglich, bei Tageszeitungen spätestens in der nach Eingang der Kundgebung oder Entgegnung nächstfolgenden, für den Druck nicht bereits abgeschlossenen Nummer zu erfolgen. Die Kundgebung oder Entgegnung ist an der vom Einsender bestimmten Stelle, mit der von ihm bestimmten Überschrift und in der von ihm bestimmten Schrift zum Abdruck zu bringen. Eine Stellungnahme zu einer Entgegnung in der gleichen Nummer ist unzulässig.

§ 2. Druckschriften, durch deren Inhalt die öffentliche Sicherheit und Ordnung gefährdet wird, können polizeilich beschlagnahmt und eingezogen werden.

Periodische Druckschriften können verboten werden

1. wenn der Vorschrift des § 1 zuwidergehandelt wird oder
2. wenn durch ihren Inhalt die öffentliche Sicherheit und Ordnung gefährdet wird.

*) Abgeändert durch die Verordnung des Reichspräsidenten zur Bekämpfung politischer Ausschreitungen vom 10. August 1931. Siehe Anhang.

Die Vorschriften des § 12 Abs. 2, 3, §§ 13, 15 Abs. 1 der Verordnung zur Bekämpfung politischer Ausschreitungen v. 28. März 1931 (RGBl. I S. 79) gelten entsprechend.

§ 3. Diese Verordnung tritt mit dem Tage ihrer Verkündung in Kraft.

Preußische Ausführungsbestimmungen zur zweiten Verordnung des Reichspräsidenten zur Bekämpfung politischer Ausschreitungen vom 17. Juli 1931 (RGBl. I S. 371). Vom 18. Juli 1931 (GS. S. 133).

1. Zuständig für das Verlangen auf Aufnahme einer Kundgebung oder Entgegnung nach § 1 Abs. 1 der Verordnung v. 17. Juli 1931 (RGBl. I S. 371) sind neben den obersten Landesbehörden auch die Oberpräsidenten, der Regierungspräsident in Sigmaringen und der Polizeipräsident in Berlin bezüglich der an ihrem Amtsbereich erscheinenden periodischen Druckschriften.

2. Zuständig für die Beschlagnahme und Einziehung einer Druckschrift gemäß § 2 der Verordnung v. 17. Juli 1931 (RGBl. I S. 371) in Verbindung mit § 12 Abs. 1 der Verordnung v. 28. März 1931 (RGBl. I S. 79) ist neben den Ortspolizeibehörden der Polizeipräsident in Berlin mit Wirkung für den Bereich des Freistaats Preußen.

Zuständig für Verbote periodischer Druckschriften nach § 2 der Verordnung v. 17. Juli 1931 (RGBl. I S. 371) in Verbindung mit § 12 Abs. 2 und 3 der Verordnung v. 28. März 1931 (RGBl. I S. 79) sind außer mir, dem Minister des Innern, als der obersten Landesbehörde, die Oberpräsidenten für den Bereich ihrer Provinz, der Regierungspräsident in Sigmaringen für den Regierungsbezirk Sigmaringen und der Polizeipräsident in Berlin für den Bezirk der Stadt Berlin. Die Vorschrift des Abschnittes 2 Abs. 2 der Verordnung v. 30. März 1931 (GS. S. 45) findet entsprechende Anwendung.

Der Minister des Innern.

Durchführung der Verordnung des Reichspräsidenten zur Bekämpfung politischer Ausschreitungen v. 17. Juli 1931 (RGBl. I S. 371). Runderlaß des Ministers des Innern v. 18. Juli 1931 (MBl. S. 727).

Nachdem auf die Verordnung des Reichspräsidenten v. 17. Juli und die Ausführungsbestimmungen der preußischen Verordnung dazu v. 18. Juli 1931 (GS. S. 133) hingewiesen ist, setzt der Runderlaß fort: Unter Bezugnahme auf meinen im Funkwege bekanntgegebenen Runderlaß v. 18. Juli 1931 bestimme ich, daß die Oberpräsidenten, der Regierungspräsident in Sigmaringen und der Polizeipräsident in Berlin die Aufnahme einer Kundgebung oder Entgegnung nach § 1 Abs. 1 der Verordnung v. 17. Juli 1931 (RGBl. I S. 371) aus eigener Entschließung nur verlangen dürfen, soweit ihr eigener sachlicher oder örtlicher Amtsbereich getroffen wird. Inhalt und Fassung solcher Kundgebungen oder Entgegnungen müssen den Richtlinien der Reichs- und Landespolitik Rechnung tragen. Soweit Kundgebungen oder Entgegnungen für notwendig erachtet werden, zu denen die nachgeordneten Behörden aus eigener Entschließung hiernach nicht zuständig sind, ist mir sofort, gegebenenfalls telegraphisch oder fernmündlich, zu berichten.

Ich ersuche, im Interesse der Befriedung der Bevölkerung und zur Verhinderung der Erzeugung von Katastrophenstimmungen von den Befugnissen der Notverordnung nachdrücklich, jedoch unter Vermeidung kleinlicher oder gar schikanöser Handhabung, Gebrauch zu machen. Die Notverordnung will nicht das Recht zu verantwortungsbewußter sachlicher Kritik in anständiger Form erschweren oder gar unterbinden.

Das Gesetz über den Staatsgerichtshof (Art. 108 der Verfassung) ist am 9. Juli 1921 (RGBl. S. 905) erlassen. Letzterem gehören 15 Mitglieder an einschließlich des Vorsitzenden (§ 3 des Gesetzes).

Das Verfahren vor dem Staatsgerichtshofe zum Schutze der Republik in Verwaltungssachen ist durch Verordnung v. 1. August 1922 (RGBl. S. 675) geregelt. Unter die Verordnung fallen auch die Beschwerden gegen Verbote von Druckschriften (§ 13 des Gesetzes zum Schutze der Republik).

Auf den grundrechtlichen Bestimmungen der alten Verfassung aufgebaut ist das Reichsgesetz v. 7. Mai 1874 erlassen worden. In ihm unterscheiden sich die darunter fallenden Delikte a) in Zuwiderhandlungen gegen die preßpolizeilichen Formvorschriften und b) in die eigentlichen Preßdelikte d. h. Handlungen, deren Strafbarkeit durch den Inhalt einer Druckschrift begründet wird, und für deren Verantwortlichkeit die bestehenden allgemeinen Strafgesetze maßgebend sind (§ 20 des Preßgesetzes). Während die die Ordnung der Presse behandelnden Formvorschriften unter den Begriff des „Preßpolizeirechts“ fallen und die sie verletzenden Handlungen als Preßpolizeidelikte zu bezeichnen sind, handelt von den eigentlichen, unter b genannten Preßdelikten das Preßstrafrecht, als der Inbegriff der rechtlichen Normen über die Bestrafung dieser Preßdelikte. Letztere stellen sich als der unter Strafe gestellte Mißbrauch der Preßfreiheit dar, sind an und für sich strafbare Handlungen, die zu Preßdelikten dadurch werden, daß sie „mittels der Presse“, d. h. durch Druckschriften im Sinne dieses Gesetzes begangen, und daß selbstverständlich diese Druckschriften veröffentlicht werden.

§ 1.

§ 1 des Reichspreßgesetzes ordnet an: „Die Freiheit der Presse unterliegt nur denjenigen Beschränkungen, welche durch das gegenwärtige Gesetz vorgeschrieben oder zugelassen sind.“

Dies bedeutet, daß, solange das Preßgesetz im ganzen oder in einzelnen Bestimmungen bzw. die Vorschriften der Verfassung, auf welche sich das Preßgesetz stützt, nicht rechtsgültig, außer Kraft gesetzt oder suspendiert sind, die Freiheit der Presse nur den besagten Beschränkungen unterliegt.

Siehe dagegen S. 54 OG. vom 5. März 1928.

Der Grundsatz der sogenannten „formellen“ Preßfreiheit schließt nicht aus, daß spätere Reichsgesetze (oder rechtsgültige Verordnungen) diese Preßfreiheit beschränken.

„Der im § 1 des Preßgesetzes aufgestellte Grundsatz der sogenannten „formellen“ Preßfreiheit hindert nicht, daß spätere Reichsgesetze ihn einschränken.

Solche Einschränkungen sind auch wiederholt erfolgt (zu vgl. z. B. Art. III des Gesetzes v. 5. April 1888, RGBl. S. 133). Dem Reichsgesetze stehen die Rechtsverordnungen gleich, die der Bundesrat auf Grund des § 3 Ermächtigungsgesetzes und das Reichsministerium auf Grund des Gesetzes über eine vereinfachte Form der Gesetzgebung für die Zwecke der Übergangswirtschaft v. 17. April 1919 (RGBl. S. 394) erlassen hat. Ob sie zur Regelung des Überganges von der Kriegs- in die Friedenswirtschaft „notwendig" und „dringend" war (§ 1 des Gesetzes v. 17. April 1919), haben die Gerichte nicht zu entscheiden."

„Ob ein Gesetz oder eine Verordnung die Freiheit der Presse unmittelbar beschränkt oder eine Behörde zur Beschränkung ermächtigt, macht keinen Unterschied (§ 15 Preßges.). Auch eine Verletzung des Art. 118 der Reichsverfassung liegt nicht vor, da diese Vorschrift das Recht der freien Meinungsäußerung nur „innerhalb der Schranken der allgemeinen Gesetze" gewährt."

„Die Behauptung, das Preßgesetz könne nicht durch eine Rechtsverordnung, sondern nur durch ein förmliches Gesetz geändert werden, ist unrichtig. Die rechtlichen Wirkungen einer auf gesetzlicher Grundlage beruhenden Rechtsverordnung können genau die gleichen sein, wie die rechtlichen Wirkungen eines förmlichen Gesetzes. Das Geltungsgebiet des § 1 Preßges. ist schon wiederholt durch Rechtsverordnungen beschränkt worden (zu vgl. z. B. BRVO. v. 16. Dezember 1915 § 1, RGBl. S. 827)." RGSt. v. 4. Oktober 1920, Bd. 55 S. 88.

Art. 118 der Reichsverfassung 1919 gewährt das Recht der freien Meinungsäußerung nur „innerhalb der Schranken der allgemeinen Gesetze".

Das Verbot von Zeitungsanzeigen enthält keinen Eingriff in die Freiheit der Presse, sofern spätere Gesetze den in § 1 des Reichspreßgesetzes aufgestellten Grundsatz der sogenannten „formellen" Preßfreiheit einschränken.

Die Vorschriften des preußischen Gesetzes v. 12. Mai 1851 (über die Presse) über die Genehmigung zum Anschlagen von Plakaten, durch Art. 118 der neuen Reichsverfassung nicht aufgehoben, sind durch das Gesetz v. 28. November 1925 (GS. S. 169) außer Kraft gesetzt (s. unten § 17).

Der Wortlaut des Art. 118 ergibt deutlich, daß diejenigen, welche ihre Meinung äußern wollen, dabei auch die allgemeinen Gesetze zu beachten haben und keineswegs mit Bezug auf ihre Meinungsäußerung der Bestrafung wegen Verletzung dieser Gesetze entzogen sein sollen. Ein anderer Sinn kann den Worten

„innerhalb der Schranken der allgemeinen Gesetze" nicht untergelegt werden. KgSt. v. 26. November 1920, Bd. 53 S. 414. Siehe auch unten die Ausführungen zu § 30 Abs. 2.

Die Bekanntmachung des Kgl. Preußischen Zivilkommissars für das Herzogtum Schleswig v. 28. August 1866, welche den Vertrieb dänischer Lieder, insofern sie beleidigenden oder aufreizenden Inhalts in nationaler Beziehung sind, für das Herzogtum Schleswig verbietet, ist nach wie vor rechtsgültig; diese Bekanntmachung ist seinerzeit für den beschränkten Bezirk Schleswig mit gesetzlicher Wirkung erlassen worden. Die fortdauernde Gültigkeit der Bekanntmachung v. 28. August 1866 ist durch die gleichmäßige Rechtsprechung der ordentlichen Gerichte der Provinz Schleswig-Holstein und des Kammergerichts anerkannt (Urteil des Kammergerichts v. 5. März 1885, v. 5. März 1906, Bd. 4 S. 367 bzw. Bd. 32 S. 65). Diese Bekanntmachung steht mit § 1 des Reichspreßgesetzes nicht in Widerspruch. Die Bekanntmachung muß dahin aufgefaßt werden, daß sie jeden Vertrieb, nicht nur den durch die Presse, verbietet, mithin ein gegen jedermann gültiges Verbot enthält. Allgemeinen Gesetzen aber ist auch die Presse unterworfen. OG. v. 18. März 1909, Bd. 54 S. 391.

§ 1 besagt ausdrücklich, daß die Freiheit der Presse nur denjenigen Beschränkungen unterliegt, welche „durch das gegenwärtige Gesetz" vorgeschrieben oder zugelassen seien. OG. v. 18. Februar 1902, Bd. 41 S. 404.

Es verstößt deshalb ein präventives polizeiliches Einschreiten gegen gewerbliche Ankündigungen in Druckschriften gegen den Art. 22 der preußischen Verfassungsurkunde und den § 1 des Reichsgesetzes über die Presse v. 7. Mai 1874 und ist daher unzulässig. OG. v. 4. Januar 1899, Bd. 34 S. 429. Hierzu sei bemerkt, daß durch die Verfassung des Freistaates Preußen v. 30. November 1920 (GS. S. 543) Art. 81 die preußische Verfassung v. 31. Januar 1850 und das Gesetz zur vorläufigen Ordnung der Staatsgewalt in Preußen v. 20. März 1919 aufgehoben sind. An Stelle des Art. 27 der preußischen Verfassung v. 31. Januar 1852 ist Art. 118 der Reichsverfassung v. 11. August 1919 getreten.

Es ist daher auch ein polizeiliches Einschreiten gegen Anpreisungen (Reklamen) mittels Druckschriften außerhalb des Rahmens des Preßgesetzes unstatthaft, wie das Oberverwaltungsgericht am 10. Juni 1895 entschieden hat (s. Pr. Vrwltgsbl., Jg. 1895/96 S. 114).

§ 1 des Reichspreßgesetzes schließt nicht aus, daß Rechtshandlungen, welche Preßerzeugnisse zum Gegenstande haben, durch Landesgesetze mit Strafe bedroht werden. RGSt. v. 12. Januar 1904, Bd. 37 S. 50.

Vergl. dazu

Preußisches Gesetz zur Aufhebung veralteter Polizei- und Strafgesetze v. 23. März 1931 (GS. S. 33)

und

Beschluß über die Aufhebung veralteter Polizei- und Strafgesetze. Vom 9. Juli 1931 (GS. S. 127).

(Auf Grund des § 2 des Gesetzes zur Aufhebung veralteter Polizei- und Strafgesetze v. 23. März 1931 (GS. S. 33) werden aufgehoben:

Unter Nr. 25 für das frühere Herzogtum Nassau § 2 der Verordnung, betreffend die illimitierte Preßfreiheit v. 4. u. 5. Mai 1814 (Nass. Verordnungsblatt 1815 S. 148), soweit darin eine Strafe angedroht ist.

Unter Nr. 34 für das ehemalige Königreich Hannover die Bekanntmachung wegen der an die Kgl. Bibliotheken in Hannover und Göttingen abzuliefernden Exemplare von allen im Königreich Hannover verlegt oder gedruckt werdenden Büchern, wie auch wegen Einsendung der Kataloge von den öffentlich meistbietend zu verkaufenden Büchern, Handschriften, Landkarten und Situationensplänen v. 19. März 1828, Sammlung der Gesetze, Verordnungen und Ausschreiben für das Königreich Hannover (Hannov. Gesetzsamml. I S. 19), soweit darin eine Strafe angedroht ist.

Unter Nr. 36 das Ausschreiben des Kurhessischen Staatsministeriums über die Ablieferung der den verschiedenen öffentlichen Bibliotheken gebührenden Freiexemplare von Druckschriften v. 26. Juni 1829 (Sammlung von Gesetzen usw. für Kurhessen, Bd. 5 S. 43), soweit darin eine Strafe angedroht ist.

Unter Nr. 43 §§ 8 bis 10 der preußischen Verordnung zur Aufrechterhaltung der öffentlichen Ordnung und der dem Gesetze schuldigen Achtung v. 17. August 1835 (GS. S. 170).)

In bezug auf die Presse kann für eine polizeiliche Verfügung nicht auf die Vorschrift des § 10 Teil II Titel 17 des Allgem. Landrechtes Bezug genommen werden, da diese ein polizeiliches Einschreiten im Widerspruche zu reichsgesetzlichen Bestimmungen nicht zu stützen vermag. OG. v. 18. Mai 1905 Bd. 47 S. 335.

Die Polizeibehörde ist nicht befugt, einem Chemiker aufzugeben, daß er das an seinem Hause angebrachte Schild mit der Aufschrift „Öffentliches chemisches Laboratorium Dr. . . . . ." oder wenigstens das Wort „Öffentliches" entferne, und ihm zu untersagen, auf seinen Geschäftspapieren, in Zeitungsankündigungen oder sonst sein Laboratorium als ein „öffentliches" zu bezeichnen, weil sie dadurch gegen Art. 27 der Verfassungsurkunde (jetzt Art. 118 der neuen Reichsverfassung) und den § 1 des Reichsgesetzes über die Presse v. 7. Mai 1874 verstößt. OG. v. 8. Oktober 1909 Bd. 55 S. 252.

1. Polizeiliche Maßnahmen gegen die Presse, die im Preßgesetz nicht vorgesehen sind, werden durch § 10 II 17 ALR. nicht gedeckt. Jedoch enthalten sie keine den Staat zum Schadenersatz verpflichtende Pflichtverletzung, wenn die Beamten in Notwehr gehandelt haben.

2. Die im Art. 48 der Reichsverfassung vorgesehenen Maßnahmen stehen den preußischen Oberpräsidenten nicht zu. RGSt. v. 24. Mai 1927, Pr. Vrwltgsbl., Jg. 48 S. 647.

Zu vgl. auch OG. v. 3. Oktober 1927, Pr. Vrwltgsbl., Jg. 49 S. 379.

„Nach § 1 des Preßgesetzes unterliegt die Freiheit der Presse nur denjenigen Beschränkungen, welche durch das Preßgesetz selbst vorgeschrieben oder zugelassen sind. Das bedeutet allerdings nicht, daß nicht spätere reichsgesetzliche Bestimmungen der Presse weitere Beschränkungen auferlegen dürfen. Denn der allgemein gültige Satz „lex posterior derogat priori" setzt sich auch gegen § 1 a. a. O. trotz des entgegenstehenden Wortlautes durch."

„Aus § 1 des Preßgesetzes folgt, daß alle Anordnungen von Polizeibehörden, die sich auf Grund von § 10 II 17 ALR. oder sonstiger landesrechtlichen Bestimmungen gegen den Inhalt von Druckschriften richten, unzulässig sind."

„Münzen, die nicht Wertträger sind, sondern der Verbreitung der darauf gesetzten Darstellungen und Aufschriften dienen (Denkmünzen), sind beim Vorliegen der sonstigen Voraussetzungen des § 2 des Preßgesetzes v. 7. Mai 1874 (RGBl. S. 65) Preßerzeugnisse. Ihre Beschlagnahme durch die Polizei auf Grund des § 10 II 17 ALR. ist daher unzulässig."

„Die Fortnahme der Denkmünzen, sofern sie durch die Polizeiverwaltung erfolgt ist, mag man sie als polizeiliche Beschlagnahme oder sonstwie bezeichnen, war unzulässig; eine Fortnahme konnte vielmehr nur in den Formen der Beschlagnahme nach §§ 23ff. des Preßgesetzes erfolgen, also entweder auf richterliche Anordnung oder ohne diese nach Maßgabe der Bestimmungen des Preßgesetzes und der Strafprozeßordnung im Wege der vorläufigen Beschlagnahme. Eine solche ist aber nicht erfolgt, und wäre es der Fall, so wäre über ihre Berechtigung nur nach § 24 Abs. 3 a. a. O. im ordentlichen Rechtswege zu entscheiden gewesen." OG. v. 5. März 1928 Bd. 83 S. 208.

„Mit Rücksicht auf die Gefahr einer Gesundheitsschädigung anderer, die den prahlerischen Versprechungen nicht approbierter Heilkundiger Glauben schenken, sind öffentliche Anzeigen dieses Inhalts verboten."

„Nach § 1 des Reichspreßgesetzes unterliegt die Freiheit der Presse nur denjenigen Beschränkungen, welche durch dieses Gesetz vorgeschrieben oder zugelassen sind. Gegen diese Bestimmungen verstößt die polizeiliche Vorschrift („öffentliche Anzeigen von nicht approbierten Personen, welche die Heilkunde gewerbsmäßig ausüben, sind verboten, sofern sie über Vorbildung, Befähigung oder Erfolge dieser Personen zu täuschen geeignet sind oder prahlerische Versprechungen enthalten") nicht, weil sie sich nicht lediglich gegen die Benutzung der Presse wendet, sondern öffentliche Anzeigen prahlerischen Inhalts überhaupt, ohne Rücksicht auf die Art der Bekanntmachung, dem Verbote unterstellt." RGSt. v. 14. Januar 1929, Bd. 62 S. 429.

„Die Polizei ist mit Rücksicht auf § 1 des Reichspreßgesetzes nicht befugt, den Titel einer Zeitschrift oder den Aufdruck von Briefbogen nach § 10 II 17 ALR. zu verbieten."

„Ein Glasplattenschild mit der Aufschrift „Reichssteuerdienst" erweckt den Eindruck, daß die bezeichnete Stelle eine Dienststelle des Reiches sei, und ist geeignet, die öffentliche Ordnung zu stören." OG. v. 27. März 1930, Pr. Vrwltgsbl., Jg. 1930, Bd. 51 S. 502.

Zum Begriff des polizeiwidrigen Zustandes im Sinne des § 10 II 17 ALR. s. OG. v. 15. Januar 1925, Pr. Vrwltgsbl., Jg. 46 S. 511.

§ 2.

Druckschrift.

Das Reichspreßgesetz bestimmt in § 2, daß dasselbe Anwendung findet:

1. auf alle Erzeugnisse der Buchdruckerpresse;
2. auf alle anderen, durch mechanische oder chemische Mittel bewirkten, zur Verbreitung bestimmten Vervielfältigungen von Schriften;
3. a) auf alle bildlichen Darstellungen mit oder ohne Schrift;
   b) auf alle Musikalien mit Text oder Erläuterungen.

In allen Fällen ist aber wesentliche Voraussetzung, daß die Druckschrift — als solche gelten im weiteren Sinne sämtliche vorstehend genannten Erzeugnisse — „zur Veröffentlichung bestimmt ist". Nur unter dieser Voraussetzung kann eine Druckschrift unter das Preßrecht fallen, als Druckschrift im Sinne des Preßgesetzes gelten. Wie aus den Worten „zur Verbreitung, d. h. Veröffentlichung bestimmt" hervorgeht, handelt es sich hierbei um eine noch nicht veröffentlichte Druckschrift, um eine solche, welche erst für diesen Zweck hergestellt ist. Die einzelnen preßgesetzlichen Vorschriften können erst in Anwendung kommen, wenn die Verbreitung — gewerbsmäßige oder nicht gewerbsmäßige — auch tatsächlich erfolgt ist. Es ist daher die tatsächliche Veröffentlichung zum Eintritt der preßrechtlichen Wirkungen erforderlich, zum Begriff der Druckschrift im Sinne des Preßgesetzes aber die Bestimmung zur Veröffentlichung.

Bilder, die im Wege der Vervielfältigung durch mechanische oder chemische Mittel hergestellt sind, fallen unter § 2 des Reichsgesetzes über die Presse v. 7. Mai 1874. OG. v. 18. Februar 1902 Bd. 41 S. 404.

Siehe auch unten im §6 S. 88 die daselbst angeführte KgSt. v. 13. Juni 1929.

Was ist eine Druckschrift?

Zum Begriff der Druckschrift gehören zwei Merkmale:

a) ihrem Inhalte nach: Gedankenäußerung;

b) der äußeren Form nach: Wiedergabe mittels der Buchdruckerpresse usw. (§ 2 Abs. 2 Preßges.).

Sind diese beiden Merkmale für den Begriff der Druckschrift im allgemeinen wesentliche, so daß beide vorhanden sein müssen, um von einer Druckschrift reden zu können, so kommt zu diesen als drittes Moment hinzu, daß die Druckschrift zur Verbreitung bestimmt sein muß, um sie als Druckschrift im Sinne des Preßgesetzes behandeln zu können.

Den Druckschriften im engeren Sinne, also den mittels der Buchdruckerpresse hergestellten Schriften, stellt der Gesetzgeber die oben unter Nr. 2 angeführten Vervielfältigungen, sowie die zu Nr. 3 näher bezeichneten Darstellungen gleich.

Siehe OG. v. 5. März 1928 Bd. 83 S. 208, oben im § 1 angeführt.

Photographien können Preßerzeugnisse auch dann sein, wenn sie nicht nach einer bereits vorhandenen bildlichen Darstellung angefertigt, sondern nach der Natur aufgenommen sind.

Für die Anwendung des Gesetzes — § 2 Abs. 1 — kommt es im Hinblick auf sein Ziel, die Freiheit der Gedankenäußerung zu regeln, allein darauf an, ob das, was auf mechanischem oder chemischem Wege als Schrift oder bildliche Darstellung usw. hergestellt wird, tatsächlich in einer Mehrheit von Stücken hergestellt worden ist, um verbreitet zu werden. OG. v. 3. Oktober 1901, Bd. 40 S. 295.

Photographien können einen Gedanken ihres Verfertigers oder dessen, der diesen angeleitet hat, ausdrücken und fallen dann unter die Bestimmungen des Preßgesetzes. OG. v. 3. Oktober 1901, Bd. 40 S. 298.

Der fertige Anstrich eines Gebäudes oder Gebäudeteiles fällt nicht unter den Begriff der bildlichen Darstellung im Sinne des das Recht der freien Meinungsäußerung gewährleistenden Art. 27 — jetzt Art. 118 der Reichsverfassung v. 11. August 1919 — der Verfassung.

Ein farbiger Anstrich ist überhaupt keine bildliche Darstellung (§ 2 des Preßgesetzes). OG. v. 16. Mai 1902, Bd. 41 S. 432.

Wenn auch die auf Postkarten befindlichen weiblichen Gestalten Photographien zu sein scheinen, so steht dies der Annahme einer Druckschrift in dem weiteren Sinne des § 2 des Preßgesetzes rechtlich nicht im Wege. RGSt. v. 13. November 1902, Bd. 36 S. 11.

Nach dem allgemeinen Sprachgebrauch umfaßt das Wort „Darstellungen" die mannigfachsten Formen des Veranschaulichens, des Übermittelns einer Vorstellung: ein Hergang kann durch Wort oder Schrift, die Person (Rolle) eines Schauspieles durch den Schauspieler, das Geräusch des Sturmes durch Theatervorrichtungen, jeder sichtbare Gegenstand durch Bilder aller Art und durch plastische Formen dargestellt werden. Auch Laute können daher dargestellt werden, wie dies durch Buchstaben und Notenschrift geschieht und durch die neuere Technik mittels Schallplatten erreicht wird. Denn ein Vorgang kann dargestellt werden, soweit die Herstellung eines sinnlich wahrnehmbaren Vorganges anderen übermittelt werden kann. RGSt. Bd. 47 S. 404.

Was ist unter Verbreitung zu verstehen?

Der Gesetzgeber selbst gibt die Definition hierfür. Er bestimmt im § 3: Als Verbreitung einer Druckschrift im Sinne dieses Gesetzes gilt auch das Anschlagen, Ausstellen oder Auslegen derselben an Orten, „wo sie der Kenntnisnahme durch das Publikum zugänglich ist".

Verbreiten heißt demnach, eine Druckschrift der *Kenntnisnahme durch das Publikum zugänglich machen.* Daraus ergibt sich, daß die Verbreitung immer eine öffentliche (Kenntnisnahme durch das „Publikum") sein muß, die Druckschrift muß *jedermann* zugänglich sein.

Druckschriften, welche für den Privatgebrauch, sei es eines einzelnen, sei es einer vorher abgegrenzten Mehrheit, bestimmt sind, können daher nicht unter die Bestimmungen des Preßgesetzes fallen, ebensowenig die vertrauliche Mitteilung einer Druckschrift, auch wenn diese Mitteilung an eine Mehrheit, die natürlich eine begrenzte sein muß, geschieht. Selbstverständlich „darf die Zahl der Freunde und Bekannten" — wie Berner in seinem Lehrbuch über das deutsche Preßrecht mit Recht hervorhebt — „nicht eine so große werden, daß sich die Grenze zwischen ihnen und dem Publikum verwischt, die Schrift also dennoch in Wahrheit in die Öffentlichkeit gelangt".

Siehe aber KgSt. v. 13. Juni 1929, Pr. Brwltgsbl., Jg. 1930, Bd. 51 S. 263, unten im § 6 angeführt.

Es genügt für den Begriff der Verbreitung, daß die Druckschrift zugänglich gemacht ist. Es ist also nicht notwendig, daß das Publikum von ihr auch tatsächlich Kenntnis genommen hat; die Möglichkeit, Kenntnis zu nehmen, reicht hin.

Ein weiteres Erfordernis endlich ist, daß die Druckschrift selbst verbreitet wird. Besteht die Druckschrift aus Inhalt und Körper, so muß auch beides verbreitet werden, soll von der Verbreitung einer Druckschrift die Rede sein. Die mündliche Mitteilung einer Druckschrift ist keine unter das Preßgesetz fallende Druckschrift.

Ob die Verbreitung eine gewerbsmäßige oder nichtgewerbsmäßige ist, hat auf den Begriff der Verbreitung keinen Einfluß. Die preßgesetzlichen Vorschriften beziehen sich sowohl auf die gewerbsmäßige, als auch auf die nichtgewerbsmäßige Verbreitung. Der gewerbsmäßige Betrieb wird außerdem noch durch die Gewerbeordnung geregelt.

Daß die Abgabe eines Pflichtexemplars an die Polizeibehörde keine Verbreitung sein kann, versteht sich wohl von selbst. Wahrheitsgetreue Berichte über die Verhandlungen in den öffentlichen Sitzungen des Reichstags, eines Landtags oder ihrer Ausschüsse bleiben nach Art. 30 der Reichsverfassung von jeder Verantwortlichkeit frei.

Das Anschlagen, Ausstellen oder Auslegen von Druckschriften kann ebenfalls nur als Verbreitung angesehen werden, wenn hierdurch der Inhalt der Druckschrift dem Publikum, d. h. öffentlich zugänglich gemacht wird.

Die Bekanntgabe des Titels ist ebensowenig Verbreitung, wie das Anheften einer Druckschrift, von deren Inhalt trotzdem das Publikum nicht Kenntnis nehmen kann.

Hervorzuheben ist noch, daß alle Handlungen, mögen sie sonst auch die Merkmale der Verbreitung enthalten, als Verbreitung im Sinne des Preßgesetzes nur dann zu betrachten sind, wenn sie das Publikum berühren, wenn sie den Zweck haben, die Druckschriften der Kenntnisnahme des Publikums zugänglich zu machen. Die Übersendung von Druckschriften durch den Drucker an den Verleger, vom Redakteur an die Expedition kann nicht als Verbreitung angesehen werden.

Am Ende dieses Paragraphen seien noch eine Anzahl von Reichsgerichtsentscheidungen angeführt, da die Erkenntnisse des höchsten Gerichtshofes für die Handhabung der preßgesetzlichen Bestimmungen auch seitens des Polizeibeamten von größter Wichtigkeit sind, indem sie ihm hierfür zur Richtschnur dienen.

„Photographien sind Druckschriften im Sinne des Preßgesetzes." RgSt. vom 29. Juni 1881, Bd. 4 S. 362.

Auf kinematographische Vorführungen findet § 3 des Preßgesetzes keine Anwendung. § 3 betrifft ein Zugänglichmachen der Bilder mittels des Ausstellens, während durch den kinematographischen Apparat ein neues, bisher nicht vorhandenes Bild eines bewegten Vorganges erzeugt und vorgeführt wird. Eine kinematographische Vorführung geht über ein bloßes Ausstellen von Bildern im Sinne des § 3 des Preßgesetzes — als eine Form der Verbreitung von Druckschriften und was diesem gleichsteht — hinaus und ist eine zu den Lustbarkeiten gehörige Schaustellung. OG. v. 1. Mai 1908, Bd. 52 S. 286.

„In der Abgabe des sogenannten Pflichtexemplars an die Polizeibehörde liegt keine Verbreitung."

„Dagegen kann in der Aushändigung einer Anzahl Exemplare an den Verfasser eine Verbreitung gesehen werden." Das Erkenntnis führt darüber folgendes aus: „Mag diese Aushändigung auch auf einer Verabredung und vor dem Drucke getroffenen vertragsmäßigen Verpflichtung beruhen, so wird dadurch der Erfolg nicht beseitigt, daß in Ermangelung besonderer Nebenverabredungen sich darin der Wille des Angeklagten offenbart, daß durch Vermittlung des Verfassers auch dritte, unbestimmt wie viele Personen von dem Inhalt der Schrift Kenntnis nehmen, und an diesem Erfolge kann es auch nichts ändern, ob dem Akte der Verbreitung eine Vertragspflicht oder ein freiwilliges Geschenk zugrunde liegt, da auch erstere der Handlung den Charakter einer freiwillig übernommenen nicht benehmen würde." RGSt. v. 28. September 1880, Bd. 2 S. 270.

„Eine Druckschrift verbreitet öffentlich nicht bloß derjenige, welcher persönlich in einer Weise, daß das Publikum sich bei der Erlangung beteiligen kann, die Verteilung bewirkt, sondern auch derjenige, welcher sich dazu als Organ seines Willens, insbesondere seines Auftrages, der Tätigkeit eines Dritten bedient." RGSt. v. 9. Juli 1880, Bd. 2 S. 216.

„In der Übersendung einer Schrift mit der Aufforderung an den Empfänger, von dem Inhalte Kenntnis zu nehmen, und sodann die Schrift, wenn auch nicht im Originale, so doch in handschriftlicher oder hektographischer Vervielfältigung an eine nicht begrenzte Zahl von Personen weiterzugeben, ist eine Verbreitung einer Schrift im Sinne des § 110 des StGB. zu erblicken." RGSt. v. 28. September 1883, Bd. 9 S. 71.

„Das bloße Vorlesen ist kein Verbreiten im Sinne des Preßgesetzes." RGSt. v. 23. Dezember 1886, Bd. 15 S. 118.

„Der Begriff des Verbreitens erfordert nicht die Absicht, die Druckschrift auch noch anderen Personen zugänglich zu machen; vielmehr genügt das Bewußtsein, daß sie auch noch an andere gelangen können oder werden." RGSt. v. 5. Juli 1887, Bd. 16 S. 176.

Der Versand von periodischen Druckschriften in der Absicht die Druckschriften im Inland einem unbestimmten Personenkreise zugänglich zu machen, ist Verbreitung im Sinne des Preßgesetzes. RGSt. v. 13. November 1903, Bd. 36 S. 408.

„Verbreitung einer Schrift ist die Tätigkeit, die Handlung, durch welche sie aus dem engen Kreise des Verfassers, Verlegers, Druckers usw., in welchem sie sich zuerst befindet, heraus in einen größeren, wenn auch nach Zahl und Individualität bestimmten Personenkreis gebracht und diesem zugänglich gemacht wird. Nach dem vom Reichsgericht konstant festgehaltenen Rechtsgrundsatze reicht dazu die Zustellung der Mitteilung einer Schrift auch an eine Person dann aus, wenn dabei die Absicht des Übergebenden vorgelegen hat, daß der Empfänger die Druckschrift durch Weitergabe auch einem größeren Personenkreise zugänglich mache. Entscheidend für den Begriff ist danach außer der Übertragung des Gewahrsams an einen andern die Absicht, die Schrift dadurch in Umlauf zu setzen, und zwar auf breiter Grundlage."

„Auch die begonnene Verbreitung ist Verbreitung, und wenn die Verbreitung durch Versendung mit der Post erfolgt, beginnt die Verbreitung mit der Versendung; die Versendung ist Verbreitung, die sich mit der Aufgabe zur Post vollzieht. Wie es da, wo sich die Verbreitung durch Mitteilung an eine Person vollzieht, nicht darauf ankommt, daß die Schrift auch in die Hände der letzten Person gelangte, welche, soweit es sich um die Absicht handelt, noch als wesentlicher Faktor für die Annahme einer beabsichtigten Verbreitung in Betracht kommt, sobald nur die Absicht des Inverkehrbringens auf breiter Grundlage vorliegt — so wenig kann es bei der Versendung für den Begriff der Verbreitung darauf ankommen, daß die Schrift in die Hände des Adressaten auch wirklich gelangt. Selbst wenn dies nicht möglich war, weil er nicht zu ermitteln, oder wenn der Adressat die Annahme ablehnt oder die empfangene Sendung uneröffnet zurückgibt oder selbst nach Ablieferung zur Post die Versendungstätigkeit der Post gehindert wird, bleibt die begonnene Verbreitung bestehen. Die Versendung ist eben begonnene Verbreitung und diese umfaßt im allgemeinen sprachlichen Sinn wie im Sinne des Gesetzes sowohl die Verbreitungstätigkeit, das Verbreiten, wie die Verbreitung als Ergebnis dieser Tätigkeit, ohne aber solch Ergebnis für den Begriff zu fordern."

„Der Begriff der Öffentlichkeit, wo er Tatbestandsmerkmal einer mit Strafe bedrohten Handlung ist, wird durch die Verbreitung allein nicht hergestellt, die öffentlich sein kann aber nicht muß, und öffentlich nur da ist, wo sie nach der Absicht des Täters die Schrift nicht bloß einem größeren Personenkreise, sondern unbestimmt wem und wie vielen Personen, d. h. dem Publikum zugänglich machen soll, wenn dies auch nur das Publikum einer bestimmten Klasse ist und hierzu auch geeignet ist." RGSt. v. 10. Oktober 1887, Bd. 16 S. 245.

„Beihilfe zur Verbreitung von Druckschriften ist in der Annahme derselben mit der ausgesprochenen Absicht zu erblicken, dieselben an den Adressaten weiterzubefördern." RGSt. v. 7. Mai 1888, Bd. 17 S. 484.

Vgl. das Verbreiten einer nach § 8 Nr. 1 Republikschutzgesetzes beschimpfenden Äußerung eines anderen. Nur dann strafbar, wenn erkennbar der Verbreiter die beschimpfende Äußerung sich derart zu eigen macht, daß er durch die Verbreitung selbst beschimpft. RGSt. v. 10. März 1930, Bd. 64 S. 55.

§ 3.

Bevor der Gesetzgeber zu den Vorschriften über die Ordnung der Presse übergeht, erläßt er noch Bestimmungen über den selbständigen Betrieb des Preßgewerbes und außerdem noch über die nichtgewerbsmäßige Verbreitung von Druckschriften. Er bestimmt im § 4 des Preßgesetzes, „daß eine Entziehung der Befugnis zum selbständigen Betriebe irgendeines Preßgewerbes oder sonst zur Herausgabe und zum Betriebe von Druckschriften weder im administrativen noch im richterlichen Wege stattfinden kann, im übrigen für den Betrieb der Preßgewerbe die Bestimmungen der Gewerbeordnung maßgebend sind".

Im § 5 des Preßgesetzes gibt er der Ortspolizeibehörde die Befugnis, die nichtgewerbsmäßige Verbreitung von Druckschriften denjenigen Personen zu verbieten, welchen nach § 57 der Gewerbeordnung ein Legitimationsschein versagt werden darf; und bestimmt außerdem, daß Zuwiderhandlungen gegen ein solches Verbot nach § 148 der Gewerbeordnung bestraft werden.

Selbständiger Betrieb.

Selbständig ist der Betrieb, welcher für eigene Rechnung und auf eigene Verantwortlichkeit geführt wird.

Preßgewerbe.

Ist Gewerbebetrieb im Sinne der Gewerbeordnung diejenige dem Gebiete der Landwirtschaft nicht angehörige fortgesetzte im eigenen Namen ausgeführte Erwerbstätigkeit, welche ihrem Wesen nach auf Erzielung eines Gewinnes für eigene Rechnung (für den Unternehmer selbst) gerichtet ist — siehe Neukamp, Die Reichsgewerbeordnung —, so ist das Preßgewerbe derjenige Gewerbebetrieb in dem eben dargelegten Sinne, welcher sich mit der Herstellung und dem Vertriebe, d. h. dem Verkaufe, dem Umsatze von Druckschriften befaßt und durch die Tätigkeit einen Gewinn für eigene Rechnung zu erzielen beabsichtigt.

§ 14 der Gewerbeordnung zählt eine Anzahl Preßgewerbe auf, nämlich: Buch- und Steindrucker, Buch- und Kunsthändler, Antiquare, Leihbibliothekare, Inhaber von Lesekabinetten, Verkäufer von Druckschriften, Zeitungen und Bildern.

§ 56 Abs. 3 Ziff. 12 der Reichsgewerbeordnung in der durch das Gesetz, betreffend die Abänderung der Gewerbeordnung v. 6. August 1896 (RGBl. S. 685) gegebenen Fassung: „Ausgeschlossen vom Feilbieten und Aufsuchen von Bestellungen im Umherziehen sind ferner:

12. Druckschriften, andere Schriften und Bildwerke, insofern sie in sittlicher oder religiöser Beziehung Ärgernis zu geben geeignet sind, oder welche mittels Zusicherung von Prämien oder Gewinnen vertrieben werden, oder in Lieferungen erscheinen, wenn nicht der Gesamtpreis auf jeder einzelnen Lieferung an einer in die Augen fallenden Stelle bestimmt verzeichnet ist.

Wer Druckschriften, andere Schriften oder Bildwerke im Umherziehen feilbieten will, hat ein Verzeichnis derselben der zuständigen Verwaltungsbehörde seines Wohnortes zur Genehmigung vorzulegen. Die Genehmigung ist nur zu versagen, soweit das Verzeichnis Druckschriften, andere Schriften oder Bildwerke der vorbezeichneten Art enthält. Der Gewerbetreibende darf nur die in dem genehmigten Verzeichnisse enthaltenen Druckschriften, andere Schriften oder Bildwerke bei sich führen, und ist verpflichtet, das Verzeichnis während der Ausübung des Gewerbebetriebs bei sich zu führen, auf Erfordern der zuständigen Behörden oder Beamten vorzuzeigen und, sofern er hierzu nicht imstande ist, auf deren Geheiß den Betrieb bis zur Herbeischaffung des Verzeichnisses einzustellen."

Zur Auslegung des § 56 Abs. 3 Ziff. 12 GO., nach welchem Druckschriften vom Feilbieten im Umherziehen ausgeschlossen sind, „insofern sie in sittlicher oder religiöser Beziehung Ärgernis zu geben geeignet sind", siehe OG. v. 31. Januar 1929, Pr. Vrwltgsbl., Jahrg. 1929 S. 654.

Neben Wandergewerbescheinen und Druckschriftenverzeichnis (§§ 55, 56 GO.) ist zum gewerbsmäßigen Ausrufen und Verkaufen von Druckschriften auf öffentlichen Wegen, Straßen, Plätzen oder an anderen öffentlichen Orten eine polizeiliche Erlaubnis aus § 43 a. a. O. nicht erforderlich. OG. v. 29. März 1928 Bd. 83 S. 356.

„§ 57: Der Wandergewerbeschein ist zu versagen:

1. wenn der Nachsuchende mit einer abschreckenden oder ansteckenden Krankheit behaftet oder in einer abschreckenden Weise entstellt ist;
2. wenn er unter Polizeiaufsicht steht;
3. wenn er wegen strafbarer Handlungen aus Gewinnsucht, gegen das Eigentum, gegen die Sittlichkeit, wegen vorsätzlicher Angriffe auf das Leben und die Gesundheit der Menschen, wegen Land- oder Hausfriedensbruchs, wegen Widerstandes gegen die Staatsgewalt, wegen vorsätzlicher Brandstiftung, wegen Zuwiderhandlungen gegen Verbote oder Sicherungsmaßregeln, betreffend Einführung oder Verbreitung ansteckender Krankheiten oder Viehseuchen, zu einer Freiheitsstrafe von mindestens drei Monaten verurteilt ist, und seit Verbüßung der Strafe drei Jahre noch nicht verflossen sind;
4. wenn er wegen gewohnheitsmäßiger Arbeitsscheu, Bettelei, Landstreicherei, Trunksucht übel berüchtigt ist;
5. in dem Falle des § 55 Ziff. 4, sobald der den Verhältnissen des Verwaltungsbezirks der zuständigen Verwaltungsbe-

hörde entsprechenden Anzahl von Personen Wandergewerbescheine erteilt oder ausgedehnt sind (§ 60 Abs. 2). (§ 55 Ziff. 4 der GO.): Wer außerhalb des Gemeindebezirks seines Wohnortes oder der durch Anordnung der höheren Verwaltungsbehörde dem Gemeindebezirke des Wohnorts gleichgestellten nächsten Umgebung desselben ohne Begründung einer gewerblichen Niederlassung und ohne vorgängige Bestellung in eigener Person — Ziff. 4 — Musikaufführungen, Schaustellungen, theatralische Vorstellungen oder sonstige Lustbarkeiten, ohne daß ein höheres Interesse der Kunst oder der Wissenschaft dabei obwaltet, darbieten will, bedarf eines Wandergewerbescheines, soweit nicht für die in Ziff. 2 bezeichneten Fälle in Gemäßheit des § 44a eine Legitimationskarte genügt."

In dem Falle der Ziff. 4 ist auch für den Marktverkehr (§ 64) ein Wandergewerbeschein erforderlich.

„§ 57a: Der Wandergewerbeschein ist in der Regel zu versagen:

1. wenn der Nachsuchende das 25. Lebensjahr noch nicht vollendet hat;
2. wenn er blind, taub oder stumm ist, oder an Geistesschwäche leidet.

Im Falle der Nr. 1 ist dem Nachsuchenden der Wandergewerbeschein zu erteilen, wenn er der Ernährer einer Familie ist und bereits 4 Jahre im Wandergewerbe tätig gewesen ist."

„§ 57b: Der Wandergewerbeschein darf außerdem nur dann versagt werden:

1. wenn der Nachsuchende im Inland einen festen Wohnsitz nicht hat;
2. wenn er wegen strafbarer Handlungen aus Gewinnsucht, gegen das Eigentum, gegen die Sittlichkeit, wegen vorsätzlicher Angriffe auf das Leben und die Gesundheit der Menschen, wegen Hausfriedensbruchs, wegen Widerstandes gegen die Staatsgewalt, wegen vorsätzlicher Brandstiftung, wegen Zuwiderhandlungen gegen Verbote oder Sicherungsmaßregeln, betreffend Einführung oder Verbreitung ansteckender Krankheiten oder Viehseuchen, zu einer Freiheitsstrafe von mindestens einer Woche verurteilt ist, und

seit der Verbüßung der Strafe fünf Jahre noch nicht verflossen sind."

Liegt also eine dieser Voraussetzungen vor, so kann die Ortspolizeibehörde nach pflichtmäßigem Ermessen den öffentlichen Vertrieb von Druckschriften verbieten. Wohlgemerkt kommt hier nur der nichtgewerbsmäßige Vertrieb in Betracht. Was unter Vertrieb zu verstehen ist, s. oben unter § 2.

§ 5 des Preßgesetzes, welcher von der nichtgewerbsmäßigen, aber selbstverständlich „öffentlichen" Verbreitung von Druckschriften handelt, hat durch § 43 Abs. 6 der Gewerbeordnung eine Änderung erfahren, indem an Stelle des angezogenen § 57 der Gewerbeordnung die §§ 57 Nr. 1, 2, 4, 57a, 57b Nr. 1 und 2 derselben (nach ihrer neuen Fassung) getreten sind. Siehe auch unten VI Schlußbestimmungen „Druckschriften oder andere Schriften oder Bildwerke verteilen".

1. Runderlaß des Ministers des Innern v. 28. Januar 1884 (MBl. S. 22), betreffend den Kolportagebuchhandel. Betrifft die Genehmigung des im § 56 Abs. 4 der GO. vorgesehenen Druckschriftenverzeichnisses durch die obere Verwaltungsbehörde. Es kann die Entscheidung über die Genehmigung von der Einreichung von Exemplaren der in dem Verzeichnis aufgeführten Druckschriften usw., als auch von etwa vorhandenen, auf die Art des Betriebes bezüglichen Prospekten seitens der Extrahenten abhängig gemacht werden. Es sollen damit nur die Auswüchse des Kolportagebuchhandels getroffen werden; es liegt dem Gesetz aber vollständig fern, der legitimen Druckschrift- usw.-Kolportage Hindernisse in den Weg zu legen.
2. Zirkularverfügung v. 8. Juli 1891 (MBl. S. 150), betreffend Überwachung des Vertriebes kleiner Druckschriften durch automatische Verkaufsapparate. Diese Automaten sind buchhändlerische Verkaufsstätten im Sinne des § 14 der GO.

Im Anschluß hieran müssen auch die Bestimmungen über den gewerbsmäßigen Vertrieb (Verbreitung) von Druckschriften erörtert werden, zumal diese Bestimmungen zum Teil auch auf den nicht gewerbsmäßigen Vertrieb Anwendung finden.

§ 43 der Gewerbeordnung bestimmt:

„Wer gewerbsmäßig Druckschriften oder andere Schriften oder Bildwerke auf öffentlichen Wegen, Straßen, Plätzen oder anderen öffentlichen Orten ausrufen, verkaufen, verteilen, anheften oder anschlagen will, bedarf dazu einer Erlaubnis der Ortspolizeibehörde und hat den über diese Erlaubnis auszustellenden, auf seinen Namen lautenden Legitimationsschein bei sich zu führen.

Auf die Erteilung und Versagung der Erlaubnis finden die Vorschriften der §§ 57 Ziff. 1, 2, 4, 57a, 57b Ziff. 1 und 2 und 63 Abs. 1 entsprechende Anwendung. Auf das bloße Anheften und Anschlagen findet der Versagungsgrund der abschreckenden Entstellung keine Anwendung. (Über Verteilen s. unten VI Schlußbestimmungen „Druckschriften oder andere Schriften oder Bildwerke verteilen.)

Zur Verteilung von Stimmzetteln und Druckschriften zu Wahlzwecken bei der Wahl zu gesetzgebenden Körperschaften ist eine polizeiliche Erlaubnis in der Zeit von der amtlichen Bekanntmachung des Wahltags bis zur Beendigung des Wahlakts nicht erforderlich. (Vgl. Reichsgesetz v. 12. März 1884, RGBl. S. 17).

Dasselbe gilt auch bezüglich der nicht gewerbsmäßigen Verteilung von Stimmzetteln und Druckschriften zu Wahlzwecken."

Zur nichtgewerbsmäßigen Verteilung von Stimmzetteln und Druckschriften zu Wahlzwecken ist eine polizeiliche Erlaubnis nur dann nicht erforderlich, wenn es sich dabei um eine Wahl zu gesetzgebenden Körperschaften handelt. KgSt. v. 17. Oktober 1922, Jahrg. 1924, Bd. 1 S. 156.

Die Vorschriften der Abs. 3 und 4 des § 43 GO., wonach die Verteilung von Stimmzetteln und Druckschriften zu den dort vorgesehenen Wahlzwecken von dem Erfordernis der polizeilichen Erlaubnis befreit ist, haben die Polizeibehörden entsprechend auch auf Stimmzettel und Druckschriften in einem amtlich zugelassenen Volksbegehr- und Volksentscheid-Verfahren anzuwenden. Ministerialerlaß v. 22. Mai 1926, MBl. S. 501. Zu vgl. Runderlaß des Ministers des Innern v. 10. April 1928, MBl. S. 413, betreffend polizeiliche Sicherung der Wahlvorbereitungen.

„In geschlossenen Räumen ist zur nichtgewerbsmäßigen Verteilung von Druckschriften oder anderen Schriften oder Bildwerken eine Erlaubnis nicht erforderlich.

An die Stelle des im § 5 Abs. 1 des Preßgesetzes v. 7. Mai 1874 angezogenen § 57 der Gewerbeordnung treten die Bestimmungen der §§ 57 Ziff. 1, 2, 4, 57a, 57b Ziff. 1 und 2 des gegenwärtigen Gesetzes."

§ 63 Abs. 1 der GO.: „Wird der Wandergewerbeschein versagt oder zurückgenommen, oder wird die erfolgte Ausdehnung desselben zurückgenommen, so ist dies dem Beteiligten mittels schriftlichen Bescheides unter Angabe der Gründe zu eröffnen. Gegen den Bescheid ist der Rekurs zulässig, jedoch ohne aufschiebende Wirkung. Wegen des Verfahrens und der Behörden gelten die Vorschriften der §§ 20 und 21. Dasselbe gilt von der Versagung der Genehmigung des Druckschriftenverzeichnisses (§ 56 Abs. 4)."

Alle diese Bestimmungen in Abs. 1—3 des § 43 der Gewerbeordnung beziehen sich auf die gewerbsmäßige öffentliche Verbreitung der Druckschriften, ohne Rücksicht darauf, ob diese selbst den Vorschriften des Preßgesetzes entsprechen oder nicht. (Nicht bloß auf Druckschriften im Sinne des § 2 des Preßgesetzes, sondern auch auf Schriften oder Bildwerke jeder Art ohne Rücksicht, auf welche Weise sie hergestellt sind.)

Zu den geschlossenen Räumen im Sinne des Abs. 5 des § 43 l. c. gehören auch Kirchen und Wirtschaften, überhaupt öffentliche Lokale.

Übrigens siehe auch unten § 17 über das öffentliche Anschlagen, Anheften, Ausstellen sowie die öffentliche, unentgeltliche Verteilung von Bekanntmachungen, Plakaten und Aufrufen sowie MErl. v. 23. März 1928, unten im § 17 angeführt.

Die nichtgewerbsmäßige öffentliche Verbreitung von Druckschriften erforderte nach Erlaß des Reichspreßgesetzes v. 7. Mai 1874 im allgemeinen nicht mehr eine polizeiliche Erlaubnis. Der § 5 desselben statuierte lediglich die Befugnis der Ortspolizeibehörden, gewissen Personen solche zu verbieten. Unberührt durch diesen § 5 bleiben nach § 30 Abs. 2 desselben Gesetzes die landesrechtlichen Vorschriften über das öffentliche Anschlagen, Anheften und Ausstellen, sowie die öffentliche unentgeltliche Verteilung von Bekanntmachungen, Plakaten und Aufrufen. Nur soweit diese Handlungen betreffs dieser besonders hervorgehobenen Arten von Preßerzeugnissen oder Schriften in Frage kommen, sind landesrechtliche Vorschriften darüber (bestehende oder zukünftige) noch zulässig; soweit bestehende Vorschriften darüber hinausgehen, sind sie durch die Reichsgesetzgebung (Reichspreßgesetz) beseitigt.

Der durch die Novelle zur Reichsgewerbeordnung v. 1. Juli 1883 in den § 43 eingefügte Abs. 5 hat nicht den Sinn, eine Erweiterung des Verbotes der nicht gewerbsmäßigen Verteilung von Druckschriften usw. wieder einzuführen; er beschränkte vielmehr die den Landesregierungen verbliebene Verbotsbefugnis noch weiter.

Die Begriffe „öffentlicher Ort“ und „geschlossener Raum“ im Sinne der Reichsgewerbeordnung und des Preßgesetzes bilden keine sich ausschließenden Gegensätze, vielmehr kann ein geschlossener Raum sich als ein öffentlicher Ort darstellen und umgekehrt (z. B. Wirtshäuser, Theater u. dgl.). RGSt. v. 7. Januar 1902, Bd. 35 S. 53, v. 6. Juni 1916, Bd. 50 S. 101.

Gesetz zur Bewahrung der Jugend vor Schund- und Schmutzschriften. Vom 18. Dezember 1926 (RGBl. I S. 505).

§ 1. (1) Zum Schutze der heranwachsenden Jugend werden Schund- und Schmutzschriften in eine Liste aufgenommen. Sie sind, sobald ihre Aufnahme in die Liste öffentlich bekanntgemacht ist, im ganzen Reichsgebiet folgenden Beschränkungen unterworfen:

1. sie dürfen im Umherziehen weder feilgehalten noch angeboten oder angekündigt werden; auch dürfen auf sie keine Bestellungen im Umherziehen gesucht oder entgegengenommen werden;
2. sie dürfen im stehenden Gewerbe, von Haus zu Haus oder auf öffentlichen Wegen, Straßen, Plätzen oder anderen öffentlichen Orten nicht feilgeboten, angekündigt sowie innerhalb der Verkaufsräume und in Schaufenstern oder anderen von der Straße aus sichtbaren Orten zur Schau ge-

stellt werden; auch dürfen Bestellungen auf sie nicht gesucht werden;

3. sie dürfen Personen unter 18 Jahren weder zum Kaufe angeboten noch innerhalb des gewerblichen Betriebs entgeltlich oder unentgeltlich überlassen werden.

(2) Reichs-, Staats- und Gemeindebehörden haben die Verpflichtung, dafür Sorge zu tragen, daß in keiner ihrer Einrichtungen Kindern oder Jugendlichen Bücher oder Schriften zugänglich gemacht werden, die in die Liste der Schund- oder Schmutzschriften aufgenommen sind.

(3) Werden mehr als zwei Nummern einer periodischen Druckschrift, die innerhalb Jahresfrist erschienen sind, auf die Liste gesetzt, so kann auch die periodische Druckschrift als solche auf die Dauer von 3—12 Monaten auf die Liste gesetzt werden. Politische Tageszeitungen und politische Zeitschriften werden hiervon nicht betroffen.

(4) Als auf die Liste gesetzt gilt auch eine angeblich neue Schrift, die sich sachlich als eine bereits auf die Liste gesetzte Schrift darstellt.

(5) Eine Schrift kann wegen ihrer politischen, sozialen, religiösen, ethischen oder weltanschaulichen Tendenz als solcher nicht auf die Liste gesetzt werden.

§ 2. (1) Die Entscheidung darüber, ob eine Schrift auf die Liste gesetzt werden soll, erfolgt durch Prüfstellen, die von dem Reichsminister des Innern im Einvernehmen mit den Landesregierungen nach Bedarf errichtet werden. Ihre Zuständigkeit wird räumlich abgegrenzt. Die Entscheidungen der Prüfstellen haben für das gesamte Reichsgebiet Gültigkeit. Zur Entscheidung über Anträge gegen Aufnahme einer Schrift in die Liste oder auf Streichung sowie über Beschwerden (§ 4) wird eine Oberprüfstelle in Leipzig gebildet.

(2) Antragsberechtigt sind die Landeszentralbehörden und die Landesjugendämter.

(3) Die Entscheidungen sind dem Vorsitzenden der Oberprüfstelle mitzuteilen. Dieser hat die Schriften, deren Aufnahme in die Liste ausgesprochen ist, binnen drei Wochen öffentlich bekanntzumachen. Die Bekanntmachung unterbleibt einstweilen,

wenn das Reich oder ein Land gemäß § 4 die Entscheidung der Oberprüfstelle beantragt.

§ 3 . . . . . .

§ 4. (1) Das Reich, jedes Land sowie der Verfasser und der Verleger können bei der Oberprüfstelle einen Antrag gegen Aufnahme einer Schrift in die Liste oder auf Streichung einer Schrift von der Liste stellen. Der Antrag kann von dem Verfasser oder Verleger nur binnen zwei Wochen nach Zustellung der Entscheidung gestellt werden. Ist ein Antrag gegen Aufnahme oder auf Streichung abgelehnt worden, so darf er vor Ablauf eines Jahres von keiner Seite erneuert werden.

(2) Lehnt die Prüfstelle den Antrag ab, eine Schrift auf die Liste zu setzen, so können die Antragsberechtigten, der Vorsitzende oder zwei an der Entscheidung beteiligte Beisitzer innerhalb zwei Wochen seit dem Tage der Entscheidung Beschwerde bei der Oberprüfstelle einlegen.

(3) Ist ein Antrag gegen Aufnahme in die Liste oder auf Streichung gestellt, so kann der Vorsitzende der Oberprüfstelle veranlassen, daß die öffentliche Bekanntmachung der Entscheidung der Prüfstelle einstweilen bis zur Entscheidung der Oberprüfstelle unterbleibt.

(4) . . . . . .

(5) Bei geschäftlicher Anpreisung von Schriften ist der Hinweis darauf verboten, daß ein Verfahren auf Aufnahme der Schrift in die Liste anhängig oder anhängig gewesen ist.

Verordnung zur Änderung der Fernsprechordnung vom 25. August 1921 (RGBl. S. 1207). Vom 7. Februar 1922 (RGBl. I S. 205). Sie trifft Bestimmungen über dringende Preßgespräche (§ 15 III der abgeänderten Fernsprechordnung); § 17 IV Abs. 4 der Fernsprechordnung in der abgeänderten Fassung enthält Bestimmungen über dringende Preßgespräche zwischen Anschlüssen von Zeitungen, Zeitschriften und Nachrichtenbüros.

Sammelbestellungen von Druckschriften usw., Runderlaß des Ministers des Innern v. 28. Januar 1926 (MBl. S. 88):

Listen auf Sammelbestellungen von Zeitungen, Büchern, sonstigen Druckschriften usw. dürfen nur von den Behördeleitern oder mit deren ausdrücklicher Genehmigung innerhalb des Dienstbereichs in Umlauf gesetzt werden.

Die Bekanntmachung v. 22. Februar 1927 (RMBl. S. 61), betreffend Bekämpfung der Schund- und Schmutzschriften auf Bahnhöfen und in Zeitungskiosken, bringt ein Verzeichnis von neu ausgeschlossenen Druckschriften.

II. Die Ordnung der Presse.

§ 4.

Bestimmungen für sämtliche Druckschriften.

Der Gesetzgeber bestimmt im § 6 des Reichspreßgesetzes, daß auf jeder innerhalb des Deutschen Reiches erscheinenden Druckschrift (im Sinne des Preßgesetzes; siehe oben) der Name und Wohnort des Druckers angegeben sein muß. Dieser Vorschrift muß nachgekommen werden, auch wenn es sich um Druckschriften handelt, die nicht für den Buchhandel oder sonst zur Verbreitung, also für die gewerbsmäßige Verbreitung, bestimmt sind. Denn für die hierfür bestimmten Druckschriften fordert das Gesetz nicht bloß den Namen und Wohnort des Druckers, sondern außerdem noch Namen und Wohnort des Verlegers oder — beim Selbstvertriebe der Druckschrift — des Verfassers oder Herausgebers. An Stelle des Namens des Druckers oder Verlegers genügt die Angabe der in das Handelsregister eingetragenen Firma.

Vorschriften für die zur gewerbsmäßigen Verbreitung bestimmten Druckschriften.

Der Rahmen für die zweite Klasse der Druckschriften ist vom Gesetzgeber mit den Worten gegeben: „Wenn sie — die Druckschriften — für den Buchhandel oder sonst zur Verbreitung bestimmt sind." Da der Buchhandel sich mit der gewerbsmäßigen Verbreitung befaßt, so kann unter „oder sonst zur Verbreitung bestimmt sind" ebenfalls nur die gewerbsmäßige Verbreitung gemeint sein. Andernfalls wäre die Teilung in zwei Klassen unverständlich, da Druckschriften von vornherein zur Verbreitung bestimmt sein müssen, um sie überhaupt den Bestimmungen des Preßgesetzes unterwerfen zu können. Außerdem beweist es auch die Fassung des Wortlautes der einschlägigen preßgesetzlichen Bestimmung, indem der „Bestimmung für den Buchhandel" die Bestimmung der „sonstigen Verbreitung" zur Seite, gleichgestellt ist. Es sind demnach die Druckschriften, welche zur gewerbsmäßigen Verbreitung bestimmt sind, denjenigen gegenübergestellt, welche zur nichtgewerbsmäßigen Verbreitung bestimmt sind. Bei letzteren genügt also die Angabe von Name und Wohnort des Druckers, bei ersteren muß nicht bloß diese Angabe gemacht, sondern auch Name und Wohnort des Verlegers bzw. des Verfassers oder Herausgebers genannt sein. Voraussetzung für die Anwendbarkeit des § 6 des Reichspreßgesetzes ist, daß die Druckschrift „im Geltungsbereich" des Reichspreßgesetzes, d. i. im Geltungsbereich des Deutschen Reiches erscheint. Das Kammergericht führt in seiner Entscheidung v. 16. November 1914 (Bd. 47 C S. 393) aus: „Unter einer „in Preußen erscheinenden Zeitung" ist eine Zeitung zu verstehen, die im preußischen Inlande zur Ausgabe an das Publikum gelangt. Der Erscheinungsort ist in der Regel, jedoch nicht notwendig, der Ort, an dem sich die Geschäftsniederlassung des Verlegers befindet.

Es kommt nicht auf den Ort der Drucklegung an, um zu entscheiden, wo eine Zeitung erscheint. Der gedruckte Bogen ist noch keine Zeitung; er wird erst zu einer solchen, sobald ihn der Verleger zum Zwecke der Verbreitung ausgibt. Aber auch der Verlagsort ist nicht immer gleichbedeutend mit dem Erscheinungsorte. Eine Druckschrift erscheint vielmehr dort, wo sie zur Ausgabe gelangt, also an die Offentlichkeit tritt. Dieser Ort wird zwar in der Regel mit dem Wohnorte oder dem Orte der Geschäftsniederlassung des Verlegers zusammenfallen; notwendig ist dies jedoch nicht. Es kommt im Zeitungswesen nicht selten vor, daß der Verleger die Herausgabe einer Druckschrift außerhalb des Ortes seiner Geschäftsniederlassung bewirkt. Namentlich für kleinere Ortschaften, denen ein Zeitungsunternehmen fehlt, wird mitunter das sogenannte Lokalblatt in einem Nachbarorte hergestellt und von dem dortigen Verleger einem in der Ortschaft wohnenden Kommissionär zum Vertriebe übersendet. Eine solche Zeitung erscheint nicht am Wohnorte des Verlegers, sondern an demjenigen des Kommissionärs, da sie nur hier in die Öffentlichkeit gelangt (§§ 6, 20 Reichspreßgesetz)." KgSt. v. 16. November 1914, Bd. 47 C S. 393.

Name und Wohnort der auf der Druckschrift anzugebenden Personen.

Es muß der bürgerliche Name angegeben sein, der Name, welchen eine Person nach den bürgerlichen Gesetzen zu führen berechtigt ist.

Wenn im Gesetze es auch nicht ausdrücklich verlangt ist, daß zur Unterscheidung von anderen Personen gleichen Namens ein, notwendigenfalls mehrere Vornamen anzugeben sind, so ergibt sich doch die Berechtigung dieser Forderung aus dem Zwecke der Bestimmung selbst. Dasselbe gilt auch bezüglich des anzugebenden Wohnortes.

Unter Wohnort ist im allgemeinen der Ort zu verstehen, wo eine Person wohnt, d. h. ihren Wohnsitz im rechtlichen Sinne hat, also der Sitz, die Zentrale seiner Tätigkeit. Es wird daher bei Verschiedenheit des Ortes der Wohnung und des Gewerbebetriebes der letztere — der Druckort, der Verlagsort — zu nennen sein.

An welcher Stelle Name und Wohnort des Druckers usw. anzugeben sind, hat der Gesetzgeber nicht vorgeschrieben. Jedenfalls haben diese Angaben an leicht erkennbarer Stelle, entweder am Anfange oder Ende einer Druckschrift, ihren Platz zu finden, wie dies übrigens auch bereits allgemein üblich ist.

Da ferner auf jeder Druckschrift (im Sinne des Preßgesetzes natürlich) Name und Wohnort anzugeben sind, so ergibt sich daraus, daß diese Vorschrift auf jedem für sich selbständig erscheinenden Exemplar — Band, Heft — erfüllt sein muß, der anderseits bei aus Haupt- und Nebenblatt (Beilage) bestehender, zusammen erscheinender Druckschrift genügt ist, wenn die Angabe auf dem Hauptblatt bewirkt, da dadurch der Zweck der Bestimmung vollständig erreicht ist.

Periodische Druckschriften, welche einen wesentlichen Bestandteil eines anderen Blattes bilden, sind Beilagen des Hauptblattes und bedürfen einer besonderen Benennung eines verantwortlichen Redakteurs nicht." RGSt. v. 13. Dezember 1895, Bd. 28 der Entscheidungen.

Die Momente der Beilage: „Für die Prüfung kommt die gleichzeitige und gemeinsame Ausgabe an denselben Personenkreis oder einen Teil dieses Kreises in Betracht. Außerdem kommt in Frage, ob das durch derartige Umstände herbeigeführte Verhältnis des Beiliegens auf den Willen desjenigen zurückzuführen ist, welchem die Leitung des Hauptblattes obliegt." RGSt. v. 22. September 1882, Bd. 7 S. 45.

Erscheint ein Hauptblatt mit einer dazugehörenden Beilage, so bedarf es der gesonderten Angabe des Druckers auf der Beilage nur dann, wenn er nicht der gleiche wie der des Hauptblattes ist. Für die Form der Angabe genügt, daß die zuständige Behörde, entsprechend dem Zwecke der Vorschrift, auf die Persönlichkeit des Druckers sicher schließen kann. KgSt. v. 11. Oktober 1928, Pr. Vrwltgsbl., Jahrg. 1929, Bd. 50 S. 560.

Daß Name und Wohnort nicht bloß mit den Anfangsbuchstaben, sondern vollständig ausgeschrieben angegeben werden müssen, bedarf wohl ebensowenig der besonderen Erörterung, als daß nur eine Druckerei, eine Verlagsbuchhandlung angegeben werden können, da eine Druckerei usw. sich nicht an mehreren Orten befinden kann.

Wer ist Drucker?

Kloeppel in seinem Reichspreßrecht nennt Drucker im Sinne des Reichspreßgesetzes denjenigen, welcher die Herstellung des Körpers der Druckschrift, die Vervielfältigung einer Schrift durch den Druck oder in einer ihm gleichstehenden Weise besorgt. Bei gewerbsmäßiger Ausübung dieser Tätigkeit ist darunter der gewerbliche Unternehmer des Druckereibetriebes zu verstehen, in welchem mit mannigfacher Arbeitsteilung nach getrennten Verrichtungen die Druckschrift hergestellt wird; die einzelnen in besonderen Verrichtungen dazu mitwirkenden Personen werden in die Einheit des Unternehmens zusammengefaßt, für welches der Unternehmer selbst (Inhaber, Eigentümer) oder dessen gewerblicher Stellvertreter einsteht.

Liszt bezeichnet als Drucker ebenfalls den Inhaber des Druckereigewerbes.

„Drucker ist diejenige Person, welche den Druck einer selbständigen Druckschrift besorgt, und wird demgemäß der Regel nach als Drucker der Inhaber der Anstalt anzusehen sein, in welcher die Vervielfältigung hergestellt wurde, so folgt daraus nach § 6 a. a. O., daß die betreffende Person als Drucker auf der Druckschrift anzugeben ist.

Aus den §§ 18, 19 a. a. O. aber läßt sich nicht die Ansicht herleiten, daß nur der Drucker den Vorschriften des § 6 zuwiderhandeln könne und daß in jedem Falle, wenn objektiv dem § 6 zuwidergehandelt worden ist, der Inhaber (Mitinhaber) der Druckerei der Schuldige sein und bestraft werden müsse. Denn beide Paragraphen erfordern ein „Zuwiderhandeln" und daraus folgt nach den allgemeinen Strafrechtsgrundsätzen, deren Anwendung das Preßgesetz in der hier fraglichen Beziehung nicht ausschließt, daß Urheber der Zuwiderhandlung derjenige ist, welcher durch sein schuldhaftes Handeln den Tatbestand, welchen das Gesetz reprobiert, verwirklicht."

„Allerdings muß nach dem Sinne und Zwecke der vorwiegend polizeilichen Strafvorschrift des § 19 angenommen werden, daß nicht lediglich ein vorsätzliches Handeln, welches schon hinsichtlich falscher Angaben unter § 18 Nr. 2 fällt, sondern auch ein fahrlässiges Verhalten, sofern es kausal gewesen, strafbar ist, und daß mithin der Inhaber der Druckerei sich einer Zuwiderhandlung gegen den § 19 Nr. 1 schuldig macht, wenn er durch Unachtsamkeit und Nachlässigkeit in Ausübung seiner Berufstätigkeit als Drucker es veranlaßt, daß die erforderlichen Angaben unterbleiben oder falsch gemacht werden." RGSt. v. 17. Juni 1887, Bd. 16 S. 144. S. auch S. 55.

Die Frage, ob der Drucker mit Angabe seines Namens und Wohnortes seinen gesetzlichen Pflichten genügt habe oder auch für Angabe des Namens und Wohnortes des Verlegers verantwortlich sei, ist bestritten; sie muß jedoch in letzterem Sinne beantwortet werden. Zuwiderhandlungen gegen §§ 6, 7 des Preßgesetzes kann jeder begehen, der bei der Herstellung der Druckschrift mitwirkt und deshalb imstande ist, den Tatbestand einer solchen Zuwiderhandlung zu verwirklichen; Täter ist sonach jeder, der die Unterlassung oder unrichtige Angabe schuldhaft verursacht hat, vorausgesetzt, daß er zur Beobachtung der Aufmerksamkeit, deren Außerachtlassung zur Schuld gerechnet wird, verpflichtet war. Gerade aber der mit der Herstellung der Druckschrift unmittelbar befaßte Drucker ist am leichtesten in der Lage und eben deshalb auch in erster Linie als verpflichtet zu erachten, dafür zu sorgen, daß die Druckschrift die vom Gesetze geforderten Förmlichkeiten enthält. So hat denn auch der IV. Strafsenat schon in dem Urteile v. 17. Juni 1887, RGSt. Bd. 16 S. 144, die Verurteilung des Druckers wegen wissentlich falscher Angabe des Verlegers gebilligt. Das Urteil desselben Senats v. 6. Juni 1890, RGSt. Bd. 20 S. 430, tritt hiermit keineswegs in Widerspruch, denn es regelt nur die Verteilung der Verantwortung zwischen Verleger und Redakteur, nicht zwischen Verleger und Drucker. RGSt. v. 8. Oktober 1906, Bd. 39 S. 202.

„Wenn bei der Herstellung einer Druckschrift mehrere Drucker selbständig beteiligt sind, muß der Name und Wohnort eines jeden derselben auf der Druckschrift genannt werden." RGSt. v. 20. Februar 1891, Bd. 21 S. 360.

„Ist auf der ersten Seite einer Druckschrift der Verleger ausdrücklich benannt, während am Schluß der Schrift unter dem Texte, äußerlich von diesem getrennt, die in das Handelsregister eingetragene Firma des Druckers sich befindet, so ist der Vorschrift des § 6 des Preßgesetzes bezüglich der Angabe des Namens des Druckers als Drucker oder der Firma als Druckerei genügt; ein Zusatz wie „gedruckt bei" ist nicht erforderlich." KgSt. v. 11. Oktober 1897, Goltdammer Archiv Bd. 45 S. 376.

„Bezeichnung des Druckers auf Beilagen:

a) Auf der zu einem Hauptblatt gehörenden Beilage bedarf es der gesonderten Angabe des Druckers nur dann, wenn er nicht der gleiche wie der des Hauptblattes ist;

b) die Eigenschaft der genannten Person als Drucker

braucht nicht besonders hervorgehoben zu werden, wenn sich dies schon aus den Umständen ergibt."

„§ 6 des Preßgesetzes enthält allerdings nichts dafür, wer für Erfüllung dieser Bestimmung einzustehen hat. Die erste Verantwortung trifft den Verleger, der durch den Ausgabeakt das Erscheinen der Zeitschrift bewirkt. Aber auch der Drucker muß verhüten, daß von ihm als Hersteller eine Zeitschrift hinausgeht, die nicht die im § 6 Preßgesetzes geforderten Angaben enthält. Insofern liegt ihm vor Ablieferung der Exemplare eine Prüfungspflicht ob (vgl. RGSt. Bd. 21 S. 300)."

„Wenn das ganze Blatt eine wirtschaftliche Einheit bildet, ist der Verleger der Verleger des ganzen Blattes. Sein Name ist daher nur auf dem Hauptblatt anzugeben. Dasselbe gilt entsprechend für den Drucker nur dann, wenn Drucker des Hauptblattes und des Beiblattes dieselben Personen sind. Dies ergibt sich aus dem Zwecke der Bestimmung des § 6. Für die Verfolgung etwaiger Straftaten soll nämlich die Behörde aus der Druckschrift erkennen können, wer der Verleger und wer der Drucker ist."

„Die Behörde muß klar erkennen können, ob die als verantwortliche Person genannte Firma Drucker oder Verleger oder etwa Redakteur ist. In welcher Weise das aber kenntlich zu machen ist, besagt der § 6 des Preßgesetzes nicht. Deshalb ist insoweit freie Hand gelassen. Es braucht daher nicht ausdrücklich gesagt zu werden, daß die betreffende Person der „Drucker" ist, wenn es sich schon aus den Umständen ergibt (Kg. in Goltdammer Archiv 45 S. 376). Da die Unterzeichnungen zwecks Unterrichtung der Behörden über die einschlägigen persönlichen Verhältnisse erfolgen, kommt es darauf an, ob diese — nicht das Publikum — sich nach Lage der Sache jeweils über die zeitungstechnische Eigenschaft des Unterzeichneten klar werden können." KgSt. v. 4. Juli 1930, Jahrg. 1931, Bd. 10 S. 380.

Wer ist Verleger?

Nach Berner — Lehrbuch des deutschen Preßrechts — ist Verleger derjenige, bei welchem die Druckschrift erscheint.

Kloeppel nennt denjenigen Verleger, welcher das Unternehmen der Veröffentlichung einer Druckschrift zum Zwecke ihres gewerbsmäßigen Betriebes umfaßt, gleichviel ob für eigene Rechnung des Unternehmers oder für Rechnung des Verfassers oder Herausgebers gegen bestimmte Geschäftsgewinne (Kommissionsverlag).

„Verleger im Sinne des Preßgesetzes ist derjenige, welcher — sei es mit Recht oder ohne Recht — die Verlagstätigkeit ausgeübt hat. Die Tätigkeit des Verlegers besteht nicht bloß in dem Vervielfältigen des Werkes für eigene Rechnung, sondern auch in dem Absatze des fertiggestellten Werkes." RGSt. v. 9. Juli 1889, Bd. 19 S. 347.

Siehe auch KgSt. v. 4. Juli 1930, oben unter: „Wer ist Drucker" a. E. angeführt.

Wer ist Verfasser?

Verfasser einer Druckschrift ist der Urheber einer einen Gedanken wiedergebenden, zu diesem Zwecke niedergeschriebenen und durch die oben in § 2 näher bezeichneten Mittel vervielfältigten Sprachfassung.

Nach Kloeppel ist Verfasser einer Druckschrift derjenige, welcher ihren Gedankeninhalt in den niedergeschriebenen und abgedruckten Sprachausdruck gebracht hat, und dieses heißt seine „Schrift" ohne Rücksicht darauf, ob er das Manuskript eigenhändig geschrieben hat.

Wer ist Herausgeber?

Wer die Schrift eines anderen oder eine eigene Schrift in Verbindung mit Schriften anderer zum Abdruck bereitstellt, heißt Herausgeber der hiernach erscheinenden Druckschrift (Kloeppel).

Nach Liszt ist Herausgeber derjenige, welcher das Erscheinen einer nicht periodischen Druckschrift vermittelt. Er versieht hier dieselben Funktionen, die bezüglich der periodischen Druckschriften dem Redakteur obliegen.

Ausnahmen von der Verpflichtung, Drucker, Verleger usw. namhaft zu machen.

Von der Vorschrift, auf einer Druckschrift Drucker, Verleger usw. zu nennen, sind ausgenommen (§ 6 Abs. 2 Preßgesetz):

1. Druckschriften, die nur zu den Zwecken des Gewerbes und Verkehrs, des häuslichen und geselligen Lebens dienen, als: Formulare, Preiszettel, Visitenkarten u. dgl.,
2. Stimmzettel für öffentliche Wahlen, sofern sie nichts weiter als Zweck, Zeit und Ort der Wahl und die Bezeichnung der zu wählenden Personen enthalten.

Bei diesen Druckschriften ist also die Angabe des Druckers, Verlegers usw. nicht notwendig, da ein Mißbrauch der Preßfreiheit nicht zu befürchten ist.

Ob eine Druckschrift nur diesen Zwecken dient, ist eine quaestio facti (Tatfrage), die in jedem einzelnen Falle der Feststellung bedarf.

„Die Frage, ob eine Druckschrift nur zu den Zwecken des Gewerbes und Verkehrs, des häuslichen und geselligen Lebens dient, ist lediglich objektiv nach dem Inhalte und der Beschaffenheit der Druckschrift selbst zu beurteilen, ohne daß dabei auf die außerhalb der letzteren liegenden und durch diese nicht erkennbar werdenden subjektiven Motive und Absichten der mit Herausgabe der Druckschrift befaßten Person Rücksicht zu nehmen sei. Das Preßgesetz, welches von präventiven, die Herausgabe und das Erscheinen von Preßerzeugnissen verhindernden oder verzögernden Maßnahmen absieht, vielmehr auf die Repression der durch die Presse begangenen strafbaren Handlungen sich beschränkt, hat in den §§ 6ff. nach verschiedenen Richtungen hin die Ordnung der Presse betreffende Vorschriften gegeben, deren wesentlicher Zweck ist, die wirksame Anwendung der Strafgesetze gegen begangene Preßdelikte zu sichern. Aus dem Zwecke der Vorschrift, aus der demselben entsprechenden formellen Natur derselben, ebenso aber aus der Fassung, welche von einem ‚Dienen der Schrift' selbst zu den bezeichneten Zwecken spricht, folgt ohne weiteres, daß ebenso wie für die Frage, ob der Vorschrift durch die Art, wie die Nennung erfolgt ist, in einer deren Zweck sichernden Weise genügt sei, so auch für Beantwortung der Frage, ob ein konkretes Druckerzeugnis unter die Regel oder unter die Ausnahme fällt, die der Kenntnis der berufenen Beamten und Behörden allein zugängliche äußere Erscheinung und der Inhalt der Druckschrift ausschließlich entscheidend sein muß." RGSt. v. 24. Juni 1886, Bd. 14 S. 279.

Ansichtspostkarten sind der Ordnungsvorschrift in § 6 des Reichspreßgesetzes unterworfen. RGSt. v. 13. November 1902, Bd. 36 S. 11.

Ministerialverfügung v. 24. Februar 1909 (MBl. S. 77), betreffend die Darstellung auf Ansichtspostkarten: In Übereinstimmung mit dem vom Kammergericht erneut in dem Urteil v. 11. Dezember 1908 (zu vgl. auch die Entscheidung v. 22. April 1901, Juristenzeitung VI S. 462) ausgesprochenen Grundsatze mache ich darauf aufmerksam, daß gewöhnliche Ansichtspostkarten, d. h. solche, welche lediglich ihrer ausschließlichen Bestimmung, nämlich Zwecken des Verkehrs, geselligen und häuslichen Lebens dienen, ohne daß der Darstellung ein politischer, religiöser, sozialer oder unsittlicher Gedanke zugrunde liegt, unter die Ausnahmebestimmung des § 6 Abs. 2 des Reichspreßgesetzes v. 7. Mai 1874 fallen und somit von der Vorschrift des Abs. 1 ebenda — Angabe des Druckers, Verlegers, Verfassers oder Herausgebers — befreit sind.

Siehe auch unten im § 6 die daselbst S. 88 angegebene KgSt. v. 13. Juni 1929.

Zu vgl. § 12 des Preßgesetzes. Danach findet § 6 auf die im § 12 Preßgesetz genannten Druckschriften keine Anwendung, soweit sich ihr Inhalt auf amtliche Mitteilungen beschränkt.

§ 5.
Die Verantwortlichkeit für Verletzungen der in § 4 erörterten Vorschriften.

Wer verpflichtet ist, die im vorhergehenden Paragraphen besprochenen Ordnungsvorschriften zu beobachten, und darum wegen ihrer Verletzung zur Verantwortung zu ziehen ist, ist im Preßgesetz nicht gesagt.

Auch § 18 Abs. 1 Nr. 2 daselbst sagt nur: Zuwiderhandlungen gegen die Bestimmung der §§ 6 und 7, welche durch falsche Angaben mit Kenntnis der Unrichtigkeit begangen werden, sowie Zuwiderhandlungen gegen die Bestimmungen des § 8 werden mit Geldstrafe bis zu 1000 Reichsmark oder mit Haft oder mit Gefängnis bis zu sechs Monaten bestraft.

Nach § 19 Nr. 1 a. a. O. werden Zuwiderhandlungen gegen § 6, welche nicht durch § 18 Ziff. 2 getroffen sind, mit Geldstrafe bis zu 150 Reichsmark oder mit Haft bestraft.

Also auch in den Strafbestimmungen ist nicht gesagt, wer zu bestrafen ist. Es ist dies aber auch nicht möglich, weil die Personen, die die Verantwortung zu tragen haben, in den einzelnen Fällen verschieden sein können. Die Frage der Täterschaft ist natürlich auch hier nach den allgemeinen Strafrechtsgrundsätzen zu beantworten.

Täter ist derjenige, welcher einen Verstoß gegen eine bestimmte Vorschrift durch sein Verschulden begangen hat.

Im vorliegenden Falle ist also derjenige als Täter zu bezeichnen, durch dessen Verschulden eine der vorgeschriebenen Ordnungsvorschriften unterlassen worden ist.

In erster Linie wird hierfür der Drucker in Frage kommen, sei es, daß er sich selbst nicht namhaft gemacht hat oder den Verleger usw. auf der Druckschrift dem Publikum verschweigt. Ist nämlich dem Drucker bekannt, welchen Zwecken die in Druck gegebene Schrift dienen soll, dann ist er auch verpflichtet, den Ordnungsvorschriften nachzukommen. Er muß also Verleger usw., sind sie ihm nicht bekannt, sich namhaft machen lassen, damit er den gesetzlichen Anforderungen nach dieser Richtung hin entspricht. Siehe auch oben unter „Wer ist Drucker?"

Ebenso ist aber auch der Verleger verpflichtet, die Ordnungsvorschriften zu erfüllen und dafür zu sorgen, bevor eine Druckschrift durch gewerbsmäßige Verbreitung der Öffentlichkeit übergeben wird. Dasselbe gilt vom Verfasser und Herausgeber, wenn es sich um den Selbstvertrieb einer Druckschrift handelt. Immer wird es indessen der Feststellung bedürfen, wer im einzelnen Falle der Verantwortliche ist, ob nur der Drucker oder der Verleger usw., oder diese zusammen. Und da die Verantwortung einer bestimmten Person für die Beobachtung der Vorschriften sich nicht allgemein festlegen läßt, sondern nur von Fall zu Fall festgestellt werden kann, konnte der Gesetzgeber nur die Strafe für die Verletzung der gegebenen

Vorschriften festlegen, ohne, wie z. B. im Vereinsgesetz, ein für allemal zu bestimmen, wer von den nach § 6 des Preßgesetzes in Betracht kommenden Personen die Verantwortung zu tragen hat. Entscheidungen der letzten Instanz, insbesondere des Reichsgerichts, hier anzuführen, würde daher nichts anderes bedeuten, als konkrete Fälle erörtern, in welchen aus bestimmten Gründen, sei es nicht bloß die in § 6 a. a. O. genannten Personen, sondern vielleicht auch andere Personen zur Verantwortung gezogen werden mußten, ohne daß damit allgemeine, d. h. für alle Fälle geltende Gesichtspunkte zur Sprache kommen, welche sozusagen als Richtschnur dienen können. Entscheidungen bezüglich der zur Rechenschaft zu ziehenden Person zeigen daher nur, aus welchen Gründen in dem vorliegenden Falle die in Frage kommende Person bestraft oder nicht bestraft worden ist, ohne daß daraus leitende Grundsätze aufgestellt werden können, die auf jeden Fall zur Richtschnur zu nehmen sind. Es bedarf vielmehr, wie schon gesagt, in jedem einzelnen Fall der besonderen Feststellung, wer wegen Verletzung der Vorschrift des § 6 a. a. O. zur Verantwortung zu ziehen ist. Die Frage der Täterschaft, Beihilfe usw. richtet sich nach den allgemeinen Grundsätzen des Strafrechts.

§ 6.

Besondere Vorschriften für periodische Druckschriften.

Periodische Druckschriften, d. h. Zeitungen und Zeitschriften, welche in monatlichen oder kürzeren, wenn auch unregelmäßigen Fristen erscheinen, müssen außer der Beobachtung der im vorigen Paragraphen besprochenen Vorschriften auf jeder Nummer, jedem Stück oder Hefte den Namen und Wohnort des verantwortlichen Redakteurs enthalten.

Periodische Druckschrift.

Nach Liszt liegt in der periodischen Druckschrift begrifflich das Unbegrenzte, der Anspruch auf ewige Dauer, die der einzelnen Nummer den Charakter eines selbständigen Gliedes in einer endlosen Kette verleiht.

Demgegenüber das Reichsgericht: „Unter Zeitschriften werden nur solche Schriften verstanden, welche blatt- oder heftweise erscheinen und ihrem Plane nach nicht bestimmt sind, ein in sich abgeschlossenes Ganze zu bilden; und lediglich in diesem Sinne hat positiv als Begriffsmerkmal der Zeitung oder Zeitschrift die Fähigkeit, in unbegrenzter ewiger Dauer zu erscheinen, ohne je als Ganzes zu innerlich einheitlichem Abschlusse zu gelangen, bezeichnet werden können. Völlig verfehlt aber ist es, wenn hieraus als Erfordernis für die Annahme des periodischen Erscheinens einer Zeitung abgeleitet werden will, daß im konkreten Falle der Plan bei deren Herausgabe auf ein Erscheinen in ewiger Dauer oder auch nur für eine im voraus unbegrenzte Zeit gerichtet sein müsse."

Dasselbe Erkenntnis legt die Entscheidung, ob eine Druckschrift unter die Bestimmungen der §§ 6 Abs. 1 und 7 des Preßgesetzes oder unter die Ausnahmen des § 6 Abs. 2 a. a. O. falle, „in die der Kenntnis der Beamten und Behörden allein zugängliche äußere Erscheinung und den Inhalt der Druckschrift", nicht aber „in den aus der Schrift selbst nicht hervorgehenden Zweck den der Verleger oder Herausgeber erreichen will".

„Eine Druckschrift — Zeitung oder Zeitschrift — ist nach § 7 des Preßgesetzes eine periodische Druckschrift im Sinne des Gesetzes, wenn sie in monatlichen oder kürzeren, wenn auch unregelmäßigen Fristen erscheint. Ein weiteres Erfordernis für den Begriff der Periodizität einer Druckschrift stellt das Gesetz nicht auf. Namentlich ist aus demselben dafür nichts zu entnehmen, daß ein „periodisches Erscheinen" einer nach Form und Inhalt sich als Zeitung oder Zeitschrift darstellenden und in wiederkehrenden monatlichen oder kürzeren Fristen herausgegebenen Druckschrift dann nicht vorliege, wenn von vornherein nach dem Plane der Zeitung oder Zeitschrift deren Erscheinen in einer bestimmten Zahl von Exemplaren und nur für einen im voraus bestimmten Zeitraum in das Auge gefaßt ist." RGSt. v. 24. Juni 1886, Bd. 14 S. 279.

Unterschied zwischen periodischen Druckschriften und in Abteilungen erscheinenden Lieferungswerken.

„Die charakteristische Eigenschaft des letzteren liegt darin, daß dasselbe seinen Plan nach einem Abschluß als ein inhaltlich in sich geschlossenes Ganzes zu finden bestimmt ist und mit dem Erscheinen der letzten Lieferung finden muß, während die einzelnen lieferungsweise erscheinenden Abteilungen einen solchen selbständigen Charakter nicht haben, sondern nur als unselbständige Teile des Ganzen in Betracht kommen. Die dem vormaligen preußischen Preßgesetze und mit diesem dem deutschen Preßgesetze zugrunde liegende preußische Preßverordnung v. 30. Juni 1843 in § 20 sagt: Unter Zeitschriften werden nur Schriften verstanden, welche blatt- und heftweise erscheinen und ihrem Plane nach nicht bestimmt sind, ein in sich abgeschlossenes Ganzes zu bilden. Die planmäßige oder tatsächlich eintretende Beschränkung der Dauer des Erscheinens berührt nicht die innere Eigenschaft einer Druckschrift als Zeitung oder Zeitschrift, während anderseits die Periodizität des Erscheinens nur voraussetzt, daß, solange die Zeitschrift oder Zeitung erscheint, dies in den § 7 Abs. 1 des Preßgesetzes bezeichneten wiederkehrenden Fristen geschieht." RGSt. v. 24. Juni 1886 Bd. 14 S. 279.

„Auch ein im wesentlichen zu Vereinsnachrichten bestimmter ‚Monatsweiser' für Vereinsmitglieder stellt eine periodische Druckschrift im Sinne des § 7 des Reichspreßgesetzes dar, für die der Zwang zur Angabe des verantwortlichen Redakteurs gilt. Für das Fehlen dieser Angabe ist auch der Drucker strafrechtlich verantwortlich."

„Das Wesen der ‚Druckschrift' als einer mechanisch vervielfältigten Gedankenäußerung bringt es mit sich, daß die Verbindung zunächst mit dem Urheber des Gedankens, sodann aber auch mit denen, welche an der Vervielfältigung und ihrer Entäußerung beteiligt sind, wie Drucker, Verleger, Vorarbeiter, mehr gelockert ist als bei anderen schriftlichen Äußerungen. Das hat zur Folge, daß die im Interesse strafrechtlicher Verfolgung gebotene Ermittelung dieser Personen erschwert wird, der Anteil des einzelnen an einer strafbaren Gedankenäußerung ohne besondere der Presse aufzuerlegende Pflichten nicht feststellbar ist . . . ."

„Die Vorschrift des § 7 des Reichspreßgesetzes beruht auf dem

Gedanken, daß die periodische Presse auf Grund der Möglichkeit fortdauernder Beeinflussung der Bevölkerung, verbunden mit der gleichzeitigen Verbreitung einer großen Zahl von Stücken, eine besondere Macht besitzt, welche auch die Gefahr eines Mißbrauches erhöht (vgl. Kitzinger, Reichsgesetz über die Presse S. 52)."

„Die an sich schwierige Unterscheidung zwischen ‚Zeitung' und ‚Zeitschrift' ist für das Preßrecht infolge der gleichmäßigen Behandlung von Zeitungen und Zeitschriften ohne rechtliche Bedeutung."

„Das Reichspreßgesetz, welches allgemein Schutz gegen die Gefahren durch Preßerzeugnisse überhaupt bieten will, erfaßt alle Erzeugnisse der Buchdruckerpresse ohne Ausnahme, wie alle durch mechanische oder chemische Mittel bewirkte, zur Verbreitung bestimmte Vervielfältigungen von Schriften und bildlichen Darstellungen mit oder ohne Schrift, auch von Musikalien mit Text oder Erläuterungen, also alle ‚Druckschriften' (§ 2 des Preßgesetzes)."

„Der Begriff der Zeitung oder Zeitschrift im Sinne des Reichspreßgesetzes als periodische Druckschrift ist im weitesten Sinne zu verstehen, daß somit darunter mit Ausnahme der auf mechanischem oder chemischem Wege vervielfältigten Mitteilungen an Redaktionen (§ 13 des Preßgesetzes) alle Erzeugnisse der Buchdruckerpresse zu begreifen sind, die in monatlichen oder kürzeren, wenn auch unregelmäßigen Fristen erscheinen. Wenn danach im Gesetz Zeitungen und Zeitschriften aus dem Sammelbegriff der periodischen Druckschriften herausgehoben sind, so läßt sich dies nur daraus erklären, daß sie nur zu sonstigen, in Lieferungen erscheinenden Sammelwerken in Gegensatz gestellt werden sollten, die als Zeitungen oder Zeitschriften schlechterdings nicht angesprochen werden können; dagegen kann der urheberrechtliche Begriff der Zeitung als einer die unbegrenzte Erörterung und den Nachrichtendienst des gesamten öffentlichen Lebens bezweckenden Druckschrift im Gegensatz zur Zeitschrift als einer in begrenzter Weise die Erörterung eines bestimmten Gebietes pflegenden Druckschrift (vgl. Elster, Gewerblicher Rechtsschutz S. 171) preßrechtlich keine Beachtung finden. Dagegen sind insbesondere auch wiederholt erscheinende Vereinsnachrichten, die lediglich zur Verbreitung innerhalb eines geschlossenen Personenkreises bestimmt sind, unbedenklich dem Reichsbegriff der Zeitung im Sinne des § 7 des Reichspreßgesetzes zu unterstellen. Demgegenüber läßt sich auch aus der Ausnahmevorschrift des § 6 Abs. 2 Reichspreßgesetzes nichts anderes herleiten. Diese Bestimmung will nur solche Druckschriften vom Ursprungsnachweise befreien, die unmittelbar in der Technik des Gewerbes und Verkehrs, des häuslichen und geselligen Lebens Verwendung finden und diese erleichtern sollen, wie dies die in der Vorschrift aufgeführten Beispiele ergeben und von familiären Anzeigen, Festzeitungen bei familiären und Vereinsfestlichkeiten u. dgl. ohne weiteres angenommen ist. Dagegen kann Vereinszeitungen, selbst wenn sie sich lediglich darauf beschränken, in Wiederholungen künftige Vereinsveranstaltungen anzusagen, nicht die Vermutung der Harmlosigkeit zugebilligt werden, dies schon aus dem Grunde nicht, weil bereits die Art der Ansage einer Versammlung einen Strafbestand erfüllen kann, wie z. B. die Einberufung einer Versammlung zu staatswidrigen Zwecken."

„Die Ausnahmevorschrift des § 6 Abs. 2 des Reichspreßgesetzes hat ihren besonderen Grund in der zu vermutenden, einen Mißbrauch der Pressefreiheit ausschließenden Harmlosigkeit der mit ihr gemeinten Druckschrift (Kitzinger a. a. O. S. 59)."

KgSt. v. 13. Juni 1929, Pr. Vrwltgsbl., Jahrg. 1930, Bd. 51 S. 263.

Dieser kammergerichtlichen Entscheidung kann ich aus folgenden Gründen nicht zustimmen.

Wie aus den einleitenden Bestimmungen, indesondere aus den §§ 2, 3 und 5 des Preßgesetzes hervorgeht, kommen die Vorschriften über die Ordnung der Presse, worunter auch die §§ 6 und 7 des Preßgesetzes fallen, nur dann zur Anwendung, wenn die Voraussetzungen des § 2 daselbst — vgl. auch §§ 3 und 5 — erfüllt sind, d. h. wenn es sich 1. um Erzeugnisse der Buchdruckerpresse oder 2. um alle anderen durch mechanische oder chemische Mittel bewirkten, zur Verbreitung bestimmten Vervielfältigungen a) von Schriften oder b) von bildlichen Darstellungen mit oder ohne Schrift oder c) von Musikalien mit Text oder Erläuterungen handelt. Diese drei Kategorien von Vervielfältigungen sind den Erzeugnissen der Buchdruckerpresse gleichgestellt. Sowohl aus der Fassung des § 2 allein als auch in Verbindung mit § 3 ergibt sich, daß das Preßgesetz sich nur mit Druckschriften im Sinne des § 2 — siehe § 2 Abs. 2 — befaßt, sofern diese zur Verbreitung bestimmt sind, d. i. sofern sie dazu bestimmt sind, sie nach Inhalt und Körper der Kenntnisnahme durch das Publikum zugänglich zu machen, wobei das Anschlagen, Ausstellen oder Auslegen einer Druckschrift im Sinne des § 2 an Orten, wo sie der Kenntnisnahme durch das Publikum zugänglich ist, preßrechtlich ebenso zu behandeln ist wie die Verbreitung (§ 2). Daß „alle Erzeugnisse der Buchdruckerpresse" (§ 2) zur Verbreitung bestimmt sein müssen, um sie den Vorschriften des Preßgesetzes zu unterwerfen, auch wenn in seinem § 2 nicht ausdrücklich gesagt ist: „auf alle zur Verbreitung bestimmten Erzeugnisse der Buchdruckerpresse", ergibt sich aus dem Wortlaut, aus der Fassung des Wortlautes des § 2. Denn hiernach sind die daselbst bezeichneten, zur Verbreitung bestimmten Vervielfältigungen allen Erzeugnissen der Buchdruckerpresse gleichgestellt durch die Worte: „auf alle anderen, durch mechanische oder chemische Mittel bewirkten, zur Verbreitung bestimmten Vervielfältigungen" usw. Diese Gleichstellung hat nur Sinn und kann darum nur unter der Voraussetzung erfolgt sein, daß der Gesetzgeber nur solche Erzeugnisse der Buchdruckerpresse seinem in dem Preßgesetz festgelegten Kontrollrecht unterwerfen wollte, die ebenso wie die genannten Vervielfältigungen zur Verbreitung bestimmt sind. Demnach können die Vorschriften über die Ordnung der Presse, §§ 6ff. des Preßges., wie auch alle sonstigen Bestimmungen desselben, nur dann zur Anwendung gelangen, bzw. sind diese Vorschriften nur dann zu beobachten, wenn solche Druckschriften (§ 2) zur Verbreitung, also der Kenntnisnahme durch das Publikum zugänglich zu machen, d. h. zur öffentlichen Verbreitung bestimmt sind, so daß das Publikum von der Druckschrift Kenntnis zu nehmen die Möglichkeit hat. Publikum ist aber eine von vornherein (für die Kenntnisnahme) nicht begrenzte Zahl von Personen (unbestimmt wie viel Personen Kenntnis nehmen können). Es muß also die Absicht vorhanden sein, eine Druckschrift im Sinne des Reichspreßgesetzes einem unbestimmten Personenkreise im Inlande, d. i. innerhalb des Deutschen Reiches, zugänglich zu machen (wie auch das Kammergericht in seinem Urteile vom 13. November 1903, Bd. 36 S. 408, entschieden hat), so daß dieser unbestimmte Personenkreis auch die Möglichkeit hat, von der Druckschrift nach Körper und Inhalt „Kenntnis zu nehmen".

Erst wenn diese Voraussetzungen erfüllt sind, beginnt das Interesse des Staates bzw. seiner Vertreter daran, zu wissen, wer der Drucker, Verleger usw. der Druckschrift ist, um, wenn durch sie und ihre Verbreitung ein Verstoß gegen die die Freiheit der Presse einschränkenden Vorschriften, z. B. durch den Inhalt einer Druckschrift und deren Verbreitung eine strafbare Handlung begangen ist, gegen denjenigen strafrechtlich einzuschreiten, welcher die Verantwortung für die Zuwiderhandlungen gegen die preßrechtlichen Vorschriften oder für die durch den Inhalt der Druckschrift begangene strafbare Handlung zu tragen hat. Zur Erleichterung der Erreichung dieses Zieles sind die Vorschriften in den Abschnitten II und III (vgl. auch Abschnitt V), insbesondere auch in den §§ 6 und 7 (Abschnitt II über die Ordnung der Presse) erlassen.

Diese Voraussetzungen sind bei einer Druckschrift, die nur für die Mitglieder eines Vereins bestimmt sind, nicht gegeben. Daran ändert auch nichts die Bestimmung im § 6 des Preßgesetzes — vgl. auch § 7 daselbst —, die vorschreibt, daß auf jeder im Inlande, d. i. im Deutschen Reich als Geltungsbereich des Reichspreßgesetzes „erscheinenden" Druckschrift der Name und Wohnort des Druckers bzw. des Verlegers usw. genannt sein muß (s. oben die Ausführungen im § 4 S. 74 ff.).

Unter „Erscheinen" einer Druckschrift ist nichts anderes zu verstehen, als daß die Druckschrift zur Ausgabe an das Publikum, also an einen unbestimmten Personenkreis gelangt (vgl. auch KGSt. v. 16. November 1914, Bd. 47 S. 393). Vgl. oben § 4 S. 74. „Eine Druckschrift erscheint" heißt danach im Sinne der §§ 6 und 7 des Preßgesetzes nichts anderes als: sie gelangt zur Ausgabe an das Publikum, bedeutet also so viel als erscheint „öffentlich", gleichgültig, ob sie entgeltlich oder unentgeltlich, ob sie gewerbsmäßig oder nicht gewerbsmäßig zur Ausgabe gelangt, abgegeben wird. Eine Vereinszeitung oder Vereinszeitschrift „erscheint" aber nicht im Sinne der §§ 6 und 7 in Verbindung mit § 2 des Preßgesetzes, weil und sofern sie nur für einen von vornherein abgegrenzten Personenkreis bestimmt ist. „Erscheinen" im Sinne der genannten §§ 6 und 7 birgt ebenso wie der Begriff der „Verbreitung" im Sinne des Preßgesetzes den Begriff der Öffentlichkeit in sich (für einen unbestimmten Personenkreis, für jedermann zur Kenntnisnahme bestimmt) ohne Rücksicht darauf, wie schon oben gesagt, ob die Druckschrift entgeltlich oder unentgeltlich, gewerbsmäßig oder nicht gewerbsmäßig zur Ausgabe gelangt. Eine Vereinszeitung oder -Zeitschrift, die nur für die Mitglieder des für die Vereinszeitung oder Vereinszeitschrift in Betracht kommenden Vereins bestimmt ist, unterliegt nicht den Vorschriften des Preßgesetzes, weil sie nicht zur öffentlichen Verbreitung bestimmt ist. Das ergibt sich auch aus der Ausnahmebestimmung des § 13 Preßges., wonach die darin bezeichneten Mitteilungen, obwohl sie an sich als Druckschriften im Sinne des § 2 Preßges. anzusehen sind, weil sie an einen unbestimmten Kreis von Redaktionen („an Redaktionen") bestimmt sind, von den im Preßgesetz für periodische Druckschriften getroffenen Bestimmungen ausgenommen sind. Denn sonst wäre es nicht notwendig gewesen, sie von letzteren auszunehmen. Dasselbe ergibt sich auch aus der Ausnahmebestimmung des Reichsgesetzes vom 12. März 1884, betreffend Stimmzettel für öffentliche Wahlen, wonach Stimmzettel, obwohl sie an sich unter § 2 Preßges. fallen, nicht als Druckschriften im Sinne der Reichs- und Landesgesetze gelten, sofern sie nur den Namen der zu wählenden Person enthalten; diese Stimmzettel sind von den preßgesetzlichen Bestimmungen befreit.

Aus diesen Ausnahmebestimmungen ergibt sich, daß nur für die Öffentlichkeit, für einen unbegrenzten Personenkreis bestimmte Druckschriften von den Vorschriften des Preßgesetzes getroffen werden sollen, nicht aber Vereinszeitungen und -Zeitschriften, die weder jedermann zugänglich sein sollen noch dafür bestimmt sind, weil nur für einen abgegrenzten Personenkreis, die Vereinsmitglieder, vorgesehen.

Der Begriff der Zeitung und Zeitschrift.

Nach Berner — Deutsches Preßrecht — „ist der Unterschied zwischen Zeitung und Zeitschrift ohne Belang. Im Grunde ist jede Zeitung eine Zeitschrift. Will man die Zeitungen von anderen Zeitschriften unterscheiden, so kann man den Unterschied nur darin finden, daß jene in Blättern, diese in Heften erscheinen".

Ich kann mich mit dieser äußerlichen Unterscheidung nicht befreunden. Warum soll eine Zeitung den Charakter als solche verlieren, wenn sie zufällig in Heftform erscheint, wie z. B. seiner Zeit das „Frankfurter Journal" in Frankfurt a. M.? Die Zeitung ist eine Druckschrift, welche die Tagesnachrichten bringt. Wir finden daher gewöhnlich eine Abteilung für die Politik, eine andere für allgemeine Ereignisse, eine weitere für den Handelsteil, die lokalen Vorkommnisse, für die Inserate usw., nebenbei auch Erzählungen (Romane usw.).

Die Zeitschrift ist eine Druckschrift, welche sich inhaltlich vor allem mit wissenschaftlichen oder belletristischen oder ähnlichen Abhandlungen befaßt. Bei der Zeitung dagegen spielen inhaltlich die Tagesereignisse, die neuesten Ereignisse auf dem Gebiete der Politik — häufig mit einer vorangehenden politischen Betrachtung („Leitartikel") — des Handels, des Ortes, an welchem die Zeitung erscheint, und anderer Ortschaften (Ortsnachrichten), Inserate usw. die wichtigste und wesentliche Rolle, während die Zeitschrift sich mit der Politik nur in allgemeinen Betrachtungen oder als Wissenschaft befaßt, vor allem aber wissenschaftliche oder belletristische und andere Abhandlungen oder alle diese Gebiete in Abhandlungen zum Gegenstande und Inhalt hat.

Siehe auch die vorstehende Entscheidung des Kammergerichts v. 13. Juni 1929.

Vorschriften für die periodischen Druckschriften.

Periodische Druckschriften müssen 1. die oben im § 4 näher erörterten Vorschriften für Druckschriften im allgemeinen erfüllen, unterliegen aber 2. noch der besonderen Vorschrift, daß auf jeder Nummer, jedem Stück oder Hefte der Name und Wohnort des verantwortlichen Redakteurs angegeben sein muß. Anzugeben ist also einmal: Drucker und Verleger bzw. Verfasser oder Herausgeber, und sodann außerdem noch: der verantwortliche Redakteur (§ 7 des Preßgesetzes). „Die Benennung mehrerer Personen als verantwortliche Redakteure ist nur dann zulässig, wenn aus Form und Inhalt der Benennung mit Bestimmtheit zu ersehen ist, für welchen Teil der Druckschrift jede der benannten Personen die Redaktion besorgt." (§ 7 Abs. 2 a. a. O.)

Wer ist verantwortlicher Redakteur?

„Verantwortlicher Redakteur ist nur derjenige, der diese Stellung mit dem Willen des Unternehmers oder Eigentümers der Zeitung wirklich bekleidet und kraft derselben darüber zu verfügen hat, ob ein Beitrag wegen strafbaren Inhalts zurückzuweisen ist oder Aufnahme finden kann. Weil er diese Stellung innehat und deshalb zur Prüfung und Entscheidung berechtigt und verpflichtet ist, stellt das Gesetz in § 20 Abs. 2 gegen ihn die Vermutung auf, daß er den Artikel mit Kenntnis und Verständnis des Inhalts veröffentlicht habe, indem er davon ausgeht, daß dies in der Regel der Ausdruck des materiellen Sachverhaltes sei. Die vorgeschriebene Nennung des verantwortlichen Redakteurs aber hat nur den Zweck und die Bedeutung, das Publikum und die Behörden fortgesetzt darüber auf dem laufenden zu erhalten, wer der verantwortliche Redakteur ist, wen daher die in den §§ 20 Abs. 2, 21 ausgesprochene Verantwortlichkeit trifft, und wem die in den §§ 10 und 11 normierten Pflichten obliegen. Die mit Wissen und Willen des Betreffenden geschehene Nennung enthält die eigene Erklärung, das Bekenntnis des Genannten, daß er der verantwortliche Redakteur sei. Liegen keine besonderen Gründe vor, die diese Erklärung widerlegen, so können die Anklagebehörde und das Gericht sich an ihn halten, er kann sich nicht dadurch für beschwert erachten, daß seiner eigenen, formell und öffentlich abgegebenen Erklärung geglaubt wird."

In einem anderen Teile dieser Entscheidung sagt dieselbe: „Irrtümlich ist es aber, wenn dem Gesetze unterlegt wird, die Angabe des Namens schaffe den verantwortlichen Redakteur; vielmehr muß der verantwortliche Redakteur, wenn er als solcher eine Erklärung abgeben soll, schon existieren. Hieraus folgt aber, daß dann, wenn erweislich ein anderer als der Genannte der wirkliche Redakteur ist, eine falsche Angabe vorliegt, die unter die Strafbestimmungen des § 18 Ziff. 2 bzw. § 19 Ziff. 1 fällt, aber keineswegs den wirklichen Redakteur von seiner Verantwortlichkeit befreit, noch den Staat zwingt, sich mit seinem Strafanspruche an den bloßen Schein- oder Sitzredakteur, den vorgeschobenen Strohmann, zu halten." RGSt. v. 12. Mai 1895, Bd. 27 S. 246 ff.

Verantwortlicher Redakteur ist nur der, der diese Stellung mit dem Willen des Unternehmers oder Eigentümers der Zeitung wirklich bekleidet. RGSt. v. 28. April 1903, Bd. 36 S. 215.

Kloeppel — Reichspreßrecht — bezeichnet als Redakteur den geistigen Leiter der gesamten Redaktionstätigkeit, denjenigen, der sie in abschließender Prüfung zusammenfaßt, um die letzte Bestimmung über Aufnahme oder Nichtaufnahme eine Artikels zu treffen. Als verantwortlich zu benennen ist nur derjenige Redakteur, welcher bei Herstellung des Inhalts des Stückes oder Heftes diejenige Tätigkeit ausgeübt hat, die den sachlichen Grund der Verantwortlichkeit bildet, nämlich die abschließende Prüfung und endgültige Bestimmung über die Aufnahme des von ihm oder von anderen gesammelten Stoffes.

Der Vermerk „Schriftleitung" auf einer Zeitung nebst Angabe des Vor- und Zunamens sowie des Wohnortes einer Person genügt nicht dem gesetzlichen Erfordernis (§ 7 des Preßgesetzes). RGSt. v. 25. November 1929, Bd. 63 S. 340.

„Die Eigenschaft als verantwortlicher Redakteur wird nicht erst durch die Benennung desselben auf der Druckschrift begründet."

„Es kann, ohne daß dabei die rechtlichen Folgen in Betracht zu ziehen sind, welche sich daraus ergeben, daß jemand, der mit der Redaktion nicht befaßt ist, mit seinem Wissen und Willen als verantwortlicher Redakteur bezeichnet wird, nur angenommen werden, daß schon die tatsächliche Ausübung der Geschäfte des verantwortlichen Redakteurs diese seine Eigenschaft begründet, selbst wenn er demnächst als solcher auf der von ihm redigierten

Zeitungsnummer nicht genannt ist." RGSt. v. 24. Juni 1890, Bd. 21 S. 23.

„Die Verantwortlichkeit des Redakteurs einer periodischen Druckschrift erstreckt sich auch auf solche Beilagen einer Nummer der Druckschrift, welche auf dem Hauptblatt nicht als Beilagen bezeichnet sind."

„Nach § 7 des Preßgesetzes muß auf jeder Nummer, jedem Stücke oder Hefte einer periodischen Druckschrift der verantwortliche Redakteur genannt sein; da aber das Gesetz den Ort, woselbst die Angabe zu bewirken ist, nicht näher bestimmt und mehrere Bogen, Hauptblatt und Beilagen einer Zeitungsnummer, soweit das Gesetz nicht eine Ausnahme hinstellt (§ 7 Abs. 2, § 27 Abs. 2 a. a. O.), ein Ganzes bilden, so reicht es zur Begründung der Verantwortlichkeit des Redakteurs für den Inhalt der ganzen Nummer regelmäßig aus, wenn überhaupt auf dem ersten Bogen bzw. auf dem Hauptblatt die Angabe enthalten ist." RGSt. v. 22. September 1882, Bd. 7 S. 45.

Name und Wohnort des verantwortlichen Redakteurs.

Als verantwortlicher Redakteur muß eine bestimmte physische Person genannt sein; die Angabe einer Firma ist nicht zulässig.

Über Wohnort s. oben § 4.

Unter „Wohnort des verantwortlichen Redakteurs" im Sinne des § 7 Abs. 1 des Gesetzes über die Presse v. 7. Mai 1874 ist der Ort zu verstehen, wo der verantwortliche Redakteur seine Wohnung, seine häusliche Niederlassung hat und deshalb auch polizeilich gemeldet sein muß. RGSt. v. 25. Juni 1906, Bd. 39 S. 105.

„Der Redakteur ist verpflichtet, nicht bloß die Straße, sondern auch den Ort, wo die Wohnung sich befindet, anzugeben, da es nicht der Vorschrift des § 7 des Preßgesetzes genügt, wenn der Wohnort nur indirekt aus dem Namen der Druckschrift zu folgern ist. Der Redakteur ist für diese Angaben verantwortlich. Der Redakteur ist für die Richtigkeit und Vollständigkeit der nach § 7 Abs. 1 des Preßgesetzes hinsichtlich seiner Person zu machenden Angaben verantwortlich. Zwar werden in §§ 18, 19 a. a. O., welche Zuwiderhandlungen gegen die §§ 6, 7 a. a. O. mit Strafe bedrohen, die Personen, welche strafrechtlich haftbar erscheinen, nicht speziell bezeichnet. Aber daraus folgt nur, daß die Haftbarkeit jedes einzelnen derselben nach dem Maß der ihm dabei durch das Gesetz auferlegten Verpflichtung und Verantwortlichkeit beurteilt werden muß."

„Dagegen ist der Redakteur nicht dafür haftbar, daß der Name des Druckers und Verlegers auf einzelnen Nummern nicht richtig angegeben ist, auf einzelnen Nummern auch die Angabe des Domiziles der Firma, also des Druckers und Verlegers, fehlt. Die besondere Verantwortlichkeit des Redakteurs bezieht sich nach § 20 des Preßgesetzes nur auf den Inhalt der periodischen Druckschrift, auf die neben dem Inhalte herlaufenden Angaben, auf, nicht in der Druckschrift aber nur insoweit, als diese Angaben ihm selbst obliegen, wie dieses nach § 7 a. a. O. rücksichtlich seines Namens und Wohnortes der Fall ist. Die Stellung des Redakteurs erklärt sich aus seiner Tätigkeit; er sammelt, ordnet und verarbeitet das zu druckende Material und ist insofern der geistige, nicht physische Urheber der einzelnen Nummern oder Hefte der Zeitschrift als Ganzes." RGSt. v. 20. Juni 1882, Bd. 6 S. 366ff.

„Ein verantwortlicher Redakteur hat seinen Namen und Wohnort vollständig auf der Zeitung anzugeben, die Angabe der Anfangsbuchstaben genügt nicht." RGSt. v. 15. März 1894, Bd. 25 S. 180.

„Die Benennung mehrerer verantwortlicher Redakteure für dieselbe Druckschrift oder denselben Teil einer solchen ist unstatthaft."

„Die Benennung eines verantwortlichen Redakteurs mit seinem Schriftstellernamen ist unstatthaft." RGSt. v. 13. Dezember 1895, Bd. 28.

„Die Benennung des verantwortlichen Redakteurs mit einer Angabe, aus der nur im Wege der Schlußfolgerung die Person desselben zu ersehen ist, ist ungenügend." In der Begründung dieser Entscheidung heißt es u. a.: Es muß die Angabe klar und bestimmt erfolgen, wie sich auch daraus ergibt, daß nach Abs. 2 des § 7 die Benennung mehrerer Personen als verantwortliche Redakteure nur zulässig ist, wenn aus Form und Inhalt der Benennung mit Bestimmtheit zu ersehen ist, für welchen Teil der Druckschrift jede der benannten Personen die Redaktion besorgt. Angaben, welche einen Zweifel übrig lassen, sind daher ungenügend." RGSt. v. 2. Juni 1896, Bd. 28.

„Die Bestellung mehrerer Redakteure kann dem Willen des Gesetzgebers nur dann genügen, wenn diese mehreren Redakteure in Rücksicht auf die strafrechtliche Haftung aus § 20 Abs. 2 des Preßgesetzes die Person des der Regel nach zu bestellen gewesenen einen verantwortlichen Redakteurs vollständig decken, d. h. wenn die nach dem bezüglichen Vermerke auf der periodischen Druckschrift den einzelnen Redakteuren zugeteilten Gebiete für ihre Redaktionstätigkeit den gesamten Inhalt der periodischen Druckschrift umspannen. Trifft dies nicht zu, so muß die in nicht erschöpfender Weise erfolgte Benennung einzelner verantwortlicher Redakteure auf der periodischen Druckschrift als rechtlich nicht vorhanden angesehen werden." RGSt. v. 17./24. März 1892, Bd. 23 S. 9.

Vgl. § 12 des Preßgesetzes. Hiernach sind die darin genannten Druckschriften von der Vorschrift des § 7 a. a. O. befreit, sofern sich ihr Inhalt auf amtliche Mitteilungen beschränkt. Vgl. auch § 13 a. a. O.

§ 7.

Voraussetzungen der Fähigkeit zum verantwortlichen Redakteur.

Nach § 8 des Preßgesetzes Abs. 1 dürfen verantwortliche Redakteure periodischer Druckschriften nur Personen sein, welche

1. verfügungsfähig;
2. im Besitze der bürgerlichen Ehrenrechte sind und
3. im Deutschen Reiche ihren Wohnsitz oder gewöhnlichen Aufenthalt haben.

Nach Abs. 2 a. a. O. darf, wer nach gesetzlicher Vorschrift nicht oder nur mit besonderer Zustimmung strafrechtlich verfolgt werden kann, nicht verantwortlicher Redakteur einer periodischen Druckschrift sein, auch wenn er die sonstigen Voraussetzungen der

Fähigkeiten zum verantwortlichen Redakteur erfüllt, z. B. Reichs- und Landtagsabgeordnete, infolge ihrer ihnen an sich zustehenden Immunität (s. Reichsverfassung).

Der verantwortliche Redakteur muß eine physische Person sein. Korporationen, Vereine usw. können niemals die Stellung eines verantwortlichen Redakteurs übernehmen.

Verfügungsfähig.

Verfügungsfähig heißt die Fähigkeit besitzen, frei über sein Vermögen zu verfügen, ohne daß einem Dritten irgendwelches Beschränkungsrecht zusteht.

Ob Frauen die Stellung eines verantwortlichen Redakteurs einnehmen können, richtet sich danach, ob sie die Verfügungsfähigkeit besitzen.

Die bürgerlichen Ehrenrechte.

Es sind darunter diejenigen Rechte zu verstehen, welche gänzlich oder teilweise infolge Verurteilung wegen Begehung einer strafbaren, ehrenrührigen Handlung auf Grund besonderer gesetzlicher Bestimmungen darüber aberkannt werden können. Der verantwortliche Redakteur muß im Besitze der bürgerlichen Ehrenrechte sein heißt negativ ausgedrückt: er darf nicht der in den §§ 32 ff. des Reichsstrafgesetzbuches näher bezeichneten Rechte entkleidet sein.

Wohnsitz oder gewöhnlicher Aufenthalt.

Der verantwortliche Redakteur muß im Deutschen Reiche seinen Wohnsitz, d. h. seinen dauernden Aufenthalt, oder aber wenigstens seinen gewöhnlichen Aufenthalt haben, im letzeren Falle muß er also den größten Teil des Jahres sich im Deutschen Reiche aufhalten, so daß er von den deutschen Behörden ohne Mühe zur Verantwortung gezogen werden kann.

Der verantwortliche Redakteur braucht kein Deutscher zu sein, muß aber im Deutschen Reiche wohnen.

Die Vorschriften, welche Beamten und Militärpersonen untersagen, die Stellung eines verantwortlichen Redakteurs zu übernehmen, bzw. wonach solche Personen einer besonderen

Erlaubnis hierzu bedürfen, bleiben von dem Preßgesetz unberührt.

Die Annahme, die als Redakteure bezeichneten Personen könnten den Anforderungen nicht genügen, die hinsichtlich der Befähigung an einen verantwortlichen Redakteur der Zeitungen, um die es sich handelt, gestellt werden müßten, verletzt den durch den § 18 gewährleisteten Satz nicht, daß von Gesetzes wegen auch der geistig Unfähigste, sofern er nur verfügungsfähig ist, die bürgerlichen Ehrenrechte besitzt und im Deutschen Reiche seinen Wohnsitz oder gewöhnlichen Aufenthalt hat, verantwortlicher Redakteur sein dürfe. RGSt. v. 30. Mai 1902, Bd. 35 S. 271.

Vgl. § 12 des Preßgesetzes. Danach findet auf die darin genannten Druckschriften § 8 a. a. O. keine Anwendung, soweit sich ihr Inhalt auf amtliche Mitteilungen beschränkt. Vgl. auch § 13 a. a. O.

§ 8.

Wer ist strafrechtlich verantwortlich für die Beobachtung der in § 7 gegebenen preßpolizeilichen Vorschriften?

„Mit Geldstrafe bis zu 1000 Reichsmark oder mit Haft oder mit Gefängnis bis zu 6 Monaten werden bestraft: Zuwiderhandlungen gegen die Bestimmungen der §§ 6 und 7, welche durch falsche Angaben mit Kenntnis der Unrichtigkeit begangen werden, sowie vorsätzliche Zuwiderhandlungen gegen die Bestimmungen des § 8.

„Dieselbe Strafe trifft den Verleger einer periodischen Druckschrift auch dann, wenn er wissentlich geschehen läßt, daß auf derselben eine Person fälschlich oder im Widerspruch mit § 8 als Redakteur benannt wird.“ (§ 18 Abs. 1 Nr. 2 bzw. Abs. 2 des Preßgesetzes.)

Mit Geldstrafe bis zu 150 Reichsmark oder mit Haft werden bestraft: Zuwiderhandlungen gegen §§ 7 und 8, welche nicht durch § 18 Abs. 1 Ziff. 2 getroffen sind.“ (§ 19 Ziff. 1 des Preßgesetzes.)

Gesetz zur Änderung des Reichsgesetzes über die Presse vom 7. Mai 1874. Vom 4. März 1931 (RGBl. I S. 29):

Art. I. Das Gesetz über die Presse v. 7. Mai 1874 (RGBl. S. 65) wird wie folgt geändert:

1. § 8 erhält folgenden zweiten Absatz: „Wer nach gesetzlicher Vorschrift nicht oder nur mit besonderer Zustimmung oder Genehmigung strafrechtlich verfolgt werden kann, darf nicht verantwortlicher Redakteur einer periodischen Druckschrift sein".
2. a) Im § 18 Abs. 1 Nr. 2 werden die Worte „und 8" gestrichen und am Schlusse folgende Worte hinzugefügt: „sowie vorsätzliche Zuwiderhandlungen gegen die Bestimmungen des § 8".
   b) In § 18 Abs. 2 ist nach dem Worte „fälschlich" einzufügen: „oder im Widerspruch mit § 8".

Art. II. Dieses Gesetz tritt am 1. März 1931 in Kraft.

Art. 37 der Reichsverfassung v. 11. August 1919 (RGBl. S. 1383):

„Kein Mitglied des Reichstags oder eines Landtags kann ohne Genehmigung des Hauses, dem der Abgeordnete angehört, während der Sitzungsperiode wegen einer mit Strafe bedrohten Handlung zur Untersuchung gezogen oder verhaftet werden, es sei denn, daß das Mitglied bei Ausübung der Tat oder spätestens im Laufe des folgenden Tages festgenommen ist.

Die gleiche Genehmigung ist bei jeder anderen Beschränkung der persönlichen Freiheit erforderlich, die die Ausübung des Abgeordnetenberufs beeinträchtigt.

Jedes Strafverfahren gegen ein Mitglied des Reichstags oder eines Landtags und jede Haft oder sonstige Beschränkung seiner persönlichen Freiheit wird auf Verlangen des Hauses, dem der Abgeordnete angehört, für die Dauer der Sitzungsperiode aufgehoben".

Es werden die Verstöße gegen die preßpolizeilichen Vorschriften, welche bewußt (dolos) begangen werden, selbstverständlich härter bestraft als diejenigen Verstöße, welchen der

Dolus, die böse Absicht, fehlt. Erstere sind Vergehen, letztere Übertretungen.

Verantwortlich ist zunächst der Verleger, indem dieser dafür Sorge zu tragen hat, daß den Bestimmungen des § 7 genügt wird, d. h. daß ein verantwortlicher Redakteur auf der periodischen Druckschrift namhaft gemacht wird. Nach § 18 Abs. 1 Nr. 2 ist aber der Verleger nicht bloß haftbar, wenn er selbst vorsätzlich einen unrichtigen Namen oder Wohnort eines verantwortlichen Redakteurs auf der periodischen Druckschrift nennt, sondern auch, wenn er es duldet, wissentlich geschehen läßt, daß auf derselben eine Person fälschlich als Redakteur oder im Widerspruch mit § 8, d. h. obwohl er weiß, daß die als Redakteur benannte Person nicht verantwortlicher Redakteur einer periodischen Druckschrift sein darf, benannt wird.

Ist die Beobachtung der in §§ 7 und 8 gegebenen Vorschriften fahrlässig (also nicht vorsätzlich, absichtlich), d. h. durch Vernachlässigung der anzuwendenden Sorgfalt und daher schuldhaft, außer acht gelassen worden, so stellt sich die begangene Straftat als Übertretung dar, deren Sühne durch § 19 Ziff. 1 des Preßgesetzes vorgesehen ist.

Aber nicht bloß der Verleger, sondern ebenso auch der verantwortliche Redakteur, Drucker, können für die Verletzung der §§ 7 u. 8 verantwortlich sein und der Strafe aus § 18 Abs. 1 Nr. 2 bzw. § 19 Ziff. 1 verfallen, je nachdem die Gesetzesverletzung auf Dolus, böse Absicht, oder culpa, Fahrlässigkeit, zurückzuführen ist.

Welche bestimmte Person zur Verantwortung zu ziehen ist, darüber lassen sich nicht allgemein geltende Grundsätze aufstellen; es bleibt dies vielmehr der Untersuchung von Fall zu Fall überlassen. Es sei nur noch bemerkt, daß für die falsche Benennung des Redakteurs, sei es dolos, sei es fahrlässig, derjenige haftbar ist, welcher die unrichtige Benennung oder Unterlassung der Benennung herbeiführt; dies kann der benannte verantwortliche Redakteur selbst, aber auch der falsche Redakteur, der sich also selbst hätte benennen müssen, der Verleger, Drucker usw. sein, wie vom vormaligen Obertribunal und vom Reichsgericht in den Entscheidungen ausgesprochen ist (Delius, Das Reichsgesetz über die Presse).

„Wissentlich falschen Angaben sind nicht Richtangaben gleichzuachten, auch wenn diese Verschweigungen bewußt und absichtlich geschehen sind."

Es ist unrichtig, anzunehmen, daß, wenn Preßvergehen sich teils als Verstöße gegen § 6, teils gegen § 7 des Preßgesetzes richten, nicht die Anzahl der Handlungen bzw. der Unterlassungen, sondern die Anzahl der Gesetzesverletzungen entscheiden, was sich mit § 73 des Strafgesetzbuches und den Grundsätzen über ideale Konkurrenz nicht in Einklang bringen läßt. RGSt. v. 20. Juni 1882, Bd. 6 S. 366 ff.

„Bei falscher Bezeichnung des verantwortlichen Redakteurs auf der Druckschrift ist als Täter derjenige anzusehen, welcher durch schuldhaftes Handeln die falschen Angaben herbeigeführt hat." RGSt. v. 24. Juni 1890, Bd. 21 S. 23.

„Die Mitkenntnis der unrichtig ergangenen falschen Angabe der Person des verantwortlichen Redakteurs stellt eine Zuwiderhandlung nach § 7 Abs. 1 Preßgesetzes dar, die im § 18 Abs. 1 Nr. 2 mit Strafe bedroht ist. Täterschaft und Teilnahme an diesem Vergehen ist nach allgemeinen strafrechtlichen Grundsätzen zu beurteilen. Täter ist danach, wer den strafbaren Tatbestand verwirklicht, wobei es gleichgültig ist, ob er zu den Personen gehört, die sonst bei Herstellung der Zeitung mitwirken. Als Gehilfe aber kommt jeder in Betracht, der dem Täter wissentlich zur Begehung des Vergehens Hilfe leistet. Je nachdem kann also auch der vorgeschobene (sogenannte Sitz-)Redakteur Täter, Mittäter oder Gehilfe sein. Zur Begründung seiner strafrechtlichen Verantwortlichkeit bedarf es, ebenfalls nach allgemeinen strafrechtlichen Grundsätzen, nicht notwendig eines tätigen Handelns, vielmehr ist diesem ein bloßes Unterlassen gleichzustellen, sofern er zur Vornahme der unterlassenen Handlung kraft Rechtspflicht oder infolge eines vorausgegangenen eigenen Tuns verbunden war."

„Die Rechtspflicht muß sich aus dem Gesetz ergeben."

„Im § 18 Abs. 2 des Preßgesetzes wird dem Verleger einer periodischen Druckschrift die rechtliche Pflicht auferlegt, zu verhindern, daß auf ihr ein falscher verantwortlicher Redakteur benannt werde."

RGSt. v. 20. Juni 1924, Bd. 58 S. 244.

§ 7 des Preßgesetzes verlangt die Benennung eines „Redakteurs", der verantwortlich sein soll. Wird aber an diejenige Stelle der periodischen Druckschrift, an der die Angabe des verantwortlichen Redakteurs stehen soll, der Name einer anderen Person gesetzt, die nicht nur nach dem Willen der Beteiligten nicht Redakteur sein sollte, sondern hauptsächlich auch diese Stellung selbst ernstlich gar nicht einnehmen wollte, so liegt eine falsche Angabe im Sinne der §§ 7 und 8 vor. RGSt. v. 30. Juli 1902, Bd. 35 S. 261.

§ 9.

Die anderen preßpolizeilichen Vorschriften für periodische Druckschriften im Sinne des § 7 des Preßgesetzes.

A. Nach § 9 des Preßgesetzes muß der Verleger von jeder Nummer (Heft, Stück) einer periodischen Druckschrift, sobald die Austeilung oder Versendung beginnt, ein Exemplar gegen eine ihm sofort zu erteilende Bescheinigung an die Polizeibehörde des Ausgabeortes unentgeltlich abliefern.

Ausgenommen von dieser Bestimmung sind Druckschriften, welche ausschließlich Zwecken der Wissenschaft, der Kunst, des Gewerbes oder der Industrie dienen.

Für die Beobachtung der hiernach festgelegten Verpflichtung ist ausschließlich der Verleger verantwortlich. Diese Verpflichtung beginnt mit dem Augenblick, da die periodische Druckschrift zur Austeilung oder Versendung gelangt. Sobald ein Exemplar hiervon ausgeteilt oder versendet wird, ist die Verpflichtung zur Ablieferung des Pflichtexemplars existent geworden. Wenn also eine periodische Druckschrift z. B. an die Abträger oder an die Post zur Beförderung übergeben worden ist, ist die genannte Verpflichtung perfekt.

Für die Frage, ob der Verleger einer Druckschrift nach § 9 Abs. 2 des Reichspreßgesetzes von der Ablieferung eines Pflichtexemplars befreit ist, kommt es nicht auf den Inhalt einzelner Artikel, sondern auf den Gesamtcharakter des Werkes an. KgSt. v. 6. Dezember 1928, Pr. Verwltgsbl., Jahrg. 1929, S. 594.

Ob auch ein Extrablatt dieser Vorschrift unterliegt, ist zweifelhaft. Delius bejaht dies. Ich bestreite es, da ein Extrablatt nicht als eine periodische Druckschrift, auch nicht als ein Teil einer solchen anzusehen ist, und darum nicht als unter die Bestimmung des § 9 des Preßgesetzes fallend anzusehen ist, der das Vorliegen einer periodischen Druckschrift als wesentliche Voraussetzung festlegt.

Wenn dieser Paragraph bestimmt, daß von jeder Nummer einer periodischen Druckschrift ein Pflichtexemplar abzuliefern ist, so ist damit zugleich gesagt, daß die Druckschrift, wie sie erscheint, abzuliefern ist, also mit sämtlichen Beilagen usw. Alles was mit dem Hauptblatt ausgeteilt oder versandt wird, ist zur Kenntnis der Polizeibehörde zu bringen.

In der Abgabe des Pflichtexemplars ist keine Verbreitung zu erblicken. RGSt. v. 28. September 1880, Bd. 2 S. 270.

Die Bescheinigung seitens der Polizeibehörde hat sofort, d. h. Zug um Zug, zu erfolgen. Sie muß also auch außerhalb der gewöhnlichen Bureaustunden erfolgen.

Das Pflichtexemplar ist an die Polizeibehörde des Ausgabeortes abzuliefern. Da für die Erfüllung dieser Vorschrift lediglich der Verleger verantwortlich ist, so kann auch nur der Verlagsort in Betracht kommen, so daß also die Ablieferung an die Polizeibehörde des Verlagsortes zu geschehen hat.

Die Ablieferung ist unentgeltlich.

Zuwiderhandlung gegen die Pflicht der rechtzeitigen Ablieferung ist Übertretung, welche nach § 19 Ziff. 2 des Preßgesetzes mit Geldstrafe bis zu 150 Reichsmark oder mit Haft bestraft wird. Ob der Verleger die Ablieferung persönlich besorgt hat oder durch eine dritte Person, ist ohne rechtlichen Einfluß, da in jedem Falle der Verleger allein verantwortlich ist.

„Das Verbreiten von Druckschriften, welche den Ordnungsvorschriften des Preßgesetzes nicht entsprechen, ist kein Zuwiderhandeln gegen die Ordnungsvorschriften im Sinne der §§ 6, 9 des Preßgesetzes."

„Die landesgesetzlichen Vorschriften, welche diese Verbreitung mit Strafe bedrohen, sind durch das Reichsgesetz beseitigt." RGSt. v. 28. November 1887, Bd. 16 S. 409.

Vgl. § 12 des Preßgesetzes; s. oben § 7 a. E., das hier Gesagte gilt auch für § 9 des Preßgesetzes. Vgl. auch § 13 a. a. O.

B. Nach § 10 des Preßgesetzes ist der verantwortliche Redakteur einer periodischen Druckschrift, welche Anzeigen aufnimmt, verpflichtet, die ihm von öffentlichen Behörden mitgeteilten amtlichen Bekanntmachungen auf deren Verlangen gegen Zahlung der üblichen Einrückungsgebühren in eine der beiden nächsten Nummern des Blattes aufzunehmen.

Die erste Voraussetzung ist, daß es sich um eine periodische Druckschrift handelt. Ein weiteres Erfordernis ist, daß eine solche Druckschrift überhaupt Anzeigen aufnimmt, und zwar Anzeigen gegen Entgelt aufnimmt, da sonst die Worte „gegen Zahlung der üblichen Einrückungsgebühren" unverständlich wären. Sind diese Voraussetzungen gegeben, dann greift die Vorschrift des § 10 Platz.

Öffentliche Behörden sind nicht bloß Staats-, sondern auch Gemeinde-, überhaupt alle mit dem öffentlich-rechtlichen Charakter versehene Behörden.

Als amtliche Bekanntmachung ist eine Bekanntmachung im Rahmen der behördlichen Zuständigkeit anzusehen.

„In eine der beiden nächsten Nummern des Blattes." Als solche Nummern sind nur diejenigen zu verstehen, welche bei Eingang des Verlangens der Behörde für den Druck noch nicht abgeschlossen waren.

Verpflichtet, die nachgesuchte Aufnahme zu gewähren, ist nur der verantwortliche Redakteur. Seine strafrechtliche Haftung legt § 19 Ziff. 3 des Preßgesetzes fest, wonach Zuwiderhandlung gegen § 10 a. a. O. mit Geldstrafe bis 150 Reichsmark oder Haft bestraft wird.

Die strafrechtliche Verfolgung tritt nur auf Antrag der hierzu berechtigten Behörde ein. Hat der verantwortliche Redakteur die Aufnahme in gutem Glauben verweigert, was Sache der Feststellung von Fall zu Fall ist, so erfolgt unter Freisprechung des verantwortlichen Redakteurs die Anordnung der Aufnahme der behördlichen Bekanntmachung in die in Betracht kommende periodische Druckschrift (objektives Verfahren). Der gute Glauben kann nur darin gefunden werden, daß der Redakteur die Bekanntmachung irrtümlich nicht als amtliche ansah oder im Irrtum über die Eigenschaft der Behörde als öffentliche sich befand oder glaubte, daß die Bekanntmachung schon außerhalb des Rahmens der Zuständigkeit der die Bekanntmachung anordnenden Behörde lag.

Ein Zwang zur Aufnahme der Bekanntmachung ist nicht zulässig. Es kann lediglich nur wiederholte Bestrafung des die Aufnahme verweigernden verantwortlichen Redakteurs stattfinden.

Die Zuwiderhandlung ist perfekt, sobald der Redakteur die Aufnahme verweigert oder sobald die zweite Nummer erschienen ist, ohne daß die Aufnahme erfolgt ist.

Vgl. § 12 des Preßgesetzes, wonach auf die darin angegebenen Druckschriften die Vorschriften des § 10 a. a. O. keine Anwendung finden, soweit sich der Inhalt der im § 12 a. a. O. bezeichneten Druckschriften auf amtliche Mitteilungen beschränkt. Vgl. auch § 13 a. a. O.

C. Nach § 11 des Preßgesetzes „ist der verantwortliche Redakteur einer periodischen Druckschrift verpflichtet, eine Berichtigung der in letzterer mitgeteilten Tatsachen auf Verlangen einer beteiligten öffentlichen Behörde oder Privatperson ohne Einschaltungen oder Weglassungen aufzunehmen, sofern die Berichtigung von dem Einsender unterzeichnet ist, keinen strafbaren Inhalt hat und sich auf tatsächliche Angaben beschränkt".

„Der Abdruck muß in der nach Empfang der Einsendung nächstfolgenden, für den Druck nicht bereits abgeschlossenen Nummer, und zwar in demselben Teile der Druckschrift und mit derselben Schrift, wie der Abdruck des zu berichtigenden Artikels geschehen."

„Die Aufnahme erfolgt kostenfrei, soweit nicht die Entgegnung den Raum der zu berichtigenden Mitteilung überschreitet; für die über dieses Maß hinausgehenden Zeilen sind die üblichen Einrückungsgebühren zu entrichten."

Verpflichtet zur Aufnahme der Berichtigung ist der verantwortliche Redakteur, und zwar zunächst der verantwortliche Redakteur, welcher auf der Nummer, in welcher die Berichtigung aufzunehmen ist, als solcher genannt ist; bei Benennung mehrerer Personen als verantwortliche Redakteure die Person, welche als verantwortlicher Redakteur des Teiles benannt ist, in dem die Berichtigung aufzunehmen ist.

Der Berichtigungszwang trifft sämtliche periodische Druckschriften, auch die im § 9 Abs. 2 des Preßgesetzes genannten periodischen Druckschriften, welche ausschließlich Zwecken der Wissenschaft, der Kunst, des Gewerbes oder der Industrie dienen, sowie solche, die keine Anzeigen aufnehmen. Beschränkt ausgenommen von dem Berichtigungszwange sind nur die im § 12 des Preßgesetzes näher bezeichneten Druckschriften.

Berichtigung.

Berichtigen heißt etwas richtigstellen.

Voraussetzung ist also, daß die die Berichtigung veranlassende Äußerung in der Presse falsch ist. Die Folge hiervon ist die wahre Darstellung der in Betracht kommenden Tatsachen durch dasselbe Preßorgan.

Da jedoch eine Berichtigung die zur Erörterung durch die Presse gebrachten Tatsachen nicht immer sachlich (objektiv) richtigstellen wird, so kann hier der Begriff Berichtigung nur subjektiv insofern aufgefaßt werden, als der Berichtiger entweder der Meinung ist, die zu berichtigende Tatsache sei falsch, oder aber die letztere anders darzustellen versucht.

Berichtigen im Sinne des § 11 des Preßgesetzes bedeutet daher nichts weiter als eine in einer periodischen Druckschrift veröffentlichte Tatsache in derselben Druckschrift im Rahmen der im genannten Paragraphen gegebenen Vorschriften „anders darstellen". Ob dieses „Andersdarstellen" wirklich ein „Richtigstellen" ist, ist für den Berichtigungszwang ohne Bedeutung. Der Grundsatz „audiatur et altera pars" ist hier das leitende Motiv. Daraus ergibt sich aber auch, daß, wenn der verantwortliche Redakteur im Anschluß an die veröffentlichte Berichtigung die berichtigten Tatsachen aufrechterhält, er zur Aufnahme einer neuen Berichtigung nicht mehr verpflichtet ist.

Gegenstand der Berichtigung ist jede in einer periodischen Druckschrift mitgeteilte Tatsache, gleichgültig, ob sie von dem Redakteur selbst oder irgendeiner anderen Person mitgeteilt wird. In welchem Teile einer periodischen Druckschrift die zu berichtigende Tatsache veröffentlicht worden ist, ist gleichgültig; der Berichtigungszwang trifft auch den Inseratenteil.

Auf Verlangen einer beteiligten öffentlichen Behörde oder Privatperson.

Über öffentliche Behörden s. oben unter B Abs. 3.

Privatperson ist auch der Vorsteher einer Vereinsgesellschaft, insbesondere auch einer mit Korporationsrechten ausgestatteten Gesellschaft.

Beteiligt ist nach dem Erkenntnis des Obertribunals v. 27. April 1877 jeder, der durch die Mitteilung berührt wird und deshalb an deren Berichtigung ein Interesse hat.

„Berechtigtes Interesse bei Berichtigung von Tatsachen gemäß § 11 des Preßgesetzes: der § 193 des Strafgesetzbuches fordert nicht, daß die zu wahrenden berechtigten Interessen auch die eigenen Interessen des Täters sein müssen." RGSt. v. 9. Oktober 1880, Bd. 3 S. 10.

Ohne Einschaltungen und Weglassungen.

Der verantwortliche Redakteur hat die Berichtigung so aufzunehmen, wie sie ihm zugestellt wird, also wortgetreu und ohne Zwischenbemerkungen, auch im ganzen Umfange; es darf nichts zu dem Wortlaut der eingesandten Berichtigung zugesetzt, noch etwas weggelassen werden.

Die Berichtigung muß 1. von dem Einsender unterschrieben sein,

sie darf 2. keinen strafbaren Inhalt haben und

muß 3. sich auf tatsächliche Angaben beschränken.

Unterschrift ist Namensunterschrift.

Eine Berichtigung, welche einen strafbaren Inhalt hat, kann der verantwortliche Redakteur zurückweisen, da er sich sonst der Gefahr aussetzt, strafrechtlich verfolgt zu werden. Es ist also Sache desselben, festzustellen, ob in der Berichtigung, in dem Inhalte derselben, etwas Strafbares enthalten ist. Im Streitfalle entscheidet der Richter (zu vgl. § 19 Abs. 2 des Preßgesetzes).

Gegenstand der Berichtigung dürfen nur tatsächliche Angaben sein. Eine darüber hinausgehende Berichtigung, insbesondere eine Kritik des zu Berichtigenden braucht nicht aufgenommen zu werden. Nach dem Erkenntnis des Oberlandesgerichts zu Breslau v. 22. Januar 1891 sind unter tatsächlichen Angaben: bejahende oder verneinende Mitteilungen über äußere, mit den Sinnen wahrnehmbare Ereignisse zu verstehen.

Kloeppel sagt: Da Auslassungen wie Einschaltungen in der eingesandten Berichtigung dem Redakteur schlechthin untersagt sind, so ist er auch nicht befugt, dasjenige auszuscheiden, was sich nicht auf „tatsächliche Angaben" beschränkt. Der Redakteur hat also in diesem Falle nur die Wahl zwischen Aufnahme auch des nichttatsächlichen Teiles und der Verweigerung der Aufnahme der ganzen Berichtigung.

Daß die Berichtigung in derselben Sprache abgefaßt sein muß, in welcher die periodische Druckschrift erscheint, ist vom Gesetzgeber nicht gefordert. Der Abdruck muß in der nach Empfang der Einsendung nächstfolgenden Nummer erfolgen, sofern der Druck noch nicht abgeschlossen ist. Ist dies bereits geschehen, dann muß die Berichtigung in der darauffolgenden Nummer abgedruckt werden. Die Aufnahme hat mit denselben Lettern zu geschehen, andernfalls ein Verstoß gegen § 11 vorliegt.

Eine Berichtigung muß aufgenommen werden, auch wenn sie noch so lang ist, sofern die Voraussetzungen der Berichtigungspflicht gegeben sind. Kostenlos findet sie nur Aufnahme, wenn sie den Raum der zu berichtigenden Mitteilung nicht überschreitet. Es kommt nur der Raum dieser letzteren selbst in Betracht, nicht etwa ein Artikel, innerhalb dessen sie vorkommt. Der diesen Raum übersteigende Teil der Berichtigung muß bezahlt werden. Es werden hierfür die von der in Frage kommenden Druckschrift festgesetzten Insertionsgebühren zu bezahlen sein; bei Blättern, die keine Annoncen aufnehmen, werden die ortsüblichen Gebühren maßgebend sein.

Eine Frist für die Ausübung des Berichtigungsrechts ist nicht vorgesehen, dasselbe ist also an keine Frist gebunden.

Zuwiderhandlungen werden nach § 19 Ziff. 3 des Preßgesetzes mit Geldstrafe bis 150 Reichsmark oder mit Haft bestraft.

Eine Zuwiderhandlung liegt nicht bloß in der Verweigerung der Aufnahme der Berichtigung, sondern auch in jeder Änderung der letzteren, sowie in der verspäteten Aufnahme, endlich auch in der Veröffentlichung in einem anderen Teile der Druckschrift, mittels anderen Lettern (anderer Schrift) als derjenigen bzw. denjenigen der zu berichtigenden Mitteilung. Diese Bestrafung tritt nach Abs. 2 a. a. O. nur auf Antrag ein und hat das Strafurteil zugleich die Aufnahme des eingesandten Artikels in die nächstfolgende Nummer anzuordnen. Ist die unberechtigte Verweigerung im guten Glauben geschehen, so ist unter Freisprechung von Strafe und Kosten lediglich die nachträgliche Aufnahme anzuordnen.

Der „gute Glaube".

Kloeppel (Reichspreßrecht): Der gute Glaube, welcher nach § 19 Abs. 2 den Redakteur straflos macht, auch wenn der Strafrichter das Verlangen der Berichtigung für rechtlich begründet erachtet, entspricht durchaus dem guten Glauben desjenigen, der die von ihm gestohlene oder unterschlagene Sache für die seinige gehalten hat: es ist die zwar nach Ansicht des Gerichts irrige, aber doch den Umständen nach möglich gewesene Rechtsansicht, wie dort über ein streitiges Recht, so hier über eine streitige Verpflichtung.

Guter Glaube im Sinne des Gesetzes besteht in der Annahme, zur Verweigerung der Aufnahme aus irgendeinem Grunde berechtigt zu sein (Liszt, Das Reichspreßrecht).

Auf guten Glauben kann sich der verantwortliche Redakteur nur berufen beim Irrtum über Tatumstände, also über die Eigenschaft des Einsenders als Beteiligten, über die tatsächliche Natur oder die Strafbarkeit des Inhalts der Angaben desselben (RGSt. v. 6. Oktober 1893).

Im Falle der Verurteilung ist damit kein unmittelbarer Zwang zur Ausführung der richterlich angeordneten Aufnahme des Berichtigungsartikels gegeben. Weigert sich der verantwortliche Redakteur, der richterlichen Anordnung Folge zu geben, so stellt sich diese Weigerung nur als ein neues, selbständiges Delikt im Sinne des § 11 dar.

Für die Stellung des Strafantrages (Berechtigung, Frist usw.) kommen die einschlägigen Bestimmungen des Strafgesetzbuches in Betracht (§§ 61—65). Zu vgl. auch § 155 Abs. 2 der StPO. in der Textfassung v. 22. März 1924, RGBl. I 1924, S. 299 ff.

Verjährung.

Die Verjährungsfrist beträgt drei Monate.

Der Ordnungsvorschrift des § 11 ist zuwidergehandelt, sobald diejenige Nummer der periodischen Druckschrift, in welche nach Abs. 2 die Berichtigung aufgenommen sein mußte, erschienen ist, ohne diese zu enthalten. Mit diesem Zeitpunkt beginnt demnach die Verjährung der verwirkten Ordnungsstrafe. RG. v. 6. Februar 1888.

Vgl. auch § 12 des Preßgesetzes. Hiernach finden auf die darin genannten Druckschriften die Vorschriften des § 11 a. a. O. keine Anwendung, soweit sich der Inhalt dieser Druckschriften auf amtliche Mitteilungen beschränkt.

§ 10.

Ausnahmen von den Ordnungsvorschriften.

A. § 12 des Preßgesetzes: „Auf die von den deutschen Reichs-, Staats- und Gemeindebehörden, von dem Reichstage oder von der Landesvertretung eines deutschen Bundesstaates ausgehenden Druckschriften finden, soweit sich ihr Inhalt auf amtliche Mitteilungen beschränkt, die Vorschriften der §§ 6 bis 11 keine Anwendung."

Zu den Gemeindebehörden gehören nicht bloß die Ortsgemeindebehörden, sondern auch die Kommunalbehörden im weiteren Sinne, die Kreis-, Bezirks- und Provinzialbehörden, insofern sich ihre Tätigkeit als kommunale darstellt.

Kirchliche Behörden sind nicht als solche, sondern nur insoweit hierher zu rechnen, als sie Organe des landesherrlichen Kirchenregiments sind (v. Liszt, Reichspreßrecht).

Die Ausnahme gilt aber nur dann für die von den vorstehend genannten Behörden ausgehenden Druckschriften, wenn sich ihr Inhalt auf amtliche Mitteilungen beschränkt, kommt also nur in Anwendung, wenn diese Druckschriften nur amtliche

Mitteilungen enthalten. Sobald sie auch andere Mitteilungen, Anzeigen usw. bringen, unterliegen sie gleich den anderen Druckschriften den preßgesetzlichen Bestimmungen. Ebensowenig gilt die Ausnahmebestimmung für die sogenannten Amtsblätter, d. h. Blätter, welche von Behörden als Publikationsorgan benutzt werden und darum deren Bekanntmachungen u. dgl. bringen, im übrigen aber für Rechnung und Gefahr von Dritten, nicht einer der oben bezeichneten Behörden erscheinen.

B. § 13: „Die auf mechanischem oder chemischem Wege vervielfältigten periodischen Mitteilungen (lithographierte, autographierte, metallographierte, durchschriebene Korrespondenzen) unterliegen, sofern sie ausschließlich an Redaktionen verbreitet werden, den in diesem Gesetze für periodische Druckschriften getroffenen Bestimmungen nicht."

Von den im Preßgesetz §§ 7 ff. getroffenen Bestimmungen sind danach die auf mechanischem oder chemischem Wege vervielfältigten „periodischen" Mitteilungen (lithographierte usw.), sofern sie ausschließlich an Redaktionen verbreitet werden, befreit.

Es handelt sich hier um Druckschriften, die zwar zur Verbreitung bestimmt sind, die aber zunächst nur den Redaktionstisch interessieren und darum nur zur Verbreitung an Redaktionen bestimmt sind. Wird die Korrespondenz, die als periodische Mitteilung außerdem auf mechanischem oder chemischem Wege vervielfältigt sein muß, über diesen Kreis hinaus an andere Personen verbreitet, dann greift das Vorrecht nicht Platz.

Die in Frage stehenden Druckschriften sind nur von den für periodische Druckschriften gegebenen besonderen Vorschriften befreit (vgl. §§ 7 ff.).

„Das Privilegium des § 13 ist den mittels der Buchdruckerpresse hergestellten Zeitungskorrespondenzen versagt worden." RGSt. v. 20. Januar 1885, Bd. 11 S. 406.

§ 11.

Ausländische periodische Druckschriften.

§ 14 Preßges.: „Ist gegen eine Nummer (Stück, Heft) einer im Auslande erscheinenden periodischen Druckschrift binnen

Jahresfrist zweimal eine Verurteilung auf Grund der §§ 41 und 42 des Strafgesetzbuches erfolgt, so kann der Reichskanzler innerhalb zwei Monaten nach Eintritt der Rechtskraft des letzten Erkenntnisses das Verbot der ferneren Verbreitung dieser Druckschrift bis auf zwei Jahre durch öffentliche Bekanntmachung aussprechen."

„Die in den einzelnen Bundesstaaten auf Grund der Landesgesetzgebung bisher erlassenen Verbote ausländischer periodischer Druckschriften treten außer Wirksamkeit."

Der Bestimmung des § 14 unterliegen nur periodische Druckschriften, welche im Auslande, d. h. außerhalb des Deutschen Reiches erscheinen.

Nichtperiodische ausländische Druckschriften fallen daher nicht unter diese Bestimmung.

Voraussetzung für die Anwendung vorstehender Bestimmung ist die Verurteilung auf Grund der §§ 41 und 42 des Strafgesetzbuches, und zwar die zweimalige Verurteilung binnen Jahresfrist.

v. Liszt (Reichspreßrecht) sagt: Das Gesetz hat hier den Rückfall im Auge: Das Delikt, wegen dessen die zweite Verurteilung erfolgt, muß nach der Verurteilung wegen des ersten begangen sein.

Von einem Rückfalle im Sinne des Strafgesetzbuches kann hier indessen keine Rede sein, da ja die für den Inhalt der periodischen Druckschrift verantwortlichen Personen, deren Wohnort im Ausland die Druckschrift als ausländische charakterisiert (die Druckschrift erscheint), für den inländischen Strafrichter nicht erreichbar sind und darum nicht zur Verantwortung gezogen werden können. Es handelt sich hier lediglich um eine Ordnungsvorschrift, eine preßpolizeiliche Bestimmung, deren Anwendbarkeit von der gerichtlichen Feststellung abhängt, daß der Inhalt einer Nummer einer ausländischen periodischen Druckschrift gegen strafrechtliche Bestimmungen des Inlandes zweimal im Jahre verstoßen hat, so daß ihre Unbrauchbarmachung auf Grund der §§ 41 und 42 des Reichsstrafgesetzbuches (selbstverständlich soweit die Druckschriften im Inlande vorhanden sind) angeordnet worden ist. Es handelt sich demgemäß nur um eine dem Rückfall nachgebildete

— diesem ähnelnde — Bestimmung, insofern als binnen Jahresfrist eine nochmalige („zweimal") Verurteilung erfolgt sein muß.

Für die Berechnung der Jahresfrist kommen die in erster Instanz ergangenen Urteile in Betracht. Es ist aber nicht notwendig, daß beide Urteile binnen Jahresfrist rechtskräftig geworden sind. Natürlich kann anderseits nicht ein Urteil zur Anrechnung kommen, welches in höherer Instanz aufgehoben worden ist.

§ 41 des Reichsstrafgesetzbuches: „Wenn der Inhalt einer Schrift, Abbildung oder Darstellung strafbar ist, so ist im Urteile auszusprechen, daß alle Exemplare sowie die zu ihrer Herstellung bestimmten Platten und Formen unbrauchbar zu machen sind.

Diese Vorschrift bezieht sich jedoch nur auf die im Besitze des Verfassers, Druckers, Herausgebers, Verlegers oder Buchhändlers befindlichen und auf die öffentlich ausgelegten oder öffentlich angebotenen Exemplare.

Ist nur ein Teil der Schrift, Abbildung oder Darstellung strafbar, so ist, insofern eine Ausscheidung möglich ist, auszusprechen, daß nur die strafbaren Stellen und derjenige Teil der Platten und Formen, auf welchem sich diese Stellen befinden, unbrauchbar zu machen sind."

§ 42 des RStGB.: „Ist in den Fällen der §§ 40 und 41 die Verfolgung oder die Verurteilung einer bestimmten Person nicht ausführbar, so können die daselbst vorgeschriebenen Maßnahmen selbständig erkannt werden."

§ 41 findet nach § 14 des Preßgesetzes auf den Verbreiter im Inlande Anwendung, § 42 regelt das „objektive Strafverfahren".

Vgl. übrigens §§ 430 ff. der Strafprozeßordnung in der Textfassung v. 22. März 1924, RGBl. I 1924, S. 299 ff.

Sind die vorstehend erörterten Voraussetzungen gegeben, so ist der Reichskanzler befugt, innerhalb zwei Monaten nach Eintritt der Rechtskraft des letzten Erkenntnisses das Verbot der ferneren Verbreitung auszusprechen.

Diese Befugnis ist an eine Frist gebunden: sie muß innerhalb zwei Monaten ausgeübt werden, nachdem das zweite Erkenntnis rechtskräftig geworden ist. Das Verbot hört, wenn es nicht auf eine kürzere Frist beschränkt ist, nach Ablauf von zwei Jahren, vom Tage der Bekanntmachung an gerechnet, von selbst auf. Es steht außer Zweifel, daß das Verbot jederzeit wieder aufgehoben werden kann. Das Verbot kann nur vom Reichskanzler, an den daher von jedem derartigen gegen eine ausländische Zeitung gerichteten Erkenntnisse Bericht zu erstatten ist, von keiner anderen Behörde, ergehen. Es wird daher auch die vorgeschriebene öffentliche Bekanntmachung des Verbots in dem amtlichen Organ des Reiches, dem Reichsanzeiger, zu geschehen haben.

Das Verbot der ferneren Verbreitung einer im Auslande erscheinenden periodischen Druckschrift (§ 14 Abs. 1 des Preßgesetzes) bezieht sich auch auf die vor dem Verbote erschienenen Stücke, da das Verbot die Druckschrift als Ganzes trifft und die vor dem Verbot erschienenen Stücke Teile dieser Druckschrift sind und bleiben. RGSt. v. 13. November 1910, Bd. 36 S. 408.

Mit dem öffentlich bekanntgemachten Verbot verbunden ist die Entziehung des Postdebits.

§ 3 des Reichsgesetzes über das Postwesen des Deutschen Reiches v. 28. Oktober 1871 bestimmt: Die Annahme und Beförderung von Postsendungen darf von der Post nicht geweigert werden, sofern die Bestimmungen dieses Gesetzes und des Reglements beobachtet sind. Auch darf keine im Gebiete des Deutschen Reiches erscheinende politische Zeitung vom Postdebit ausgeschlossen und ebensowenig darf bei der Normierung der Provision, welche für die Beförderung und Debitierung der im Gebiete des Deutschen Reiches erscheinenden Zeitungen zu erheben ist, nach verschiedenen Grundsätzen verfahren werden. Die Post besorgt die Annahme der Pränumeration auf die Zeitungen sowie den ganzen Debit derselben.

Die Zuwiderhandlungen gegen das gemäß § 14 ausgesprochene Verbot wird nach § 18 a. a. O. mit Geldstrafe bis zu 1000 Reichsmark oder mit Haft oder mit Gefängnis bis zu sechs Monaten bestraft; sie charakterisiert sich als Vergehen und ist vollendet durch das Auslegen, Abgeben usw.

Wann eine Druckschrift erschienen ist, wann also das Erscheinen vollendet ist, darüber s. oben § 4.

Bloß fahrlässige Verbreitung einer nach § 14 verbotenen periodischen Druckschrift ist nach § 18 nicht strafbar, da, wie das Reichsgericht bezüglich des vom Delikte gegen § 17 des Preßgesetzes erforderten subjektiven Tatbestandes ausgeführt hat (Bd. 9 i. Straff. S. 269), unter Zuwiderhandlungen des § 18 Nr. 1 des Preßgesetzes nur die vorsätzlichen Zuwiderhandlungen verstanden werden können. RGSt. v. 10. Dezember 1891, Bd. 22 S. 273.

§ 12.

Die sonstigen Ordnungsvorschriften.

A. § 15 des Preßgesetzes bestimmte: „In Zeiten der Kriegsgefahr oder des Krieges können Veröffentlichungen über Truppenbewegungen oder Verteidigungsmittel durch den Reichskanzler mittels öffentlicher Bekanntmachung verboten werden."

§ 15 ist durch das Reichsgesetz gegen den Verrat militärischer Geheimnisse vom 3. Juni 1914 (RGBl. S. 195) aufgehoben.

Die aus diesem das Preßrecht interessierenden Bestimmungen lauten:

. . . .

§ 10. Wer vorsätzlich während eines Krieges gegen das Reich oder bei drohendem Kriege Nachrichten über Truppen- und Schiffsbewegungen oder über Verteidigungsmittel einem vom Reichskanzler erlassenen Verbot zuwider veröffentlicht, wird mit Gefängnis oder Festungshaft bis zu drei Jahren oder mit Geldstrafe bis zu 5000 Reichsmark bestraft.

§ 11. Wer vorsätzlich über schwebende amtliche Ermittelungen wegen eines Verbrechens oder Vergehens gegen dieses Gesetz ohne Erlaubnis der die Ermittelungen leitenden Behörde Mitteilungen in die Öffentlichkeit bringt, wird mit Gefängnis oder Festungshaft bis zu einem Jahre oder mit Geldstrafe bis zu 1000 Reichsmark bestraft.

Diese Vorschrift findet auf die Veröffentlichung von Mitteilungen, die nach der Eröffnung des gerichtlichen Hauptverfahrens, im militärgerichtlichen Verfahren nach Verfügung der Anklage erfolgt, keine Anwendung.

§ 12. Mit Haft oder Geldstrafe bis zu 150 Reichsmark wird bestraft,

1. 2. ....

3. wer von einem Festungswerk, einem Gebäude der Kaiserlichen Marine, in welchem Munition oder Minen gelagert werden, einer militärischen Luftfahrzeughalle oder einer militärischen Anlage für drahtlose Telegraphie ohne Erlaubnis der zuständigen Militärbehörde Aufnahmen macht oder veröffentlicht. Die Aufnahmen und Veröffentlichungen können eingezogen werden ohne Unterschied, ob sie dem Verurteilten gehören oder nicht.

§ 15. Hat der Täter für die Begehung eines Verbrechens oder Vergehens gegen dieses Gesetz Entgelt empfangen, so ist das Empfangene oder dessen Wert in dem Urteil für dem Staate verfallen zu erklären.

§ 19. ...... § 15 des Gesetzes über die Presse vom 7. Mai 1874 (RGBl. S. 65) und das Gesetz gegen den Verrat militärischer Geheimnisse vom 3. Juli 1893 (RGBl. S. 205), mit Ausnahme des § 11, treten außer Kraft. In dem Abs. 2 des § 360 des Strafgesetzbuchs kommen die Zahl „1" und die Worte „der Risse von Festungen und Festungswerken", in der Nr. 1 des § 18 (Abs. 1) des Gesetzes über die Presse die Zahl „15" in Wegfall.

B. § 16 des Preßgesetzes: „Öffentliche Aufforderungen mittels der Presse zur Aufbringung der wegen einer strafbaren Handlung erkannten Geldstrafen und Kosten sowie öffentliche Bescheinigungen mittels der Presse über den Empfang der zu solchen Zwecken gezahlten Beiträge sind verboten.

Das zufolge solcher Aufforderungen Empfangene oder der Wert desselben ist der Armenkasse des Orts der Sammlung für verfallen zu erklären."

Die Aufforderung muß eine öffentliche sein, d. h. an eine unbegrenzte Personenzahl gerichtet sein, nicht etwa an einen vorher bestimmten, abgeschlossenen Personenkreis. Wenn daher ein Preßerzeugnis nicht öffentlich verbreitet wird, kann diese Bestimmung nicht Platz greifen.

Die Aufforderung muß mittels der Presse geschehen, d. h. mittels Preßerzeugnisses im Sinne des § 2 des Preßgesetzes (vgl. § 3 daselbst).

Geldstrafe und Kosten müssen wegen einer strafbaren Handlung erkannt sein.

Unter strafbaren Handlungen sind sowohl Verbrechen und Vergehen als auch Übertretungen zu verstehen. Eine Übertretung im Sinne des Strafgesetzbuches ist auch die Übertretung einer Polizeiverordnung.

Ob auch disziplinarisch strafbare Handlungen hierher zu rechnen sind, ist zweifelhaft. Ich verneine es, da es sich in diesen Fällen nicht um strafbare Handlungen im Sinne des Strafgesetzbuches handelt, solche aber in § 16 des Preßgesetzes nur gemeint sein können.

Eine fernere Voraussetzung ist, daß wegen einer strafbaren Handlung bereits die Verurteilung erfolgt ist, wenn es auch ohne Einfluß ist, ob die Verurteilung rechtskräftig ist oder nicht.

Nur die Geldstrafe selbst und die durch das Verfahren einschließlich der durch die Strafvollstreckung entstandenen Kosten sind Gegenstand des Verbots. Andere öffentliche Aufforderungen mittels der Presse liegen bereits außerhalb des Rahmens dieser Bestimmung bzw. des Zweckes derselben.

Das zufolge der öffentlichen Aufforderung Empfangene oder der Wert desselben ist vom Richter für verfallen zu erklären.

Alles, was für die erkannte Geldstrafe und die Kosten eingegangen ist, ist der Konfiskation unterworfen. Ob es noch in den Händen des Auffordernden ist oder in den des Verurteilten oder eines Dritten, ist gleichgültig, auch dann, wenn das Empfangene schon verbraucht ist, da ja ebenso dessen Wert der Verfallerklärung unterliegt.

Siehe auch RGSt. v. 8. Januar 1920, Bd. 54 S. 215.

Zuwiderhandlungen werden gemäß § 18 Ziff. 1 mit Geldstrafe bis zu 1000 Reichsmark oder mit Haft oder mit Gefängnis bis zu sechs Monaten bestraft, sind also Vergehen. Strafbar ist der zur Aufbringung des Geldes Auffordernde, es kann dies der Verleger, der Drucker, der Redakteur sein, es kann aber auch der Verurteilte selbst oder ein Dritter sein.

§ 13.

Veröffentlichung amtlicher Schriftstücke eines Strafprozesses.

§ 17 des Preßgesetzes: „Die Anklageschrift oder andere amtliche Schriftstücke eines Strafprozesses dürfen durch die Presse nicht eher veröffentlicht werden, als bis dieselben in öffentlicher Verhandlung kundgegeben worden sind oder das Verfahren sein Ende erreicht hat."

Allgemeines.

Die §§ 17, 18 Abs. 1 Nr. 1 des Preßgesetzes regeln nicht wie die in §§ 6ff. enthaltenen Bestimmungen die äußere Ordnung der Presse, sondern beziehen sich auf den Inhalt der Preßerzeugnisse; sie machen die Strafbarkeit der Veröffentlichung von dem Gegenstande abhängig.

Die Strafbestimmung wegen vorzeitiger Veröffentlichung einer Anklageschrift oder anderer amtlicher Schriftstücke eines Strafprozesses richtet sich daher nicht nur gegen den verantwortlichen Redakteur, Drucker und Verleger, sondern gegen jedermann, welcher die vorzeitige Veröffentlichung dadurch ermöglicht und herbeigeführt hat, daß er die Anklageschrift usw. mit dem Willen, daß sie als Schriftstück Aufnahme und öffentliche Verbreitung in einem Preßerzeugnis finde, an die mit dessen Herstellung befaßten Personen überlassen hat. Es finden bei der Strafbestimmung der in Rede stehenden Paragraphen die allgemeinen Regeln über Täterschaft und Teilnahme statt. RGSt. v. 30. Oktober 1907, Bd. 40 S. 360.

Hierzu:

1. Gesetz, betreffend die unter Ausschluß der Öffentlichkeit stattfindenden Gerichtsverhandlungen, vom 5. April 1888 (RGBl. S. 133), welches in Art. III bestimmt:

„Soweit bei einer Gerichtsverhandlung die Öffentlichkeit wegen Gefährdung der Staatssicherheit ausgeschlossen war, dürfen Berichte über die Verhandlung durch die Presse nicht veröffentlicht werden. Das gleiche gilt auch nach der Beendigung des Verfahrens in betreff der Veröffentlichung der Anklageschrift oder anderer amtlicher Schriftstücke des Prozesses.

Zuwiderhandlungen unterliegen der im Art. II bestimmten Strafe (Geldstrafe bis zu 1000 Reichsmark oder Haft oder Gefängnis bis zu 6 Monaten)."

Wegen Gefährdung der öffentlichen Sicherheit wird in der Regel, ganz oder teilweise, die Öffentlichkeit der Gerichtsverhandlung in Hoch- und Landesverratsprozessen (§§ 80ff. StGB.) ausgeschlossen.

Hochverrat: der Angriff auf den Staat in seinem inneren Bestand, mithin auf sein Dasein als Einzelwesen.

Landesverrat: der Angriff auf die äußere Sicherheit und Machtstellung des Staates, also auf den Staat in seiner Stellung innerhalb der anderen Staaten; er wird, im Gegensatz zum Hochverrat, erst möglich durch das Nebeneinanderbestehen mehrerer Gemeinwesen. Die Verbindung mit einem fremden Gemeinwesen unterscheidet den Landesverrat vom Hochverrat. Siehe Liszt, Lehrbuch des deutschen Strafrechts; s. auch Ges. v. 3. Juni 1914 (RGBl. S. 195) betreffend Verrat militärischer Geheimnisse. Siehe oben § 12.

2. § 184b des RStGB.: „Mit Geldstrafe oder mit Gefängnis bis zu sechs Monaten wird bestraft, wer aus Gerichtsverhandlungen, für welche wegen Gefährdung der Sittlichkeit die Öffentlichkeit ausgeschlossen war, oder aus den diesen Verhandlungen zugrunde liegenden amtlichen Schriftstücken öffentlich Mitteilungen macht, welche geeignet sind, Ärgernis zu erregen." Vgl. unten S. 145 über Unzüchtigkeit.

I. Anklageschrift oder andere amtliche Schriftstücke eines Strafprozesses.

Hierher gehören alle als Beweismittel dienenden Schriftstücke, als: Gutachten, Protokolle über Zeugenvernehmungen, gerichtlicher Augenschein, Verteidigungsschriften, Repliken, Privatklage, Erklärungen des Nebenklägers usf.

Es wird aber in jedem einzelnen Falle immer der Feststellung bedürfen, ob ein amtliches Schriftstück vorliegt, und zwar ein amtliches Schriftstück eines Strafprozesses.

Amtliche Schriftstücke eines Strafprozesses sind solche Schriftstücke, welche von den Personen, von denen sie herrühren, in ihrer Eigenschaft als an dem Strafverfahren auf Grund des Gesetzes Beteiligte verfaßt und abgesendet worden, sowie dazu bestimmt und geeignet sind, für das Verfahren von Bedeutung zu sein, auch tatsächlich die bestimmungsgemäße Verwendung und Behandlung gefunden haben.

Unter dem Ende des Verfahrens ist, ohne Rücksicht auf die Instanz oder Hauptverfahren oder Nebenverfahren, nur die rechtskräftige Entscheidung der Sache zu verstehen. RGSt. v. 3. Juni 1902, Bd. 35 S. 275.

RGSt. v. 5. Juli 1883, Bd. 9 S. 193: „Ein zur gerichtlichen Voruntersuchung in einem Strafprozesse erhobenes Gutachten eines Sachverständigen bildet ein amtliches Schriftstück im Sinne des § 17 des Gesetzes über die Presse."

„Einen Bestandteil des Strafprozesses bildet auch die gerichtliche Voruntersuchung. In diesem Stadium des Strafprozesses wurde zu demselben das Gutachten erhoben bzw. abgegeben, bildet somit ein amtliches Schriftstück des Strafprozesses. Der Charakter eines amtlichen Schriftstückes im Sinne des § 17 des Preßgesetzes ist daselbst nicht davon abhängig gemacht, ob für den seinerzeit die Tat aburteilenden Richter ein Zwang besteht, dasselbe seiner richterlichen Überzeugung zugrunde zu legen."

Die Veröffentlichung der Abschrift einer dem Staatsanwalte einzureichenden Anzeige ist kein Verstoß gegen § 17. RGSt. v. 30. April 1894, Bd. 25 S. 330.

Veröffentlichung einer polizeilichen Strafverfügung während der Frist zur Stellung des Antrages auf gerichtliche Entscheidung ist unzulässig. RGSt. v. 28. Januar 1896, Bd. 28.

Nach der RGSt. v. 10. Dezember 1891, Bd. 22 S. 273 ist für die Anwendbarkeit des § 17 erforderlich, „daß ein Schriftstück als solches, in seiner Eigenschaft als schriftliche Urkunde, veröffentlicht worden ist".

II. Die Anklageschrift usw. eines „Strafprozesses".

Seit dem 1. Oktober 1879 ist die Verbotsnorm des § 17 Preßgesetzes lediglich nach Maßgabe der deutschen Strafprozeßordnung auszulegen. „Nicht der äußere Name ‚öffentliche Klage' oder ‚gerichtliche Untersuchung‘, sondern lediglich die innere Natur eines bei einer Strafbehörde anhängigen, gegen bestimmte Personen wegen bestimmter Straftaten gerichteten Verfahrens ist geeignet, das entscheidende Kriterium für Dasein oder Nichtdasein ‚eines Strafprozesses‘ abzugeben. Gewinnt das staatsanwaltschaftliche oder polizeiliche Ermittlungsverfahren in der vorbezeichneten Richtung derartige feste Gliederung, daß man darin prozeßbeteiligte Subjekte und einen erkennbaren Gegenstand der Beschuldigung zu unterscheiden vermag, so wird man darin auch Modalitäten eines ‚Strafprozesses‘ erkennen müssen, ohne daß es darauf ankommen kann, ob ‚öffentliche Anklage‘ im Sinne des § 170 StPO. erhoben ist oder nicht. Nur solange diese die Klage vorbereitende Tätigkeit der Staatsanwaltschaft und Polizei sich in gänzlich formlosen Erforschungen bewegt, die keinerlei greifbaren Strafanspruch hervortreten lassen, und bei denen weder von einem förmlichen Anfange, noch, wie § 17 des Preßgesetzes voraussetzt, von einem ‚Ende‘ des Verfahrens gesprochen werden kann, wird sich mit Grund die rechtliche ‚Existenz‘ eines ‚Strafprozesses‘ bestreiten lassen. (Zu vgl. Urteil des preuß. Obertribunals v. 25. Januar 1861 in Oppenhoff, Rechtsprechung, Bd. I S. 226.)“ RGSt. v. 10. Dezember 1891, Bd. 22 S. 273.

„Die Vorschrift des § 17 des Preßgesetzes bezieht sich nicht auch auf das ehrengerichtliche Verfahren gegen Rechtsanwälte.“ RGSt. v. 3. November 1880, Bd. 3 S. 42.

III. Veröffentlichen.

Was ist unter der Veröffentlichung der Anklageschrift oder anderer amtlicher Schriftstücke eines Strafprozesses zu verstehen?

Die Veröffentlichung einer Anklageschrift oder anderer amtlicher Schriftstücke eines Strafprozesses durch die Presse, ehe dieselben in öffentlicher Verhandlung kundgegeben worden sind oder das Verfahren sein Ende erreicht hat, fällt auch dann nach Maßgabe des § 17 des Reichspreßgesetzes unter Strafe, wenn diese Schriftstücke nicht vollständig, sondern nur teilweise, wenn sie nicht ihrem Wortlaut nach, sondern in kurzen, nicht wortgetreuen Mitteilungen, endlich wenn sie auch nicht in einer sie als solche Schriftstücke oder als Teile derselben unmittelbar kenntlich machenden Weise veröffentlicht werden. Immerhin ist aber erforderlich, daß die Kundgebung in einer Art erfolgt, aus welcher ersichtlich ist, es sei ein Schriftstück als solches in seiner Eigenschaft als schriftliche Urkunde veröffentlicht worden.

Die bloße Mitteilung über eine schwebende Untersuchung, sobald sie die Tat, die Personen der Zeugen und Richter betreffen, nicht aber die Anklageschrift wiedergeben, fällt nicht unter den § 17. RGSt. v. 24. September 1894, Bd. 26 S. 79.

§ 17 setzt nicht vollständigen oder wörtlichen Abdruck des Schriftstückes voraus.

Weder nach dem Wortlaute des Gesetzes, noch nach dessen Motiven ist die Bestimmung des § 17 auf vollständigen und wörtlichen Abdruck eines amtlichen Schriftstückes beschränkt, sondern kann auch die Veröffentlichung eines Auszuges oder von Teilen aus demselben, und zwar auch bei nicht wortgetreuer Wiedergabe des Inhalts des amtlichen Schriftstückes, unter § 17 a. a. O. fallen. RGSt. v. 5. Juli 1883, Bd. 9 S. 193.

Wann ist die Anklageschrift im Sinne des § 17 des Reichspreßgesetzes als veröffentlicht anzusehen?

„Es ist nicht erforderlich, daß die Anklageschrift als ‚solche', also mit dem Worte ‚Anklageschrift' ausdrücklich bezeichnet sei. Es genügt die fast wörtliche Wiedergabe der Anklageschrift." RGSt. v. 11. Juni 1896, Bd. 28.

Die Veröffentlichung muß mittels der Presse erfolgt sein. Es kommen also nicht bloß periodische Druckschriften, sondern überhaupt jede Druckschrift im Sinne des § 2 des Preßgesetzes in Betracht (z. B. Flugblätter u. dgl.).

Was wird in § 17 des Gesetzes über die Presse v. 7. Mai 1874 unter einer Veröffentlichung „durch die Presse" verstanden?

Mit der Vorschrift in § 17 des Preßgesetzes wird, wie seine Entstehungsgeschichte unzweideutig nachweist, der Zweck verfolgt, die Unbefangenheit der bei Strafverhandlungen beteiligten Personen zu schützen (vgl. Regierungsvorlage, Drucksachen d. Reichstages I. Session 1874, Nr. 23 S. 18, Begr. zu § 18 = § 17 des Gesetzes). Der Erfolg, dem das Verbot entgegenwirken will, ist ein vorzeitiges öffentliches Bekanntwerden des Inhalts gewisser amtlicher Schriftstücke. Der Gesetzgeber will die Veröffentlichung bestimmter Gegenstände (zeitweilig) verhindern, weil er davon eine ungünstige Beeinflussung der Rechtspflege befürchtet.

In dem Gesetz über die Presse hat der Gesetzgeber die Veröffentlichung besagter Schriftstücke nur insoweit geregelt, als sie „durch die Presse" erfolgen. Die Wendung „durch die Presse" in § 17 kann nur dahin verstanden werden, daß sie lediglich das im § 2 bezeichnete Mittel, also „Druckschriften" bezeichnen, also dadurch den Geltungsbereich des § 17 bestimmen und von ihm nur Veröffentlichungen ausschließen soll, die nicht durch Druckschriften vermittelt werden, sondern auf anderer Unterlage, z. B. durch Abschriften, die mit der Hand oder mit der Schreibmaschine hergestellt worden sind. RGSt. v. 3. Juli 1913, Bd. 47 S. 243.

„Berichte über öffentliche Gerichtsverhandlungen unterliegen den allgemeinen strafrechtlichen Grundsätzen."

„Durch § 17 Preßgesetzes ist nach dem angegebenen Zeitpunkte (§ 17) der Verbreitung von Druckschriften, deren Strafbarkeit durch ihren Inhalt begründet wird (§ 20 Preßgesetzes), die Straflosigkeit zugesichert. Die Strafbarkeit der Verbreitung wird vielmehr durch die Verlesung des Preßerzeugnisses in öffentlicher Gerichtsverhandlung nicht ohne weiteres beseitigt." RGSt. v. 30. April 1928, Bd. 62 S. 145.

IV. In öffentlicher Verhandlung kundgegeben.

Öffentliche Verhandlung ist die Hauptverhandlung, die öffentlich, also nicht unter Ausschluß der Öffentlichkeit stattfindet.

Die RGSt. v. 3. Januar 1887, Bd. 15 S. 253 führt folgendes aus:

Gemeinsames Vorbild sowohl des § 48 des preußischen Preßgesetzes, wie § 17 ist Art. 10 des französischen Preßgesetzes v. 27. Juli 1849, welches verordnet:

Il est interdit de publier les actes d'accusation et aucun acte de procédure criminelle avant qu'ils aient été lus en audience publique.

Hier ist der kritische Zeitpunkt für die Freigabe der Aktenstücke eines Strafprozesses bestimmt und unzweideutig in dem Moment ihrer Verlesung in öffentlicher Gerichtssitzung gesetzt; was an Aktenstücken durch solche „öffentliche Gerichtsverhandlungen" überhaupt nicht zur öffentlichen Kenntnis, zur allgemeinen Kunde des Publikums gebracht worden ist, darf unter allen Umständen nicht publiziert werden.

Die Motive, aus denen man in der preußischen und deutschen Preßgesetzgebung von dem Wortlaute des französischen Art. 10 teilweise abgewichen ist, liegen nicht klar zutage. Aus der Entstehungsgeschichte des preußischen Preßgesetzes scheint hervorzugehen, daß man für die Fälle einer Tage und Wochen dauernden Kriminalverhandlung den Augenblick der Vorlesung der Anklageschrift usw. als Termin für den Anfang der Publikationsfreiheit noch immer für verfrüht, deshalb für bedenklich ansah und mit der Wendung „bevor die mündliche Verhandlung stattgefunden hat" das der Regel nach mit der Urteilsverkündigung zusammenfallende Ende der gesamten Hauptverhandlung als entscheidend normieren wollte.

Von diesem Standpunkte konnte man es für gleichgültig halten, ob die einmal beendigte Hauptverhandlung eine öffentliche oder nichtöffentliche gewesen. Solange die Kriminalprozedur dauerte, war ihr Gang unbedingt vor jeder Einmischung der Presse durch ungehörige Publikationen geschützt. Das deutsche Reichspreßgesetz hat zwar die Schlagworte „oder das Verfahren sein Ende erreicht hat" dem § 48 des preußischen Preßgesetzes entlehnt, im übrigen aber sich darin wieder der Fassung des französischen Preßgesetzes genähert, daß auch während der Dauer einer Hauptverhandlung die Veröffentlichung amtlicher Schriftstücke des fraglichen Strafprozesses erlaubt sein soll, falls dieselben bereits in öffentlicher Verhandlung kundgegeben worden sind. Damit ist aber das Preßgesetz v. 7. Mai 1874 auch wieder zu der schon oben charakterisierten Tendenz des französischen Preßgesetzes zurückgekehrt, welches die Veröffentlichung der Anklageschrift und sonstiger Aktenstücke eines Strafprozesses mittels der Presse während der Dauer des Strafprozesses nur dann und unter der Bedingung gestattet, daß dieselben ohnehin durch ihre Veröffentlichung in der Gerichtsverhandlung Gemeingut des Publikums geworden sind. Hat eine derartige Veröffentlichung überhaupt nicht stattgefunden, weil überhaupt nicht öffentlich verhandelt worden ist, so sind nach Art. 10 des französischen Preßgesetzes die fraglichen Schriftstücke der Publikationsbefugnis schlechthin, nach § 17 a. E. des deutschen Preßgesetzes jedenfalls bis dahin entzogen, daß „das Verfahren" sein Ende erreicht hat. Ohne Interesse ist es dabei, zu untersuchen, weshalb der Beginn der fraglichen Publikationsfreiheit hiernach für öffentliche Gerichtsverhandlungen eine andere ist als für nicht öffentliche, und ob sich durch die Veröffentlichung eines in nicht öffentlicher Verhandlung bereits kundgegebenen Aktenstückes noch eine unstatthafte Beeinflussung des Ganges denken läßt. RGSt. v. 3. Januar 1887, Bd. 15 S. 253.

„Wann ist die Anklageschrift im Sinne des § 17 des Preßgesetzes als kundgegeben anzusehen?"

„Die im § 17 verlangte Kundgabe muß das Schriftstück als solches betreffen, muß erkennbar machen, daß das Schriftstück den mitgeteilten Inhalt hat."

„Selbstverständlich jedoch muß die Bekanntgabe immer in prozeßordnungsmäßiger Weise, also entweder durch den Vorsitzenden oder mit dessen Zulassung erfolgt sein, da nur er — je nach Umständen unter Mitwirkung des Gerichtes — zu bestimmen hat, welche Schriftstücke kundgegeben werden dürfen." RGSt. v. 4. Juni 1896, Bd. 28.

Von Interesse ist auch die RGSt. v. 27. September 1886, Bd. 14 S. 340. Der § 17 verbietet die Veröffentlichung der Anklageschrift oder anderer amtlicher Schriftstücke eines Strafprozesses durch die Presse, bevor nicht dieselben in öffentlicher Verhandlung kundgegeben worden sind oder das Verfahren sein Ende erreicht hat. Insoweit hierbei die Kundgebung in öffentlicher Verhandlung in Frage kommt, ist dieselbe vom Gesetze nur als die zeitige Grenze für die Geltung des Verbots der Veröffentlichung aufgestellt, keineswegs aber das Verbot inhaltlich auf die Veröffentlichung von Schriftstücken beschränkt, deren Kundgebung in öffentlicher Sitzung stattzufinden hat. Unterbleibt eine solche Kundgebung in der Hauptverhandlung hinsichtlich eines amtlichen Schriftstückes eines Strafprozesses nach positiv gesetzlicher Bestimmung oder nach der konkreten Gestaltung des einzelnen Falles, so folgt daraus nur, daß die Veröffentlichung desselben durch die Presse schlechthin bis zur Beendigung des Verfahrens zu unterlassen ist, nicht aber, daß das Verbot auf die Veröffentlichung desselben sich überhaupt nicht bezieht. Der Umstand, daß nach den Vorschriften der Strafprozeßordnung eine Verlesung oder Kundgebung der Anklageschrift in der Hauptverhandlung nicht geschehen darf, hat daher nur die Wirkung, daß jede Veröffentlichung der Anklageschrift durch die Presse, welche vor der Beendigung des Verfahrens geschieht, unter das Verbot des § 17 und die Strafbestimmung des § 18 des Preßgesetzes fällt. Der Zweck, welchen der § 17 verfolgt, besteht in dem Schutze der Unbefangenheit der bei Strafverhandlungen beteiligten Personen.

Wir haben also nach dem Wortlaute des Gesetzes zu unterscheiden, daß erstens die Anklageschrift usw. in öffentlicher Verhandlung kundgegeben ist oder zweitens das Verfahren sein Ende erreicht hat.

Die Verhandlung muß eine öffentliche gewesen sein, in der die im § 17 bezeichneten Schriftstücke kundgegeben worden sind. Sind dieselben in nicht öffentlicher Verhandlung kundgegeben worden, dann dürfen sie durch die Presse erst veröffentlicht werden, wenn das Verfahren sein Ende erreicht hat.

Die zweite Bestimmung tritt daher in Wirkung, wenn es überhaupt zu keiner Hauptverhandlung gekommen ist oder die Hauptverhandlung ganz oder teilweise unter Ausschluß der Öffentlichkeit stattgefunden hat, im letzteren Falle soweit die Öffentlichkeit ausgeschlossen gewesen ist. Zum Schluß sei noch bemerkt, daß es sich hier immer um Veröffentlichungen handelt, die ihrem Inhalt nach unbedenklich statthaft sind. Ist der Inhalt einer Veröffentlichung durch die Presse ein strafbarer, so wird die Strafbarkeit der Veröffentlichung nicht dadurch beseitigt, daß dieselbe einen Bericht über das vor Gericht Verhandelte darstellt, woselbst das Berichtete in öffentlicher Verhandlung kundgegeben worden ist. Es würde ja sonst eine strafbare Handlung, die Gegenstand des Strafprozesses ist, mittels Veröffentlichung von neuem begangen werden können, ihre strafrechtliche Verfolgung aber durch § 17 ausgeschlossen werden. Es bleibt vielmehr auch nach Ablauf der für Veröffentlichung von amtlichen Schriftstücken eines Strafprozesses gesetzten Zeitpunkte die Veröffentlichung eine strafbare, wenn das Schriftstück strafbaren Inhaltes ist, wie in der Entscheidung des Obertribunals v. 27. September 1876 ausdrücklich hervorgehoben worden ist.

Für die Verletzung des § 17 ist jeder verantwortlich, der die vorzeitige Veröffentlichung einer Anklageschrift usw. veranlaßt, also Redakteur, Verleger, Drucker, Berichterstatter, Einsender.

„Die Verurteilung aus §§ 17, 18 Nr. 1 des Gesetzes über die Presse v. 7. Mai 1874 wegen vorzeitiger Veröffentlichung der Anklageschrift eines Strafprozesses durch die Presse nach dem Grundsatze ‚ne bis in idem' wird dadurch nicht ausgeschlossen, daß der Angeklagte wegen Veröffentlichung der nämlichen Anklageschrift durch ein anderes Preßorgan bereits rechtskräftig zu Strafe verurteilt worden ist.

Das Vergehen gegen § 17 des Preßgesetzes wird begangen und vollendet durch die Tatsache der verbotswidrig geschehenen Veröffentlichung. Erfolgt dieses mehrfach selbständig durch eine Mehrzahl von an verschiedenen Orten erscheinenden Preßorganen, so ist mit jeder dieser Veröffentlichungen die Straftat selbständig konsumiert. Identität der Tat liegt daher bei den verschiedenen Veröffentlichungen nicht vor und die Bestrafung wegen eines solchergestalt begangenen Deliktes ist nicht geeignet, die Bestrafung wegen des durch eine selbständige neue Tat begangenen gleichen Delikts auszuschließen." RGSt. v. 27. September 1886, Bd. 14 S. 342.

„Zur Strafverhängung aus § 17 des Preßgesetzes genügt nicht die Tatsache, daß ein Schriftstück eines Strafprozesses vorzeitig durch die Presse verbreitet worden ist, es ist auch der Nachweis eines subjektiven Verschuldens des Verbreiters (dolus) erforderlich." RGSt. v. 10. Dezember 1883, Bd. 9 S. 269. Die strafbare Handlung kann also hier nur vorsätzlich geschehen. Sie wird nach § 18 Ziff. 1 mit Geldstrafe bis zu 1000 Reichsmark oder mit Haft oder mit Gefängnis bis zu sechs Monaten bestraft, ist demnach Vergehen.

Im Unterschied hiervon bleiben nach § 12 des Reichsstrafgesetzbuches wahrheitsgetreue Berichte über Verhandlungen eines Landtages oder einer Kammer eines zum Reiche gehörigen Staates von jeder Verantwortlichkeit frei (straffrei).

Art. 30 der Reichsverfassung v. 11. August 1919 bestimmt: „Wahrheitsgetreue Berichte über die Verhandlungen in den öffentlichen Sitzungen des Reichstags, eines Landtags oder ihrer Ausschüsse bleiben von jeder Verantwortlichkeit frei."

Hierzu RGSt. v. 6. November 1888, Bd. 18 S. 207. „Was ist unter wahrheitsgetreuen Berichten über Verhandlungen des Reichstages bzw. eines Landtages zu verstehen?"

„Wahrheitsgetreu sind zunächst solche Berichte, die mit den berichteten Hergängen übereinstimmen."

„Berichte sind erzählende Darstellungen eines historischen Vorganges in seinem wesentlichen Verlaufe."

„Nur diese schützt das Gesetz, nicht also einzelne, aus dem Zusammenhang herausgerissene, wenn auch an sich wortgetreue Äußerungen, nicht eigene Betrachtungen des Berichterstatters, „Räsonnements über das Verhandelte".

Das Gesetz schützt ferner nur Berichte über „Verhandlungen". Es ergibt sich schon aus diesem Wortlaut, „daß Reden einzelner Abgeordneten an sich nicht geschützt sein sollen".

„Unter den Berichten über die Verhandlungen sind die ‚gesamten Debatten' zu verstehen. Die Verhandlungen einer parlamentarischen Körperschaft bestehen nicht in voneinander unabhängigen Reden ihrer Mitglieder, sondern setzen sich aus den Vorlagen oder Anträgen, den für oder wider dieselben gehaltenen Reden der Abgeordneten und der Regierungsvertreter, der ordnend eingreifenden Tätigkeit des Präsidenten und den Abstimmungen zusammen. Die Wiedergabe einer einzelnen Rede gewährt ein Bild nur von der Leistung des Redners, nicht von der Verhandlung, die die Körperschaft gepflogen."

Siehe auch oben § 12 A.

III. Das Preßstrafrecht.

§ 14.

Allgemeines.

Im II. Abschnitt sind die gesetzlichen Bestimmungen erörtert worden, denen die Druckschriften aus ordnungspolizeilichen Gründen unterworfen sind, indem ohne Rücksicht auf den Inhalt selbst bestimmte Formalitäten und ähnliches beobachtet werden müssen.

Das Preßstrafrecht dagegen befaßt sich mit dem Inhalt einer Druckschrift, untersuchend, ob durch den Inhalt selbst eine strafbare Handlung begangen worden ist. Das Preßstrafrecht ist daher der Inbegriff der Rechtssätze, durch welche die Sühne für Preßvergehen geregelt ist, für „die durch die Presse begangenen strafbaren Handlungen". Gegenstand des Preßstrafrechts kann nur eine strafbare Handlung sein, die durch den Inhalt einer Druckschrift begangen ist. Zum Wesen einer solchen gehört u. a. die Gedankenäußerung. Darin muß die strafbare Handlung enthalten sein. v. Liszt spricht von „normwidriger Gedankenäußerung" und nennt Preßvergehen: normwidrige Gedankenäußerung in Druckschriften. Um eine solche Gedankenäußerung zum Gegenstande eines Strafprozesses zu machen, ist weiterhin erforderlich, daß die Druckschrift veröffentlicht worden ist, d. h. der Kenntnisnahme einer unbegrenzten Zahl von Personen (dem „Publikum", vgl. § 3 des Preßgesetzes) zugänglich ist. Es ist, um überhaupt von einem Preßdelikte reden zu können, das Merkmal der Öffentlichkeit eine wesentliche Voraussetzung. Demnach gehören zwei Begriffsmerkmale dazu, um eine strafbare Handlung als durch die Presse begangen zu bezeichnen: a) die Feststellung einer normwidrigen Gedankenäußerung in einer Druckschrift, (durch Herstellung der letzteren) und b) die Veröffentlichung der Druckschrift. Wenn daher § 20 des Preßgesetzes von Handlungen spricht, deren „Strafbarkeit durch den Inhalt einer Druckschrift begründet wird", so soll damit gesagt sein, daß zu einer in einer Druckschrift niedergelegten normwidrigen Gedankenäußerung deren Veröffentlichung hinzukommen muß, soll das Preßvergehen vollendet sein. S. auch S. 148, 149.

Die Zuständigkeit der Gerichte in Preßstrafsachen.

Die sachliche und örtliche Zuständigkeit der Gerichte richtet sich nach den allgemeinen Vorschriften für Strafsachen. Es kommen daher §§ 24—29, 60, 73, 74, 76, 77, 78, 130, 131, 134, 135, 137—139 des GVG. in Betracht. Wenn nun § 29 Abs. 1 des Preßgesetzes sagt: „Zur Entscheidung über die durch die Presse begangenen Übertretungen sind die Gerichte auch in denjenigen Bundesstaaten ausschließlich zuständig, wo zurzeit noch deren Aburteilung den Verwaltungsbehörden zusteht", so ist diese Bestimmung gemäß § 3 des Einführungsgesetzes zur Strafprozeßordnung v. 1. Februar 1877 noch in Geltung, indem die Entscheidung über die durch die Presse begangenen Übertretungen (d. h. Übertretungen und Vergehen) nur den Gerichten zusteht, nicht also mittels polizeilicher Strafverfügung getroffen werden kann; im übrigen aber sind an ihre Stelle die §§ 12 und 13 des Gerichtsverfassungsgesetzes v. 27. Januar 1877 in der Fassung der Bekanntmachung v. 22. März 1924 getreten, ebenso wie Abs. 2 des § 29 des Preßgesetzes durch §§ 142, 143 des Gerichtsverfassungsgesetzes gegenstandslos geworden ist.

Nach § 6 des Einführungsgesetzes zum Gerichtsverfassungsgesetz bleiben die bestehenden landesgesetzlichen Vorschriften über die Zuständigkeit der Schwurgerichte für die durch die Presse begangenen strafbaren Handlungen unberührt. Diese Bestimmung hat natürlich keine Anwendung auf die Fälle, in welchen das Reichsgericht schon in erster Instanz zuständig ist.

Solche landesgesetzliche Bestimmungen bestehen z. B. in Bayern (Ausführungsgesetz z. Gerichts-Verf.-Ges. v. 23. Februar 1879), Baden (Ges. betr. die Einführung der Reichsjustizgesetze v. 3. März 1879), Württemberg (Ausf.-Ges. zum Ger.-Verf.-Ges. v. 24. Januar 1879).

Für die örtliche Zuständigkeit sind die entsprechenden Bestimmungen der Strafprozeßordnung maßgebend:

§ 7 der Reichsstrafprozeßordnung v. 1. Februar 1877 (Siehe Bekanntmachung der Texte des Gerichtsverfassungsgesetzes und der Strafprozeßordnung v. 22. März 1924, RGBl. I S. 299, wonach auf Grund des § 43 der Verordnung über Gerichtsverfassung und Strafrechtspflege v. 4. Januar 1924, RGBl. I S. 15, die Texte 1. des Gerichsverfassungsgesetzes, 2. der Strafprozeßordnung in der v. 1. April 1924 geltenden Fassung bekanntgemacht werden): „Der Gerichtsstand ist bei demjenigen Gerichte begründet, in dessen Bezirk die strafbare Handlung begangen ist."

„Wird der Tatbestand der strafbaren Handlung durch den Inhalt einer im Inlande erschienenen Druckschrift begründet, so ist als das nach Abs. 1 zuständige Gericht nur dasjenige Gericht anzusehen, in dessen Bezirk die Druckschrift erschienen ist. Jedoch ist in den Fällen der Beleidigung, sofern die Verfolgung im Wege der Privatklage stattfindet, auch das Gericht, in dessen Bezirk die Druckschrift verbreitet worden ist, zuständig, wenn in diesem Bezirk die beleidigte Person ihren Wohnsitz oder gewöhnlichen Aufenthalt hat." (Die Fassung des § 7, d. h. die Hinzufügung des Abs. 2 beruht auf dem RG. v. 13. Juni 1902 [RGBl. S. 227].)

Das Wort „Druckschrift" ist im Sinne des Reichspreßgesetzes aufzufassen.

In Löwe-Rosenbergs Kommentar der Strafprozeßordnung, 15. Auflage, 1922, S. 62 wird hierzu folgendes ausgeführt: „Der Absatz 2 ist hinzugefügt, um die Klagen über den sogenannten ‚fliegenden Gerichtsstand der Presse' zu beseitigen."

„Der Gerichtsstand der begangenen Tat wird hiernach von Abs. 2 betroffen, die sonstigen Vorschriften der StPO. über den Gerichtsstand bleiben unberührt. Insbesondere ist der Gerichtsstand des Wohnsitzes (§ 8) auch bei Preßdelikten allgemein anwendbar."

„Die Vorschrift des Abs. 2 ist auf die im Inlande erschienenen Druckschriften beschränkt. Hinsichtlich der im Auslande erschienenen Druckschriften ist es daher dabei geblieben, daß für die durch ihren Inhalt begangenen strafbaren Handlungen ein Gerichtsstand an jedem Orte der Verbreitung der Druckschrift begründet ist. Hinsichtlich der strafbaren Handlung ist in der Vorschrift kein Unterschied gemacht; dies bezieht sich daher sowohl auf die Delikte des gemeinen Rechts, wie auf die eigentlichen Preßdelikte, soweit ihr Tatbestand durch den Inhalt einer Druckschrift begründet werden kann."

„Inhalt (einer Druckschrift): siehe § 21 des Reichspreßgesetzes und § 41 Abs. 1 des Reichsstrafgesetzbuches (siehe oben § 11): Die Eingangsworte des Abs. 1 haben genau denselben Sinn wie die fast gleichlautenden Eingangsworte des § 21 usw. Daher ist es nicht notwendig, daß der Inhalt der Druckschrift für sich allein den Tatbestand einer strafbaren Handlung — z. B. eines Vergehens nach § 186 RStGB. — begründet. Die Vorschrift des Abs. 1 kommt vielmehr auch dann zur Anwendung, wenn der Inhalt der Druckschrift erst in Verbindung mit einem anderen Merkmal (Verbreiten, Verkündigen, Anpreisen) den Tatbestand einer strafbaren Handlung — z. B. eines Vergehens nach § 184 Ziffer 1 StGB. — erfüllt."

„Wird die bereits erschienene Druckschrift nur als Mittel zur Begehung einer neuen selbständigen Straftat benutzt, so kommen hinsichtlich des Gerichtsstandes die allgemeinen Grundsätze zur Anwendung."

Zum Verbot einer periodischen Druckschrift nach § 21 des Gesetzes zum Schutze der Republik v. 21. Juli 1922 (RGBl. I S. 585) muß angenommen werden, daß die Bestimmung des § 7 Abs. 2 Strafprozeßordnung, wonach eine ausschließliche Zuständigkeit für das Gericht bestimmt worden ist, in dessen Bezirk die Druckschrift erschienen ist, als ein sachgemäßer Bestandteil der in den §§ 21, 17 des Gesetzes zum Schutze der Republik geschaffenen Ordnung zu gelten hat, wenn sie hier auch nicht ausdrücklich genannt ist (Zuständigkeit zur Erlassung eines Verbots einer periodischen Druckschrift nach § 21 des Gesetzes zum Schutze der Republik). Es ist für die Beantwortung der Zuständigkeit unverkennbar die Ähnlichkeit der Sachlage bei der strafrechtlichen Verfolgung wegen Preßvergehen. Hier ist nach längerem Bestehen eines anderen Rechtszustandes durch § 7 Abs. 2 StPO. eine ausschließliche Zuständigkeit für das Gericht bestimmt worden, in dessen Bezirk die Druckschrift erschienen ist. RGSt. v. 9. März 1923, Bd. 57 S. 137.

§ 8 StPO.: „Der Gerichtsstand ist auch bei dem Gerichte begründet, in dessen Bezirk der Angeschuldigte zur Zeit der Erhebung der Klage seinen Wohnsitz hat."

„Hat der Angeschuldigte einen Wohnsitz im Deutschen Reich nicht, so wird der Gerichtsstand auch durch den gewöhnlichen Aufenthaltsort und, wenn ein solcher nicht bekannt ist, durch den letzten Wohnsitz bestimmt."

Wohnsitz ist der Ort, welcher als der Mittelpunkt der wirtschaftlichen und privatrechtlichen Tätigkeit einer Person erscheint.

Vgl. auch §§ 8—21 der Strafprozeßordnung.

Wegen des Verfahrens s. auch § 29 des Preßgesetzes. Im übrigen gelten hierfür die strafprozessualen Vorschriften, ebenso für die Zeugnispflicht.

§ 15.

Die besonderen Bestimmungen für Preßdelikte.

I. § 20 des Preßgesetzes: „Die Verantwortlichkeit für Handlungen, deren Strafbarkeit durch den Inhalt einer Druckschrift begründet wird, bestimmt sich nach den bestehenden allgemeinen Strafgesetzen.

Ist die Druckschrift eine periodische, so ist der verantwortliche Redakteur als Täter zu bestrafen, wenn nicht durch besondere Umstände die Annahme seiner Täterschaft ausgeschlossen wird."

Die Stellung und die Pflichten des verantwortlichen Redakteurs einer periodischen Druckschrift wird in den §§ 7, 8, 10, 11, 20 des Preßgesetzes v. 7. Mai 1874 näher bestimmt und begrenzt. Danach liegt ihm die Pflicht ob, unter gewissen Voraussetzungen amtliche Bekanntmachungen und tatsächliche Berichtigungen in das Blatt aufzunehmen, und hat er für den Inhalt der Druckschrift einzustehen, insofern er für Handlungen verantwortlich wird, deren Strafbarkeit durch den Inhalt der Druckschrift begründet ist; er ist es, dem infolge dieser Verantwortlichkeit die Oberaufsicht über die gesamten Redaktionsgeschäfte obliegt, jedoch nur in bezug auf etwaige strafrechtliche Bedeutung des Inhalts. Diese Stellung gebührt ihm auch dem Eigentümer und Verleger des Blattes gegenüber. Allein über diese Pflichten hinaus ist das Gesetz nicht gegangen und hat ihn insbesondere nicht verbindlich gemacht für Handlungen, deren Strafbarkeit durch andere Umstände als durch den Inhalt der Druckschrift bedingt wird. Er kann für dieselbe nach allgemeinen Rechtsgrundsätzen, nicht aber wegen seiner Stellung als verantwortlicher Redakteur haftbar gemacht werden. So hat nicht er, sondern der Verleger des Blattes Zuwiderhandlungen gegen die die Ordnung der Presse (§§ 6ff. des Preßgesetzes) regelnden Vorschriften zu vertreten. RGSt. Bd. 20 S. 430.

Hierbei sei auch auf die Bestimmungen des Handelsgesetzbuches v. 10. Mai 1897 in §§ 203, 313 in Verbindung mit § 186 (in dem Kapitel über Aktiengesellschaften) hingewiesen.

A. Das durch eine Druckschrift begangene Preßdelikt.

Der § 20 Abs. 1 kann nur dann Anwendung finden, wenn der Inhalt einer Druckschrift objektiv Strafbares enthält, so daß das Preßvergehen von jedermann begangen ist, welcher die Druckschrift veröffentlicht. Ein Preßvergehen liegt nach dem Erkenntnis des pr. Obertribunals v. 21. Juni 1877 nicht vor, wenn die Druckschrift nur wegen der persönlichen Stellung des Einsenders oder Verfassers, z. B. als Beamter, Geistlicher usw., gegen denselben zum Gegenstande einer Anklage wegen Verletzung einer besonderen gerade ihm obliegenden Verpflichtung gemacht werden kann. (Kloeppel, Reichspreßrecht, S. 375.)

RGSt. v. 23. Dezember 1881, Bd. 5 S. 354:

„Voraussetzung für das Preßdelikt ist, daß der Inhalt der Druckschrift den Tatbestand einer strafbaren Handlung begründet, daß es sich also nicht um eine Übertretung preßpolizeilicher Vorschriften handelt, daß aber die strafbare Handlung durch Verbreitung der Druckschrift begangen ist. Auf diesen Ausgangspunkt der ganzen Disposition ist mit den Eingangsworten: begründet der Inhalt einer Druckschrift den Tatbestand einer strafbaren Handlung hingewiesen. Der Verbreitung der Druckschrift als eines notwendigen Merkmals ist nicht besonders gedacht, weil die Verbreitung überhaupt ein wesentliches Moment im Tatbestande derjenigen Preßdelikte ist, welche in strafgesetzwidriger Gedankenäußerung bestehen."

Zu den strafbaren Handlungen gehören nicht bloß die Verbrechen, Vergehen und Übertretungen, sondern auch die durch Polizeiverordnungen mit Strafe bedrohten Handlungen, wie das Kammergericht am 21. Dezember 1891 entschieden hat.

Die bestehenden allgemeinen Strafgesetze.

Unter den „bestehenden" allgemeinen Strafgesetzen sind die jeweilig bestehenden zu verstehen. Ob sie bereits vor dem Inkrafttreten des Preßgesetzes bestanden haben oder erst später erlassen worden sind, ist ohne Einfluß. Ebenso ist es ohne Unterschied, ob die Strafgesetze Reichs- oder Landesgesetze sind. Für alle diese Gesetze ist aber notwendige Voraussetzung, daß sie jedermann verpflichten, nicht bloß einzelne Teile der Bevölkerung.

In erster Linie kommen daher die Bestimmungen des Reichsstrafgesetzbuches in Betracht, insbesondere auch die allgemeinen Bestimmungen des ersten Teiles desselben, z. B. über Täterschaft, Teilnahme, Anstiftung usf.

Im Unterschied zu § 21 des Preßgesetzes handelt § 20 l. c. von dem dolos, vorsätzlich begangenen Preßdelikt.

Wer für das nach § 20 Abs. 1 strafbare Preßdelikt zur Verantwortung zu ziehen ist, bedarf in jedem Falle der besonderen Feststellung. Es kann der Verfasser des strafbaren Inhalts einer Druckschrift sein, ebenso auch der Herausgeber, allein oder zusammen mit dem Verfasser (Mittäterschaft), als Täter in Betracht kommen; ferner der Drucker, Verbreiter. Es kommen als Täter nicht bloß die im § 21 des Preßgesetzes bezeichneten Personen, sondern auch außerhalb dieses Kreises stehende in Frage, sofern sie die Schuld für das Preßdelikt trifft.

Kloeppel spricht sich hierüber in klarer Fassung folgendermaßen aus:

„Nach dem Begriffe der Tat des Preßvergehens ist Täter derjenige, welcher die Veröffentlichung einer Druckschrift strafbaren Inhalts schuldhaft verursacht hat. Bei der nicht periodischen Druckschrift ist dies der Verleger oder wer sie im Selbstvertriebe veröffentlicht, wenn er den strafbaren Inhalt kennt, der Verfasser, Herausgeber und jeder andere, der mit Kenntnis des Inhalts die Schrift zur Veröffentlichung bestimmt, wenn sie zufolge dieser Bestimmung als Druckschrift veröffentlicht wird. Der Verfasser ist als solcher allein niemals und neben dem Herausgeber nur dann Täter, wenn er diesem die Schrift zur Veröffentlichung unter der Bedingung unveränderten Abdrucks übergeben hat, oder der Herausgeber nach den Umständen der Übergabe annehmen konnte und mußte, daß sie ihm nur unter dieser Voraussetzung übergeben werde. Dies wird aber bei vollständig ausgearbeiteten Schriften, welche der Verfasser wegen Abwesenheit oder als Bestandteil eines Sammelwerkes einem andern zur Herausgabe aushändigt oder übersendet, so lange anzunehmen sein, als nicht dem Herausgeber die Befugnis, nach seinem Ermessen Änderungen vorzunehmen, ausdrücklich oder nach der aus den Umständen zu entnehmenden Absicht eingeräumt ist. Überall aber, wo der Herausgeber sich diese Befugnis zuschreiben konnte und mußte, ist neben ihm der Verfasser nicht wegen bloßen Vorsatzes als Täter verantwortlich zu machen; und ebensowenig der Drucker, der nicht zugleich Verleger ist, auch wenn er den strafbaren Inhalt der Druckschrift gekannt hat. Unter der gleichen Voraussetzung wie der Verleger macht sich endlich derjenige des Preßvergehens schuldig, welcher eine Druckschrift strafbaren Inhalts, mag sie veröffentlicht oder noch nicht veröffentlicht sein, verbreitet, d. h. einzelne Abdrücke einer unbestimmten Vielheit von Personen zugänglich macht. Da der Begriff des Preßvergehens eine Mehrheit selbständiger Täter nicht ausschließt, so ist die Täterschaft mehrerer Personen nach den dargelegten Voraussetzungen für jede derselben besonders und unabhängig von der Tätigkeit der übrigen festzustellen, solange nicht die begrifflichen Voraussetzungen der Teilnahme gegeben sind."

In einem anderen Kapitel führt Kloeppel aus:

„Die Bestimmung der Verantwortlichkeit für Preßvergehen nach den allgemeinen Strafgesetzen schließt auch die Anwendung der Grundsätze über Teilnahme (§§ 45 bis 46 Strafgesetzbuch) ein. Jede Teilnahme an der Straftat eines anderen aber setzt notwendig die auf ihren verletzenden Erfolg gerichtete Absicht voraus, die bei Preßvergehen niemals aus der bloßen Kenntnis des veröffentlichten Gedankeninhalts gefolgert, also auch gegen den verantwortlichen Redakteur nicht auf Grund des § 20 Abs. 2 des Reichspreßgesetzes festgestellt werden kann.

Da ferner die Handlung, durch welche das Preßvergehen ausgeführt wird, nur durch denjenigen begangen werden kann, welcher die Druckschrift erscheinen läßt, so ist auch eine gemeinschaftliche Ausführung (§ 47 des Strafgesetzbuchs) des Preßvergehens nur im Wege einer bestimmenden Einwirkung auf diese Handlung denkbar, die auch bei Feststellung des bloßen Vorsatzes zur Begründung der Täterschaft ausreicht. Die Feststellung der Absicht ändert also an dem Verhältnisse der Täterschaft nichts, es kann niemand Mittäter sein, der nicht auch unabhängig von der Tat eines anderen als Täter zu erachten wäre, so daß der Begriff des Mittäters für das Preßvergehen ohne Bedeutung ist. Weiter ist nicht nur für den Verleger und wer die Druckschrift im Selbstvertriebe erscheinen läßt, sondern auch für diejenigen, deren Täterschaft nur in der Bestimmung zur Veröffentlichung der Schrift eines anderen (Herausgeber und Redakteur) oder der Verbreitung einer hergestellten Druckschrift besteht, sowohl das Verhältnis der Anstiftung (§ 48 StGB.) wie das der Beihilfe (§ 49 a. a. O.) ausgeschlossen. Verfasser und Einsender können nicht Anstifter des Preßvergehens sein, da ihre bestimmende Einwirkung auf die Veröffentlichung sie schon zu Tätern macht, wohl aber nur Gehilfen sein; dagegen ist Anstiftung des Verfassers oder Einsenders möglich.

Gehilfe endlich kann jeder sein, der fremde Gedanken zum Zwecke der Veröffentlichung niederschreibt oder irgendwie zur Herstellung des Körpers der Druckschrift mitwirkt, also nicht nur der Drucker im Sinne des Unternehmers oder Betriebsleiters, sondern auch jeder, der im Druckereibetriebe beschäftigt ist, vorausgesetzt nur, daß ihre auf den strafbaren Erfolg gerichtete Absicht wirklich festgestellt werden kann, in welchem Falle sie bei mangelnder Kenntnis des Verlegers oder Redakteurs selbst Täter werden können." —

Zum Schluß sei noch hingewiesen auf die allgemeine Verfügung des Justizministers v. 14. Dezember 1927 (JMBl. S. 426),

18. Juli 1928 (JMBl. S. 361) und v. 21. Juli 1928 (JMBl. S. 369) über die Behandlung von Preßstrafsachen.

B. Das durch eine periodische Druckschrift begangene Preßdelikt.

Der § 20 Abs. 1 des Preßgesetzes gilt für alle Druckschriften im Sinne des Preßgesetzes, demnach auch für periodische Druckschriften. Für letztere enthält aber der genannte Paragraph in Abs. 2 noch eine besondere Vorschrift, indem bei diesen Druckschriften der verantwortliche Redakteur als Täter zu bestrafen ist, wenn nicht durch besondere Umstände die Annahme seiner Täterschaft ausgeschlossen wird.

Das Motiv zu dieser den verantwortlichen Redakteur besonders verpflichtenden Bestimmung ist gerade wie für die im § 7 enthaltene Vorschrift in der großen Macht der periodischen Druckschrift zu suchen, eine Macht, welche, auf der Öffentlichkeit und der Verbreitung der Presse basierend, durch die besondere strafrechtliche Handlung des verantwortlichen Redakteurs zwecks Verhütung bzw. Ahndung des Mißbrauches dieser Macht paralysiert werden mußte, da ja bei Preßvergehen die Tätigkeit einer bestimmten Person nachzuweisen mit Schwierigkeiten verknüpft ist.

Der verantwortliche Redakteur wird „als" Täter bestraft. Daraus ergibt sich die Folgerung, daß seine Bestrafung aus § 20 Abs. 2 nur dann eintreten kann, wenn er nicht selbst der Täter, d. h. der Urheber, der Verfasser der zur Veröffentlichung gelangten strafbaren Gedankenäußerung ist, da in diesem Falle Abs. 1 a. a. O. in Anwendung kommen muß. Natürlich bleibt ungeachtet der strafrechtlichen Haftung des verantwortlichen Redakteurs es unbenommen, auch den Verfasser des inkriminierten Artikels zur Rechenschaft zu ziehen. Die Begriffe der Täterschaft, Mittäterschaft usw. finden ungeachtet der Bestimmung des § 20 Abs. 2 volle Anwendung.

Die Rechtsanschauungen über die durch diese Bestimmung geschaffene Stellung des verantwortlichen Redakteurs sind verschiedene. Es sind darüber mehrere Systeme aufgestellt worden. Von praktischer Bedeutung ist die Auffassung, welche das höchste Gericht, das Reichsgericht, zum Ausdruck bringt. In dem Beschluß der vereinigten Strafsenate v. 6. Juni 1891 heißt es: „Der Abs. 2 enthält nur eine Beweisvermutung und eine Abweichung von den allgemeinen strafprozessualen Grundsätzen der freien Beweiswürdigung. Wer die Stellung eines verantwortlichen Redakteurs einer periodischen Druckschrift übernommen und in dieser Eigenschaft das Erscheinen derartiger Preßerzeugnisse veranlaßt hat, der hat die Vermutung mit seinem Wissen und Willen geschehener Veröffentlichung des gesamten Inhalts der Druckschrift stets dergestalt gegen sich, daß diese Vermutung als gesetzliche Regel so lange gegen ihn streiten soll, bis sie durch besondere Umstände als ausnahmsweise im Einzelfalle nicht zutreffend besonders entkräftet wird. Der Abs. 2 bezweckt keineswegs den im Abs. 1 vorangestellten Grundsatz der Herrschaft der allgemeinen Strafgesetze dem Redakteur gegenüber zu durchbrechen, er will nur die Führung des Anklagebeweises erleichtern."

Hiernach können unter besonderen Umständen, welche die Annahme der Täterschaft des verantwortlichen Redakteurs ausschließen, nur solche Umstände zu verstehen sein, durch die im konkreten Falle der Nachweis geliefert wird, daß die Veröffentlichung des strafbaren Artikels ohne Wissen und Willen des verantwortlichen Redakteurs erfolgt ist, und daß letzterer von dem Artikel kein Wissen haben konnte, jede Schuld daher ausgeschlossen ist.

Besondere Umstände im Sinne des § 20 Abs. 2 des Reichspreßgesetzes sind solche nachgewiesenen Umstände, welche die Rechtsvermutung tatsächlich widerlegen, daß der verantwortliche Redakteur die Druckschrift mit Kenntnis und Verständnis des Inhaltes vorsätzlich veröffentlicht habe. Der Nachweis muß zugleich den Eventualvorsatz ausschließen. Dieser setzt voraus, daß der verantwortliche Redakteur sich als möglich vorgestellt hat, es könne im Bereich seiner Verantwortlichkeit ein Beitrag mit einem in bestimmter rechtlicher und tatsächlicher Beziehung die Strafbarkeit begründenden Inhalte veröffentlicht werden, und daß er die Veröffentlichung für den Fall ihres Eintritts gebilligt hat. Nicht ausreichend ist ein allgemeiner

Vorsatz in dem Sinne, daß der Redakteur sich vorstellt, es könne durch die Druckschrift irgendeine strafbare Handlung begangen werden, von deren wesentlichen Merkmalen er sich keine Vorstellung macht. Was die oft vorkommende Berufung auf Überhäufung mit Geschäften betrifft, so würde, sollte deswegen die Täterschaft verneint werden, dies darauf hinauslaufen, daß eine gewisse Unwahrscheinlichkeit der Täterschaft unrichtigerweise als genügend erachtet würde, um den zulässigen Gegenbeweis zu führen. Denn es ist nicht zu verstehen, wie der Umstand, daß jemandem mehr Geschäfte vorliegen als er erledigen kann, zu beweisen vermag, daß er ein bestimmtes dieser Geschäfte nicht erledigt hat. Sofern daneben andere Umstände zu diesem Beweise führen sollten, ist nicht die Geschäftsüberhäufung allein der den Gegenbeweis erbringende Umstand. RGSt. v. 29. Juni 1906, Bd. 39 S. 87.

Daß der Redakteur nicht Heilkundiger ist, schließt seine strafrechtliche Verantwortlichkeit für in seinem Blatte erscheinende prahlerische Ankündigungen von Heilmethoden usw. nur dann aus, wenn das Verbot der Ankündigung sich nur gegen nicht approbierte Heilgewerbetreibende richtet. KgSt. v. 4. Juli 1930, Jahrg. 1931, Bd. 10 S. 380.

Bei § 20 Abs. 2 des Preßgesetzes v. 7. Mai 1874 wird der „verantwortliche Redakteur" für den Inhalt der Druckschrift verantwortlich gemacht. Der Redakteur kann nach den jetzt maßgebenden allgemeinen Rechtsgrundsätzen über die Täterschaft als mittelbarer Täter angesehen werden. Zu vgl. die allgemeinen Vorschriften über die Täterschaft und die Teilnahme, sowie über die Haftung für den Schaden, den ein anderer verursacht (§§ 830—832 BGB.). RGSt. Bd. 48 S. 334.

Im nachfolgenden sei durch eine Reihe von Entscheidungen des Reichsgerichts dessen Anschauung dargelegt:

Die strafrechtliche Verantwortlichkeit kann der Redakteur nicht schon dadurch von sich abwenden, daß er den Nachweis führt, daß er von dem Inhalte der veröffentlichten Druckschrift oder einzelner Teile derselben vor der Veröffentlichung keine Kenntnis hatte. Es bedarf vielmehr der Feststellung besonderer Umstände, durch welche die an sich gesetzlich begründete Annahme der Täterschaft ausgeschlossen wird. Die besonderen Umstände setzen solche Fälle voraus, in welchen der verantwortliche Redakteur von dem strafbaren Inhalte vor der Veröffentlichung Kenntnis zu nehmen tatsächlich verhindert war, die Nichtkenntnis daher außer seinem Willen liegt. RGSt. v. 14. November 1879, Bd. 1 S. 14.

Ob der verantwortliche Redakteur den Artikel vor der Veröffentlichung gelesen hat, ist rechtlich gleichgültig. Der Einwand des Redakteurs, den Artikel nicht gelesen zu haben, ist auf seine Richtigkeit nicht nachzuprüfen. Er kann, ohne den Artikel gelesen zu haben, auch auf andere Weise vor der Veröffentlichung von seinem Inhalte Kenntnis erlangt haben. RGSt. v. 14. März 1928, Bd. 62 S. 65.

Die Nennung des Verfassers gewährt dem Redakteur keinen Schutz gegen die Strafe als Täter. Durch zeitigen Nachweis des Verfassers oder Einsenders eines durch die periodische Presse veröffentlichten, inhaltlich strafbaren Artikels wird die Verantwortlichkeit des Redakteurs nur insofern ausgeschlossen, als die Ahndung wegen Fahrlässigkeit aus Preßgesetz § 21 erfolgt; dagegen gewährt derjenigen Verantwortlichkeit, welche auf den vorliegend angewendeten § 21 sich gründet, jener Nachweis keinen strafrechtlichen Schutz. RGSt. v. 26. April 1880, Bd. 2 S. 28.

Zu den besonderen Umständen, welche die Annahme der Täterschaft des Redakteurs einer periodischen Druckschrift ausschließen, gehört nicht die Tatsache, daß derselbe mit der Leitung des die strafbare Handlung enthaltenden Inseratenteiles nicht befaßt ist.

Das Gesetz will eben mit Rücksicht auf die eigentümlichen Verhältnisse der periodischen Presse und des Redakteurs einer Zeitschrift in dessen Eigenschaft als geistiger Urheber der ganzen Nummer eines Zeitungsblattes die strafrechtliche Verantwortlichkeit des Redakteurs als Täter nicht von der besonderen Darlegung ihm beiwohnender Kenntnis des strafbaren Inhalts der Druckschrift abhängig machen, und es ist überall kein Anhalt gegeben, zu der auf das Preßgesetz § 20 Abs. 2 gestützten Anwendung des Strafgesetzbuchs § 186, mag solche mittels öffentlicher oder Privatklage angestrebt werden, dem Redakteur gegenüber eine weiterreichende subjektive Voraussetzung zu verlangen. Abgesehen von Strafausschließungsgründen, welche das allgemeine Strafrecht jedem Angeschuldigten gegenüber anerkennt, kann zwar die strafrechtliche Haftung des Redakteurs einer periodischen Druckschrift als Täter durch besondere Umstände ausgeschlossen werden, allein mit Recht hat das Oberlandesgericht einen solchen ausnahmsweisen Strafbefreiungsgrund darin nicht gefunden, daß, wie in der Richtigkeitsbeschwerde wiederholt betont wird, Beklagter nach der angeblich bei der B.er Zeitung bestehenden Geschäftsverteilung mit Prüfung der für den Inseratenteil bestimmten Artikel nicht befaßt sei.

Als besondere Umstände im Sinne des Preßgesetzes können nur außergewöhnliche Umstände gelten, welche auch einen gewissenhaften Redakteur ohne eigenes Verschulden verhindern, im Einzelfalle die gesetzlich gebotene Tätigkeit auszuüben. Der Redakteur einer periodischen Druckschrift ist aber für den ganzen Inhalt verantwortlich und muß dafür Sorge tragen, daß ihm die zeitige Kenntnisnahme und Prüfung jedes einzelnen Artikels mit Einschluß der Inserate gesichert bleibt. RGSt. v. 26. April 1880, Bd. 2 S. 28.

So wenig der Tagespresse das allgemeine Recht im Sinne des § 193 des Strafgesetzbuchs zugesprochen werden kann, jedes Vorkommnis, auch wenn es andere bloßstellt, in die Öffentlichkeit zu bringen und zu besprechen, so wenig kann ihr das Recht abgesprochen werden, das Publikum durch Mitteilung der Entscheidung des höchsten Gerichtshofes über die Auslegung und Anwendung der Strafgesetze zu belehren. Es ist dies kein Individualrecht der Tagespresse; sie teilt dasselbe mit jedem Sammelwerk, das solche Entscheidung abdruckt, namentlich wenn eine Zeitung, wie im vorliegenden Falle, regelmäßig solche Entscheidungen veröffentlicht. RGSt. v. 28. Januar 1881, Bd. 3 S. 303.

Ein berechtigtes Interesse der Tagespresse, vermeintliche Übelstände öffentlich zu rügen, und jedes Vorkommnis, auch wenn es andere in ihrer Ehre verletzt, in die Öffentlichkeit zu bringen, existiert nicht (§ 193 des Strafgesetzbuches). RGSt. v. 16. Dezember 1881, Bd. 5 S. 239.

„Auf die Wahrnehmung berechtigter Interessen kann sich jemand wirksam nur dann berufen, wenn es sich um eine eigene oder doch ihn persönlich nahe angehende Angelegenheit handelt. Die Presse hat kein besonderes Recht auf Erörterung öffentlicher Angelegenheiten. Sie ist vielmehr an die Grenze gebunden, die das Gesetz zum Schutze fremder Ehre dem allgemeinen Rechte der freien Meinungsäußerung gezogen hat."

„Ein Recht des Schriftleiters, in Ausübung seines Berufes bei Erörterung öffentlicher Verhältnisse die durch das Gesetz gebotene Rücksicht auf die Ehre anderer außer acht zu lassen, kann nicht anerkannt werden."

„Das Recht der freien Meinungsäußerung (Art. 118 der Reichsverfassung) darf nur innerhalb der Schranken der Gesetze ausgeübt werden. Damit ist auch der Schutz, den die Strafgesetze gegen widerrechtliche Angriffe auf die Ehre gewähren, aufrechterhalten. Die freie Meinungsäußerung findet also ihre Schranken an den gesetzlichen Verboten und genießt bei beleidigendem Inhalt im Rahmen des § 193 StGB. nur dann Straflosigkeit, wenn sie zur Wahrnehmung eines eigenen oder doch den Täter nahe angehenden berechtigten Interesses geschieht. An dieser Voraussetzung einer allgemeinen politischen Angelegenheit durch einen Vertreter der Presse fehlt es, wie vorstehend schon dargelegt worden ist." RGSt. v. 9. Februar 1922, Bd. 56 S. 380.

Der verantwortliche Redakteur erlangt den Schutz des § 193 StGB. dadurch nicht, daß dieser dem Verfasser des beleidigenden Artikels zustatten kommt. RGSt. v. 20. Juni 1894, Bd. 26 S. 18.

Die Strafbarkeit aus § 20 Abs. 2 des Preßgesetzes ist vorhanden, wenn der Inhalt des in die periodische Druckschrift aufgenommenen Inserates den objektiven Tatbestand einer mit Strafe bedrohten Handlung erfüllt und feststeht, daß der Angeklagte die periodische Druckschrift oder den betreffenden Teil derselben als verantwortlicher Redakteur gezeichnet hat. RGSt. v. 7. Dezember 1881, Bd. 5 S. 301.

§ 20 Abs. 2 enthält nur eine widerlegbare Präsumtion; diese Vermutung des § 20 Abs. 2 des Preßgesetzes, welche den Beweis der Eigenschaft als verantwortlicher Redakteur voraussetzt, ist eingeführt, um den Anschuldigungsbeweis der gewollten und verursachten Veröffentlichung zu erleichtern. RGSt. v. 28. April 1903, Bd. 36 S. 215.

Vgl. auch RGSt. Beschluß v. 1. November 1926, Bd. 61 S. 19 ff., unten in § 16 angeführt.

Die Unzüchtigkeit einer Druckschrift.

Unzüchtig ist, was das Scham- und Sittlichkeitsgefühl in geschlechtlicher Beziehung gröblich verletzt. RGSt. v. 19. Februar 1883, Bd. 8 S. 128.

Vgl. oben § 13, Allgemeines, a. E.

Siehe auch Allgemeine Verfügung des Justizministers zur Bekämpfung unzüchtiger Druckschriften v. 2. August 1921 (JMBl. S. 412) und v. 4. Mai 1922 (JMBl. S. 168).

Vgl. dazu Runderlaß des Ministers des Innern v. 19. Juni 1931 (MBl. S. 657), betreffend Bekämpfung anstößiger Auslagen: Immer wieder wird die Beobachtung gemacht, daß gewisse Straßenhändler mit Büchern und Zeitschriften sowie gewisse Buchhändler und Mietbüchereien die Aufmerksamkeit des Publikums dadurch auf sich zu lenken versuchen, daß sie Zeitschriften erotischen oder sexuellen Inhalts in auffallender äußerer Aufmachung auf öffentlichen Straßen oder in Fensterauslagen zur Schau stellen.......

Es soll dagegen eingeschritten werden auf Grund des § 10 II 17 ALR. bzw. des § 14 des am 1. Oktober 1931 in Kraft tretenden Polizeiverwaltungsgesetzes vom 1. Juni 1931 (GS. S. 77) mit entsprechenden polizeilichen Verfügungen, gegebenenfalls unter Anwendung polizeilichen Zwanges. Gegen die Inhaber von Gaststätten, die in oder an ihren Lokalen Auslagen der angedeuteten Art anbringen, ist gemäß § 12 des Gaststättengesetzes vom 28. April 1930 (RGBl. I S. 146) ein Verfahren auf Zurücknahme der Erlaubnis anzuregen.

Der verantwortliche Redakteur als Mittäter des Verfassers. Wegfall der Strafverfolgung gegen den einen, wenn der Strafantrag gegen den andern zurückgenommen ist.

Es kommen gegen den verantwortlichen Redakteur, sofern nicht besondere Umstände vorliegen, diejenigen Strafbestimmungen zur Anwendung, durch welche der als Täter zu behandelnde Verfasser des in Frage kommenden Artikels betroffen wird. Wird dieser letztere ermittelt und neben dem verantwortlichen Redakteur der Druckschrift zur Bestrafung gezogen, so sind die beiden Personen hiernach als Mittäter im Sinne des § 47 des Strafgesetzbuches anzusehen. Tritt die Verfolgung der strafbaren Handlung nur auf Antrag ein, so findet nach § 63 des Strafgesetzbuches gegen beide Täter das gerichtliche Verfahren statt, auch wenn nur gegen einen derselben auf Bestrafung angetragen wurde. Ebenso ist nach § 64 des Strafgesetzbuches infolge der rechtzeitigen Zurücknahme des Antrages gegen einen Täter das Verfahren auch gegen den Mittäter einzustellen. RGSt. v. 15. November 1883, Bd. 9 S. 186.

In der Feststellung, daß ein Redakteur zur Zeit des Erscheinens der inkriminierten Artikel nicht unerheblich, und zwar derart erkrankt war, daß er tatsächlich behindert war von dem strafbaren Inhalt der fraglichen Artikel vor der Veröffentlichung Kenntnis zu nehmen, ist ein Rechtsirrtum nicht zu finden, daß durch besondere Umstände die Annahme der Täterschaft des Angeklagten für ausgeschlossen erachtet ist. Der Angeklagte ist aber wegen Fahrlässigkeit aus § 21 zu bestrafen, da er während seiner Krankheit um die Redaktion der Zeitung sich nicht gekümmert, auch für eine ordnungsmäßige Vertretung nicht Sorge getragen, da er weder die Anwendung der pflichtmäßigen Sorgfalt noch Umstände nachgewiesen habe, welche diese Anwendung unmöglich gemacht haben. RGSt. v. 5. Februar 1884, Bd. 10 S. 82.

Der verantwortliche Redakteur ist ohne weiteren Nachweis eines Dolus als Täter zu bestrafen, wenn nicht durch besondere Umstände die Annahme seiner Täterschaft ausgeschlossen ist.

Der Redakteur kann trotz der Vorschrift des § 20 des Preßgesetzes in seiner Person begründete Strafausschließungsgründe, namentlich auch unter Berufung auf § 59 des Strafgesetzbuches geltend machen. RGSt. v. 28. März 1884, Bd. 10 S. 229.

Es ist Pflicht des verantwortlichen Redakteurs einer periodischen Druckschrift, zu verhindern, daß ein Artikel mit strafbarem Inhalte, der ihm erst vor der Ausgabe der Druckschrift in den ausgabefertigen Exemplaren bekannt wird, in dieser zur Veröffentlichung gelangt. Die Veröffentlichung eines beleidigenden Artikels wäre dem verantwortlichen Redakteur nicht zuzurechnen, wenn diese ohne sein Wissen und ohne seinen Willen geschehen wäre. Der verantwortliche Redakteur haftet als vorsätzlicher Verursacher der Veröffentlichung des Preßerzeugnisses. Ihm steht ohne Beschränkung auf bestimmte Stadien der Entstehung der Druckschrift die Entscheidung über die Aufnahme der einzelnen Artikel zu. RGSt. v. 1. Juli 1902, Bd. 35 S. 315.

Der Redakteur kann die Verantwortlichkeit nur dann mit Erfolg ablehnen, wenn er nachweist, daß ihm der strafbare Inhalt bei der Veröffentlichung unbekannt war und diese Unkenntnis nicht auf seinem Verschulden beruhte.

Das Hindernis, durch welches im einzelnen Falle die Möglichkeit einer Prüfung seitens des Redakteurs ausgeschlossen worden ist, darf nicht ein solches sein, welches von dem Redakteur absichtlich herbeigeführt oder fahrlässig verschuldet worden ist.

Krankheit des Redakteurs kann als ein besonderer Umstand nur angesehen werden, sobald sie es dem Redakteur im konkreten Falle schlechthin unmöglich gemacht hat, sich mit der Redaktion des betreffenden Preßerzeugnisses zu befassen und irgendeinen maßgebenden Einfluß auf dasjenige auszuüben, was veröffentlicht werden soll, oder was als wegen seines strafbaren Inhaltes zur Veröffentlichung nicht geeignet von der Veröffentlichung auszuschließen sei. In diesem Sinne wird auch Krankheit zu den besonderen Umständen des § 20 Abs. 2 des Preßgesetzes gezählt werden können. RGSt. v. 24. November 1884, Bd. 11 S. 316. Vgl. oben S. 142. RGSt. v. 14. März 1928, Bd. 62 S. 65.

Veränderung des vom Redakteur einer periodischen Druckschrift geprüften und gebilligten Textes durch den Drucker gilt als besonderer Umstand im Sinne des § 20 des Preßgesetzes.

Welcher Art die besonderen Umstände sein müssen, hat das Gesetz nicht definiert. Es folgt aber aus dem dem § 20 Abs. 2 unterliegenden Gedanken, daß jedenfalls auch solche Umstände gemeint sind, welche bewirkt haben, daß ungeachtet der Redakteur seine Aufgabe, das für die Druckschrift gesammelte Material auf die Strafbarkeit des Inhalts zu prüfen, ehe es in die Druckschrift gelangt, erfüllt hatte, in die Druckschrift ein anderer Inhalt gelangte, als der von ihm bestimmte. Dies kann namentlich durch absichtliche oder unabsichtliche Tätigkeit des Setzers vorkommen, und ausdrücklich wurde bei der Beratung des Gesetzes anerkannt, die obige Vermutung der Verfasserschaft des Redakteurs müsse als durch einen besonderen Umstand widerlegt erachtet werden, wenn der Setzer hinter dem Rücken desselben absichtlich oder unabsichtlich einen anderen Text der Druckschrift hergestellt habe, als den von jenem angeordneten. RGSt. v. 13. April 1885, Bd. 12 S. 294.

Der verantwortliche Redakteur einer Zeitung ist nicht gesetzlicher Vertreter der Zeitung im Sinne des § 65 des Strafgesetzbuches. Er ist Vertreter der Zeitung nur in der in den §§ 20, 21 des Preßgesetzes ganz bestimmt bezeichneten Richtung der strafrechtlichen Verantwortlichkeit für die durch die Zeitung begangenen strafbaren Handlungen. Damit ist eine Vertretung der Zeitung lediglich als Pflicht, nicht als Recht statuiert. Noch weniger statuieren die §§ 20, 21 des Preßgesetzes eine rechtliche Präsumtion dafür, daß der verantwortliche Redakteur einer Zeitung der durch die Angriffe gegen eine Zeitung Beleidigte ist. Sie haben mit dieser Frage überhaupt nichts zu tun.

Die geistige Urheberschaft des Redakteurs bezüglich eines Artikels kommt so wenig in Betracht, daß er als Täter strafbar sein kann, selbst wenn er schuldhaft die vom Gesetze vorausgesetzte Mitwirkung bei Annahme und Abdruck unterläßt, und daß er als Täter straflos sein kann, wenn der Artikel ohne sein Mitwirken oder unter anderen Umständen, welche die Annahme seiner Täterschaft ausschließen, aufgenommen ist. RGSt. v. 4. Dezember 1885, Bd. 13 S. 126.

Verantwortlicher Redakteur.

Modifizierte Anwendbarkeit der gesetzlichen Strafverfolgungs- oder Schuldausschließungsgründe auf denselben. Der Redakteur nicht bloß Verfasser, sondern Täter.

Mangelnde geistige Befähigung des Redakteurs zum Verständnis des strafbaren Inhalts der Druckschrift kein Grund für die Ausschließung der Täterschaft.

Die Verantwortlichkeit für die durch die Presse begangenen Handlungen ist durch die §§ 20 und 21 des Preßgesetzes geregelt.

Die Anwendung der allgemeinen Strafgesetze, die in § 20 Abs. 1 als Grundsatz vorangestellt ist, ist nicht für ausreichend erachtet worden, um die Wirksamkeit des Strafgesetzes auch gegenüber der periodischen Presse zu sichern. Der § 20 Abs. 2 gibt deshalb mit dem Satze, daß der verantwortliche Redakteur zu strafen ist, wenn nicht geradezu eine Ausnahme, so doch eine vom Gesetze selbst bestimmte besondere Anwendung der allgemeinen Strafnormen auf die periodische Presse. Es ist also mit der jetzigen Fassung — und das drückt auch der Wortlaut aus — nicht bloß gesagt, daß der Redakteur ohne Rücksicht auf die gemäß Abs. 1 nach allgemeinen strafrechtlichen Merkmalen festzustellende Art seiner Beteiligung an der Straftat, ähnlich wie der Anstifter (§ 48 Abs. 2 Strafgesetzbuch)) nach demselben Gesetze wie der Haupttäter zu bestrafen ist, sondern daß er als Täter gilt. Zur Bestrafung des Redakteurs genügt hiernach an sich die Verwirklichung des objektiven Tatbestandes einer strafbaren Handlung durch den Inhalt einer periodischen Druckschrift, als deren verantwortlicher Redakteur er auf dem betreffenden Stücke benannt ist.

Der Kommissionsbericht geht davon aus, daß die Verantwortlichkeit des Redakteurs sich nicht auf die Beobachtung der die Ordnung der Presse sichernden untergeordneten Vorschriften beschränke, sondern sich recht eigentlich auf den Inhalt der Schrift beziehe. Die Kommission leitet diese reale Bedeutung der Verantwortlichkeit aus der Natur des Redaktionsgeschäftes ab, indem sie gewissermaßen einen Normal-Redakteur konstruiert, ohne dessen Verfügung kein Artikel zur Erscheinung gelangen kann.

Der Verfasser einer Druckschrift, deren Inhalt objektiv eine strafbare Handlung darstellt, ist darum allein noch nicht Täter der letzteren, wenn er nicht die Veröffentlichung bewirkt hat; anderseits ist derjenige, der die Veröffentlichung mit Kenntnis des Inhalts bewirkt, Täter, wenn er auch nicht Verfasser ist. Die durch das Gesetz begründete Annahme der Täterschaft umfaßt den vollen subjektiven Tatbestand der durch den Inhalt der Druckschrift objektiv verwirklichten Straftat, so daß es einer besonderen Feststellung der subjektiven Tatbestandsmerkmale, namentlich der Kenntnis von dem Inhalt des veröffentlichten Artikels oder des erst bei solcher Kenntnis möglichen Bewußtseins von der Tragweite des Inhalts nicht bedürfe.

Die vom § 20 a. a. O. selbst gegebene Einschränkung, wenn nicht durch besondere Umstände die Annahme seiner Täterschaft ausgeschlossen wird, hat den Zweck, gegenüber der durch das Gesetz geschaffenen besonderen strafrechtlichen Verantwortlichkeit des Redakteurs auch die Strafausschließungsgründe besonders zu regeln. Dabei ist im voraus zugegeben, daß sie nicht alle im Teil I Abschnitt 4 des Strafgesetzbuches behandelten Strafausschließungsgründe umfaßt, insbesondere nicht diejenigen, welche die Strafverfolgung ausschließen (z. B. Strafantrag). Hinsichtlich dieser Gründe kommt das Strafgesetz zur vollen Anwendung; denn der Satz, daß der verantwortliche Redakteur als Täter zu bestrafen ist, hat einerseits die Zulässigkeit der Straflage überhaupt zur notwendigen Voraussetzung und entscheidet anderseits nicht über die Strafabmessung.

Schuldausschließungsgründe, und zwar sowohl diejenigen, welche im Teil I Abschnitt 4 des Strafgesetzbuchs behandelt werden, als auch die bei einzelnen Straftaten besonders vorgesehenen, so namentlich § 193 des Strafgesetzbuches, als die Annahme der Täterschaft ausschließenden sind Gegenstand des letzten Satzes des § 20.

Besondere Umstände — außerordentliche.

Im § 20 handelt es sich an sich nicht um vom Strafgesetze

besonders vorgesehene Umstände, welche die Strafbarkeit ausschließen, sondern um im Strafgesetzbuche überhaupt vorhandene Schuldausschließungsgründe. Diese darf der Richter jedoch bloß in besonderen außergewöhnlichen Umständen des einzelnen Falles finden.

Was sind außergewöhnliche Umstände?

Es sollen nach Schwarze Umstände sein, die ausnahmsweise im einzelnen Falle die an sich begründete Verantwortlichkeit wieder ausschließen. Es werden daher Schuldausschließungsgründe nur in außergewöhnlichen Umständen des einzelnen Falles gefunden werden können, welche außerhalb des Willens des Redakteurs liegen, auch nicht durch seine Fahrlässigkeit herbeigeführt sind. RGSt. v. 22. April 1887, Bd. 16 S. 16.

Wenn der verantwortliche Redakteur behauptet, er habe erst durch das Lesen der bereits ausgegebenen Nummer von dem darin enthaltenen strafbaren Artikel Kenntnis erlangt, so behauptet er einen besonderen, die Strafbarkeit als Täter ausschließenden Umstand, und das Gericht kann den Angeklagten nicht auf Grund des § 20 Abs. 2 des Reichspreßgesetzes strafen, wenn sie den vom Angeklagten behaupteten Umstand für nachgewiesen erachtet. Die Erwägung, daß der verantwortliche Redakteur verpflichtet sei, den ganzen Inhalt der Druckschrift zu prüfen und daß er, wenn er dieser Verpflichtung aus Fahrlässigkeit nicht nachgekommen, nach § 20 Abs. 2 a. a. O. als Täter zu strafen sei, beruht auf der Auslegung des § 20 Abs. 2, welche in dem Beschluß der vereinigten Strafsenate v. 6. Juni 1891 als rechtsirrtümlich nachgewiesen worden ist. RGSt. v. 5. Juni 1894, Bd. 25 S. 404. Siehe oben die unter B § 15 angeführten Entscheidungen (S. 140 und S. 141 ff.). Vgl. aber oben S. 142. RGSt. v. 14. März 1928, Bd. 62 S. 65.

Der Redakteur ist nicht verantwortlich für ein durch Druckfehler veranlaßtes Delikt, wenn er den Druckbogen nicht selbst korrigiert hat. RGSt. v. 25. Juni 1894, Bd. 26 S. 45.

Der verantwortliche Redakteur einer periodischen Druckschrift haftet als Täter für ein Inserat strafbaren Inhalts auch dann, wenn er nach der Drucklegung desselben geäußert hat, er werde seine Aufnahme in der Zeitung nicht dulden. RGSt. v. 4. Juli 1895, Bd. 27 S. 338.

Der verantwortliche Redakteur als solcher haftet nicht für Zuwiderhandlungen gegen den § 6 des Preßgesetzes; seine Verantwortlichkeit bezieht sich, abgesehen von den ihm in den §§ 10 und 11 auferlegten besonderen Pflichten, auf den Inhalt der Druckschrift, auf die neben dem Inhalt herlaufenden Angaben aber nur insoweit, als diese ihn selbst betreffen, wie die in § 7 vorgeschriebenen. RGSt. v. 21. Mai 1895, Bd. 27 S. 246ff.

Gesetz zur Abänderung der Strafprozeßordnung vom 27. Dezember 1926 (RGBl. I S. 529).

A. Die Strafprozeßordnung wird geändert wie folgt:

§ 53 Abs. 1. Zur Verweigerung des Zeugnisses sind ferner berechtigt:

1. . . . .; 2. . . . .; 3. . . . .

4. Redakteure, Verleger und Drucker einer periodischen Druckschrift, sowie die bei der technischen Herstellung der Druckschrift beschäftigten Personen über die Person des Verfassers oder Einsenders einer Veröffentlichung strafbaren Inhalts, wenn ein Redakteur der Druckschrift als Täter bestraft ist oder seiner Bestrafung kein rechtliches Hindernis entgegensteht.

II. § 21 des Preßgesetzes: „Begründet der Inhalt einer Druckschrift den Tatbestand einer strafbaren Handlung, so sind

der verantwortliche Redakteur,
der Verleger,
der Drucker,
derjenige, welcher die Druckschrift gewerbsmäßig vertrieben oder sonst öffentlich verbreitet hat (Verbreiter), soweit sie nicht nach § 20 als Täter oder Teilnehmer zu bestrafen sind, wegen Fahrlässigkeit mit Geldstrafe bis zu 1000 Reichsmark oder mit Haft oder mit Festungshaft oder mit Gefängnis bis zu einem Jahre zu belegen, wenn sie nicht die Anwendung der pflichtgemäßen Sorgfalt oder Umstände nachweisen, welche diese Anwendung unmöglich gemacht haben."

„Die Bestrafung bleibt jedoch für jede der benannten Personen ausgeschlossen, wenn sie als den Verfasser oder den Einsender, mit dessen Einwilligung die Veröffentlichung geschehen ist, oder, wenn es sich um eine nicht periodische Druckschrift handelt, als den Herausgeber derselben, oder als einen der in obiger Reihenfolge vor ihr Benannten eine Person bis zur Verkündung des ersten Urteils nachweist, welche in dem Bereich der richterlichen Gewalt eines deutschen Bundesstaates sich befindet, oder falls sie verstorben ist, sich zur Zeit der Veröffentlichung befunden hat; hinsichtlich des Verbreiters ausländischer Druckschriften außerdem, wenn ihm dieselben im Wege des Buchhandels zugekommen sind."

Über die rechtliche Natur des dem Preßgewerbe eigentümlichen Fahrlässigkeitsdeliktes führt die RGSt. v. 2. Februar 1886, Bd. 13 S. 319 folgendes aus;

„Verurteilung des verantwortlichen Redakteurs aus § 21 nur zulässig wegen Fahrlässigkeit, nicht wegen der durch den Artikel verübten Straftat.

Der § 21 enthält eine den allgemeinen Strafgesetzen fremde, ausschließlich auf den Betrieb des Preßgewerbes bezügliche Strafvorschrift. Es sollen danach der verantwortliche Redakteur oder andere berufsmäßige mit der Presse beschäftigte Personen für den strafbaren Inhalt einer Druckschrift auch da, wo sie nicht nach § 20 a. a. O. als Täter oder Teilnehmer zu bestrafen sind, verantwortlich sein, sofern sie nicht entweder die Anwendung der nach den Umständen möglichen pflichtgemäßen Sorgfalt oder nach Maßgabe des § 21 Abs. 2 einen erreichbaren Vormann nachweisen. Das Gesetz hat somit in der Herstellung und Verbreitung einer gegen das Strafgesetz verstoßenden Druckschrift eine selbständige culpa gefunden, die außerhalb des Rahmens des Strafgesetzes zu bestrafen ist und danach ein besonderes dem Preßgewerbe eigentümliches Fahrlässigkeitsdelikt geschaffen. Diese Auffassung des Preßgesetzes tritt in den Bestimmungen des § 21 a. a. O. deutlich hervor. Nicht wegen der in der Druckschrift enthaltenen strafbaren Handlung, sondern „wegen Fahrlässigkeit" sollen der verantwortliche Redakteur und die sonst bei der Herstellung oder Verbreitung berufsmäßig Beteiligten bestraft werden, und zwar mit einer Strafe, welche allein aus dem § 21 a. a. O. selbst zu entnehmen ist und die dort gezogenen Schranken nicht überschreiten darf, ohne Rücksicht darauf, ob durch den Inhalt der Druckschrift der Tatbestand einer Beleidigung, einer Gotteslästerung, eines Sittlichkeitsverbrechens oder irgendeines anderen Deliktes begründet wird."

Zum Begriff der Fahrlässigkeit im Sinne des § 21 des Gesetzes über die Presse.

Durch § 21 des Preßgesetzes, der im Verein mit § 20 a. a. O. den Zweck verfolgt, nicht nur die Strafverfolgung für das bereits begangene Preßvergehen sicherzustellen, sondern auch die Begehung solcher zu verhüten, ist ein dem Preßgewerbe eigentümliches Preßdelikt geschaffen, dessen Fahrlässigkeitsschuld in der Nichtbeobachtung der mit diesem Gewerbe verbundenen Pflichten, d. h. darin liegt, daß die dort genannten Personen pflichtwidrig die Herstellung, Veröffentlichung oder Verbreitung einer den Tatbestand eines Deliktes enthaltenden Druckschrift verursacht haben. Verursacht hat aber nach allgemeinen strafrechtlichen Grundsätzen einen rechtswidrigen Erfolg auch derjenige, der ihn nicht verhinderte, obwohl er dazu verpflichtet und in der Lage war. In den Pflichtenkreis eines verantwortlichen Redakteurs fällt es, das zum Druck sich darbietende Material nicht bloß zu sammeln und zu sichten, sondern vornehmlich auf seine Strafbarkeit zu prüfen, und gegebenenfalls alle erforderlichen Maßregeln zu ergreifen, um die Veröffentlichung eines Artikels mit strafbarem Inhalt zu verhindern, und zwar besteht diese zuletzt erwähnte Verpflichtung solange, als diese Verhinderung überhaupt möglich ist.

Bei den Fällen krimineller Fahrlässigkeit kommt es nur darauf an, ob das konkrete Ereignis seiner allgemeinen Beschaffenheit nach in den Kreis der vorhersehbaren und deshalb vermeidlichen fällt. RGSt. v. 20. März 1906, Bd. 38 S. 379.

„Fahrlässigkeit hat in § 21 des Reichspreßgesetzes keinen anderen Inhalt als im übrigen Strafrecht, wenngleich sich aus der Eigenart des Preßgewerbes tatsächliche Besonderheiten ergeben können. Dem verantwortlichen Schriftleiter liegt es ob, den zu veröffentlichenden Stoff zu sammeln und zu sichten, seine Strafbarkeit zu prüfen und die Veröffentlichung eines Aufsatzes strafbaren Inhalts zu verhüten. Ist trotzdem eine solche Druckschrift veröffentlicht, so ist diese Pflicht nicht erfüllt, und es handelt sich dann, sofern nicht § 20 des Preßgesetzes Platz greift, nur darum, ob der Schriftleiter den Erfolg fahrlässig verschuldet hat. Das muß ihm aber auch nachgewiesen werden. Der § 21 des Preßgesetzes stellt weder eine Vermutung gegen die dort genannten Personen auf, noch bürdet er ihnen einen Entschuldigungsbeweis auf (RGSt. Bd. 26 S. 45), wenngleich es die Natur der Sache, wie sie in der besonderen Stellung des Schriftleiters liegt, mit sich bringt, daß dieser dem Gericht die tatsächlichen Umstände an die Hand geben muß, die ohne sein Verschulden die Veröffentlichung der Druckschrift mit dem strafbaren Inhalt verursacht habe, soweit die Verhandlung nicht schon sonst hierfür Anhaltspunkte oder Erkenntnisquellen bietet. Zu diesen Umständen gehört insbesondere, daß dem Schriftleiter bei der Durchsicht trotz Anwendung der gebotenen Sorgfalt und Aufmerksamkeit der strafbare Inhalt entgangen ist, sofern die Unkenntnis nicht lediglich auf einem Irrtum über das Strafgesetz beruht."

„Erst wenn der eingewendete Irrtum erwiesen war, konnte eine Verurteilung auf Grund des § 21 des Preßgesetzes eintreten, aber nur durch den Nachweis, daß der Irrtum für den Angeklagten bei Anwendung pflichtschuldiger Sorgfalt und Aufmerksamkeit vermeidbar war (§ 59 Abs. 2 StGB.)."

„Der § 21 des Preßgesetzes erfordert regelmäßig nur, daß der Inhalt der Druckschrift den äußeren Tatbestand einer strafbaren Handlung begründet. Wenn eine Straftat einen besonders gearteten Vorsatz verlangt, ohne den überhaupt keine strafbare Handlung vorliegen würde, z. B. bei den Vergehen gegen die §§ 131, 164 StGB., bedarf es ausnahmsweise für die Anwendung des § 21 auch der Feststellung des Vorsatzes, sonst kommt es so wenig auf die persönliche Seite der „strafbaren Handlung" an, daß nicht einmal die dem Urheber der Veröffentlichung zur Seite stehenden Schuldausschließungsgründe die Verfolgung aus § 21 hindern. Wenn das aber sogar von den Schuldausschließungsgründen gilt, so wäre es ein Mangel an Folgerichtigkeit, wollte man diese Wirkung dem bloßen Strafausschließungsgrund der

Verjährung beilegen und ebenso würde es gegen alle Folgerichtigkeiten verstoßen, wollte man dem persönlichen Strafausschließungsgrund der Verjährung, der die Strafbarkeit der Teilnehmer unberührt läßt (RGSt. Bd. 9 S. 10), die Kraft beimessen, die im § 21 benannten Personen, die nicht einmal Teilnehmer des Urhebers sind und mit der „strafbaren Handlung" in einem viel loseren Zusammenhang stehen als die Teilnehmer, vor der Strafverfolgung aus § 21 zu schützen."

„Die Frage der Verjährung ist gegenüber jeder der im § 21 genannten Personen selbständig und unabhängig von der gegen den Urheber der Veröffentlichung laufenden Verjährung zu entscheiden. Der § 21 Preßgesetz findet auch Anwendung, wenn der Urheber nicht mehr zur Verantwortung gezogen werden kann. Die Verfolgbarkeit aus § 21 ist auch von der Verjährung der Strafverfolgung des Urhebers unabhängig. Im Verhältnis zu § 20 Preßgesetzes erfordert der § 21 des Preßgesetzes regelmäßig nur, daß der Inhalt der Druckschrift den äußeren Tatbestand einer strafbaren Handlung begründet. Nur wenn eine Straftat einen besonders gearteten Vorsatz verlangt, ohne den überhaupt keine strafbare Handlung vorliegen würde — wie beispielsweise bei den Vergehen gegen die §§ 131, 164 StGB. —, bedarf es ausnahmsweise für die Anwendung des § 21 auch der Feststellung des Vorsatzes (RGSt. Bd. 23 S 151). RGSt. v. 30. April 1925, Bd. 59 S. 181.

Dem verantwortlichen Schriftleiter steht § 193 StGB. nicht zur Seite, auch wenn der Verfasser sich darauf berufen könnte. Mit der Vorschrift des § 21 Preßgesetzes hat das Gesetz ein besonderes, dem Preßgewerbe eigentümliches Fahrlässigkeitsvergehen geschaffen (RGSt. Bd. 13 S. 319), das die Anwendung der den äußeren und inneren Tatbestand einer Beleidigung voraussetzenden Vorschrift des § 193 StGB. begrifflich ausschließt. RGSt. v. 28. April 1930, Bd. 46 S. 134.

Die Bestimmung des § 21 findet, sofern die sonstigen Tatbestandsmerkmale vorhanden sind, nicht bloß auf periodische Druckschriften, sondern auf sämtliche Druckschriften im Sinne des § 2 des Preßgesetzes Anwendung.

Die erste Voraussetzung hierfür ist, daß durch den Inhalt einer Druckschrift der Tatbestand einer strafbaren Handlung begründet wird und sodann dieser Inhalt zur Veröffentlichung gelangt. Es kann daher § 21 sich nicht auf Verletzung der preßpolizeilichen Ordnungsvorschriften beziehen.

Die Strafvorschrift des § 21 kann nur in Betracht kommen, insofern die Veröffentlichung einer Druckschrift, deren Inhalt den Tatbestand einer strafbaren Handlung begründet (vgl. hier auch das oben unter § 14 I Gesagte), auf die Fahrlässigkeit des verantwortlichen Redakteurs usw. zurückzuführen ist.

Ist die Veröffentlichung vorsätzlich, dolos, erfolgt, dann greift an Stelle des § 21 der § 20 a. a. O. Platz. Dabei ist es selbstverständlich nicht ausgeschlossen, daß eine der an einer Druckschrift beteiligten Personen aus § 20, eine andere aus § 21 des Preßgesetzes bestraft werden kann.

Nur die im § 21 genannten Personen kann die daselbst angedrohte Strafe treffen, also nur:

1. den verantwortlichen Redakteur,
2. den Verleger,
3. den Drucker,
4. den Verbreiter bei gewerbsmäßigem Vertrieb oder sonstiger öffentlicher Verbreitung.

Einsender, Herausgeber sind hier außer Betracht.

Daß der verantwortliche Redakteur nur in Frage kommen kann, wenn es sich um eine periodische Druckschrift handelt, bedarf wohl erst keiner besonderen Hervorhebung.

Über den Begriff der strafbaren Handlung siehe oben das unter I dieses Paragraphen Gesagte.

Wenn gegen eine der im § 21 genannten Personen bereits eine rechtskräftige Entscheidung aus § 20 des Preßgesetzes ergangen ist, so kann nicht nochmals Anklage aus § 21 erhoben werden, und umgekehrt, da dies gegen den Grundsatz „ne bis in idem" verstoßen würde.

Liszt (Reichspreßrecht) spricht sich hierüber folgendermaßen aus: Durch die rechtskräftig gewordene gerichtliche Entscheidung über die nach der einen oder nach der anderen Richtung hin erhobene Anklage wird die ganze Sache nach beiden Richtungen hin definitiv erledigt. Nach Freisprechung von der Klage wegen doloser Täterschaft steht der neuen Anklage wegen Fahrlässigkeit der Einwand der abgeurteilten Sache entgegen; ebenso der Anklage wegen doloser Täterschaft, wenn der Angeklagte früher nur wegen Fahrlässigkeit verurteilt wurde. Und in beiden Fällen ebenso umgekehrt. Nur unter den Voraussetzungen, an welche das Gesetz die Zulässigkeit der Wiederaufnahme des Verfahrens knüpft, ist die abermalige Erhebung der Klage zulässig."

„Von demselben Gesichtspunkte aus (nämlich, daß die Tat, die in Frage steht, mag es sich um die Anschuldigung wegen doloser Täterschaft, mag es sich um die Anklage wegen Nichtanwendung der pflichtgemäßen Sorgfalt handeln, immer die Begehung des in der Druckschrift enthaltenen Deliktes ist) ist die Frage zu entscheiden, ob, wenn das in der Druckschrift enthaltene Delikt ein Antrags- oder Ermächtigungsdelikt ist, die Stellung des Antrages Bedingung ist für die öffentliche Verfolgung nach § 21 Reichspreßgesetz; ferner, ob, wenn das in der Druckschrift enthaltene Delikt zu den nach der Reichsstrafprozeßordnung auf dem Wege der Privatklage zu verfolgenden gehört, die Verfolgung wegen der preßrechtlichen Fahrlässigkeit ebenfalls auf diesem oder auf dem Wege der öffentlichen Klage zu erfolgen hat (§ 52 des Preßstrafrechts v. Liszt)." Nach Liszt ist eine Strafverfolgung aus § 21 des Preßgesetzes in diesen Fällen nur zulässig, wenn der zur Verfolgung der strafbaren Handlung erforderliche Strafantrag gestellt ist bzw. je nachdem das Antragsdelikt auf dem Wege der Privatklage oder öffentlichen Klage verfolgt wird, mittels desselben Verfahrens (Privatklage oder öffentliche Klage).

Das Fahrlässigkeitsdelikt aus § 21 ist Vergehen, gleichgültig, ob die durch den Inhalt einer Druckschrift begründete strafbare Handlung selbst Verbrechen oder Vergehen oder Übertretung ist. Die Strafe ist je nach der gröberen oder leichteren Fahrlässigkeit eine verschiedene: Geldstrafe oder Haft oder Festungsstrafe oder Gefängnis. Die beiden letzten Strafarten dürfen ein Jahr nicht überschreiten.

Die im § 21 Abs. 1 des Preßgesetzes bezeichneten Personen sind wegen vorzeitiger Veröffentlichung amtlicher Schriftstücke eines Strafprozesses (§ 17 a. a. O.) auch dann strafbar, wenn sie aus Fahrlässigkeit geschah. RGSt. v. 16. April 1903, Bd. 36 S. 191.

Die im § 21 benannten Personen können die Beschuldigung der Fahrlässigkeit auf doppelte Weise zurückweisen.

a) durch den Nachweis der Anwendung der pflichtgemäßen Sorgfalt oder von Umständen, welche diese Anwendung unmöglich gemacht haben;

b) durch Benennung des Verfassers oder Einsenders oder (bei nichtperiodischen Druckschriften) des Herausgebers, verantwortlichen Redakteurs, Verlegers usw., vorausgesetzt, daß die benannte Person sich im Bereiche der richterlichen Gewalt eines deutschen Bundesstaates befindet usw., kurz gesagt: eines Vormannes.

Zu a:

Die pflichtgemäße Sorgfalt ist die gewöhnliche Sorgfalt, welche jemand bei Ausübung seines Berufes anzuwenden hat. Sie wird bei dem Drucker eine andere sein als bei dem Verleger, bei diesem verschieden sein von der des Verbreiters usw.

Der Redakteur handelt fahrlässig, wenn er in dem Blatte, das er als verantwortlicher Redakteur zeichnet, Artikel aufnehmen läßt, ohne sie auf ihre etwaige Strafbarkeit geprüft zu haben. Ist er nicht in der Lage, diese Tätigkeit auszuüben, so ist es seine Sache, einen Stellvertreter an seiner Stelle rechtzeitig zu bestellen, der für ihn verantwortlich zeichnet. Der Redakteur hat die Pflicht zu redigieren, wie das Reichsgericht in dem Erkenntnis v. 6. Juni 1881, Bd. 22 der Strafs. S. 65 entschieden hat. „Der verantwortliche Redakteur kann aber für die gesamte druckmäßige Herstellung der von ihm redigierten Zeitung nicht dergestalt verantwortlich erklärt werden, daß er, weil er die Korrektur nicht selbst vorgenommen, ohne weiteres für unterlaufene, den Sinn entstellende Druckfehler als fahrlässig verschuldet strafrechtlich haftet. Der Redakteur hat nicht die Pflicht, entweder selbst die Korrektur vorzunehmen oder doch diese Korrektur persönlich zu kontrollieren. Es ist selbstverständlich, daß er für die druckmäßige Herstellung des Preßerzeugnisses sich der technischen Hilfskräfte bedienen kann und muß. Trifft den Redakteur in der Auswahl dieses Personals keine Schuld, so ist er nicht strafbar." RGSt. v. 25. Juni 1894, Bd. 26 S. 45.

Daß Umstände, welche die Anwendung der pflichtgemäßen Sorgfalt unmöglich gemacht haben, vorgelegen haben, die den Vorwurf der Fahrlässigkeit mit Erfolg zu entkräften vermögen, muß ebenfalls nachgewiesen werden. Dazu gehören z. B. plötzliche Erkrankung, welche die Bestellung eines Stellvertreters unmöglich macht, die unrichtigerweise erfolgte Benennung als verantwortlicher Redakteur usf. Vgl. oben in I. RGSt. v. 5. Februar 1884, Bd. 10 S. 82.

Zu b:

Die im § 21 benannten Personen befreien sich ferner von der Beschuldigung der Fahrlässigkeit durch Nennung des Vormannes. Letzterer ist der Verfasser oder Einsender, mit dessen Einwilligung die Veröffentlichung geschehen ist, oder bei nichtperiodischen Druckschriften der Herausgeber oder eine der im § 21 Abs. 1 angeführten Reihenfolge vor dem Angeklagten benannte Person. Eine bestimmte Reihenfolge einzuhalten ist nicht erforderlich. Der benannte Vormann kann übrigens sich durch Nennung seines Vormannes von der Verantwortung aus § 21 befreien.

Einen Vormann nachweisen, heißt durch geeignete Beweismittel dem Richter glaubhaft machen, daß die als Vormann bezeichnete Person die Verantwortung für den inkriminierten Artikel zu tragen hat.

Der Nachweis muß spätestens bis zur Verkündung des Urteils erster Instanz geschehen, gleichgültig, ob das Urteil erster Instanz in der Revisionsinstanz aufgehoben wird oder nicht.

Der Vormann muß zur Zeit des Nachweises durch den Nachmann in dem Bereich der richterlichen Gewalt eines Bundesstaates sein. Hat der Vormann sich später der Strafgewalt entzogen, so hindert das die Befreiung des Nachmannes nicht. Ist der Vormann bei Benennung schon verstorben, so genügt es, daß er zur Zeit der Veröffentlichung sich in dem Bereich dieser richterlichen Gewalt befunden hat.

Sobald durch den Inhalt einer Druckschrift der Tatbestand einer strafbaren Handlung begründet ist und § 20 nicht Anwendung finden kann, ist die Beschuldigung der Fahrlässigkeit im Sinne des § 21 gegen die darin bezeichneten Personen begründet. Einen besonderen Nachweis, worin diese Beschuldigung ihren Grund hat, zu führen, ist nicht notwendig, vielmehr liegt es dem Angeschuldigten ob, die Unrichtigkeit der Beschuldigung nachzuweisen, die Anschuldigung zu entkräften.

Reichsgerichtsentscheidungen hierzu:

„Die sukzessive Haftbarkeit des Nachmannes fällt weg, wenn der Vormann durch die Untersuchung ermittelt ist.“ RGSt. v. 21. Juni 1881, Bd. 4 S. 297.

„Für das in § 21 aufgestellte Fahrlässigkeitsdelikt ist Voraussetzung, daß der Inhalt der Druckschrift den Tatbestand einer strafbaren Handlung begründet, daß es sich nicht um eine Übertretung preßpolizeilicher Vorschriften handelt, daß aber die strafbare Handlung durch Verbreitung der Druckschrift begangen ist. Auf diesen Ausgangspunkt der ganzen Disposition ist mit den Eingangsworten „begründet der Inhalt einer Druckschrift den Tatbestand einer strafbaren Handlung“ hingewiesen. Der Verbreitung der Druckschrift als eines notwendigen Merkmals ist nicht besonders gedacht, weil die Verbreitung überhaupt ein wesentliches Moment im Tatbestande derjenigen Preßdelikte ist, welche in strafwidriger Gedankenäußerung bestehen.“

„Die genannten Eingangsworte stellen dagegen die Strafbarkeit auf den Inhalt der Druckschrift und bringen damit zum Ausdruck, daß es für das Fahrlässigkeitsdelikt des § 21 ausreicht, wenn der objektive Tatbestand einer strafbaren Handlung durch Druckschrift gegeben ist. Es greift mithin § 21 auch dann Platz, wenn der strafbare Inhalt dem Verfasser nicht zum Dolus zuzurechnen ist, und findet jener Paragraph insbesondere auch dann Anwendung, wenn ein Urheber nicht zu ermitteln oder nicht bzw. nicht mehr zur Verantwortung zu ziehen ist.“

Die Anwendung des Abs. 2 § 21 des Gesetzes über die Presse v. 7. Mai 1874 wird durch die rechtskräftige Freisprechung des Vormannes nicht ausgeschlossen. RGSt. v. 29. Januar 1907, Bd. 39 S. 408.

Begründet der Inhalt einer Druckschrift den Tatbestand einer strafbaren Handlung, so sind die bei ihrer Herstellung oder Verbreitung beteiligt gewesenen Personen in erster Reihe gemäß § 20 des Preßgesetzes nach den bestehenden allgemeinen Strafgesetzen und erst in zweiter Reihe, „soweit sie nicht nach § 20 als Täter oder Teilnehmer zu bestrafen sind", gemäß § 21 des Gesetzes wegen der hier vorgesehenen preßrechtlichen Fahrlässigkeit zur Verantwortung zu ziehen. Dieses Verhältnis der beiden Gesetzesvorschriften zueinander weist schon nach dem Wortlaute des Gesetzes darauf hin, daß die ergänzende preßrechtliche Norm des § 21 nur dann Anwendung finden kann, wenn nicht ein von den allgemeinen Strafgesetzen bedrohter Tatbestand verwirklicht worden ist. Vom Standpunkte des Preßrechts aus handelt es sich in beiden Fällen um ein und dasselbe Tun, nämlich die Mitwirkung bei der Herstellung oder Verbreitung einer Druckschrift, deren Inhalt den Tatbestand einer strafbaren Handlung begründet. Wo dieses Tun für sich allein oder in Verbindung mit weiteren tatsächlichen Voraussetzungen schon vom Standpunkt der allgemeinen Strafgesetze aus sich als strafbar erweist, ist auch lediglich für die Anwendung dieser Strafgesetze Spielraum. Ganz besonders muß dies gelten, wenn das durch den Inhalt der Druckschrift begründete Delikt eine vorsätzliche Begehung erfordert. In einem solchen Falle umfaßt der Vorsatz der bei der Herstellung oder Verbreitung der Druckschrift beteiligten Personen auf Begehung der betreffenden Straftat durch die Presse notwendig auch das Bewußtsein von dem strafbaren Inhalt der Druckschrift und die in diesem Sinne vorsätzliche Mitwirkung. RGSt. v. 3. Januar 1908, Bd. 41 S. 49.

Zu vgl. auch RGSt. v. 28. April 1880, Bd. 2 S. 270 oben unter I S. 60/61 angeführt.

„Nicht die bloße Innehabung bzw. das Eigentum an einem Verlagsgeschäfte sind ausreichend zur Begründung der Verantwortlichkeit."

„Würde dies für ausreichend erachtet worden sein, so hätte das Gesetz auch nach dieser Richtung hin eine formale Verantwortlichkeit in einem verantwortlichen Verleger usw. substituiert. Hierfür bietet aber das Gesetz keinen Anhalt. Aus seiner

Stellung als solcher haftet nur der verantwortliche Redakteur, und zwar als Täter eventuell wegen Fahrlässigkeit; Verleger, Drucker und gewerbsmäßiger Verbreiter sind dagegen in § 21 a. a. O. nur wegen ihrer Tätigkeit verantwortlich gemacht. Wenn daher der Inhaber eines Verlagsgeschäftes die Leitung eines Betriebes einem Stellvertreter überlassen hat, so kann nur dieser, nicht auch der Inhaber aus § 21 verantwortlich sein."

„Die Bestrafung des Vormannes soll die das Nachmannes ausschließen, so daß eine mehrfache Verurteilung aus § 21 nur unter der Voraussetzung möglich ist, daß die Verfolgung in umgekehrter Reihenfolge beginnt und der zur Verantwortung Gezogene einen Vormann nicht mehr nachweisen kann, letzterer aber demnächst von der verfolgenden Behörde erreicht wird." RGSt. v. 23. Dezember 1881, Bd. 5 S. 354.

Im Anschluß hieran interessiert auch die RGSt. v. 9. Juli 1889, Bd. 19 S. 357, welche folgendes ausführt: „Wie das Reichsgericht in dem Urteil v. 23. Dezember 1881 ausgeführt hat, genügt nicht die bloße Innehabung bzw. das Eigentum an einem Verlagsgeschäfte zur Begründung der strafrechtlichen Verantwortlichkeit aus § 21 des Preßgesetzes. Der Angeklagte hat in der Tat die Tätigkeit des Verlegers ausgeübt. Der Angeklagte hat die Oberleitung des von ihm erworbenen Geschäftes geführt und nach der Richtung hin die geschäftlichen Dispositionen getroffen, ferner ist erwiesen, daß das inkriminierte Werk in dem Schaufenster der Buchhandlung des Angeklagten ausgelegen und daß der Gehilfe des Angeklagten anstandslos ein Exemplar verkauft habe. In diesem Feilhalten und Verkaufen konnte die Vorinstanz ohne Rechtsirrtum einen gewerbsmäßigen Absatz des Werkes, ein Zugänglichmachen für das Publikum finden und demgemäß, wie geschehen, feststellen, daß der Angeklagte als Verleger das Werk gewerbsmäßig vertrieben hat."

„Unter diesen Voraussetzungen haftet derjenige, welcher eine Verlagsbuchhandlung erwirbt, aus § 21 des Preßgesetzes als Verleger für den strafbaren Inhalt solcher Druckschriften, welche bereits vor dem Erwerbe in dem Verlage jener Handlung erschienen waren."

Der Verbreiter einer ausländischen Druckschrift bleibt straflos, wenn ihm dieselbe im Wege des Buchhandels zugekommen ist.

Ausländische Druckschrift ist die im Auslande erscheinende Druckschrift.

Durch die letztere Bestimmung soll der Buchhandel geschützt werden. Es würde derselbe in dem Vertrieb von ausländischen Schriften geschädigt werden, wenn dem Buchhändler bezüglich dieser Schriften nicht Befreiung von der durch § 21 festgelegten Verantwortung zugebilligt worden wäre, da der Buchhändler nicht in der Lage ist, jedes Buch auf die Strafbarkeit seines Inhalts zu prüfen. Der Buchhändler bleibt daher straffrei, wenn er die Druckschrift im Buchhandel erhalten hat.

IV. Die Verjährung.

§ 16.

Die Verjährung.

Nach § 22 des Preßgesetzes verjährt die Strafverfolgung derjenigen Verbrechen und Vergehen, welche durch die Verbreitung von Druckschriften strafbaren Inhalts begangen werden, sowie derjenigen sonstigen Vergehen, welche in diesem Gesetze mit Strafe bedroht sind, in sechs Monaten.

Die sechsmonatige Verjährungsfrist gilt einerseits für Verbrechen und Vergehen, welche durch die Verbreitung von Druckschriften strafbaren Inhalts begangen worden sind, anderseits für die Verletzung der preßpolizeilichen Vorschriften, soweit sie sich als Vergehen darstellen, also Zuwiderhandlungen gegen § 18, endlich auch die gegen die §§ 21 und 28 des Preßgesetzes.

Übertretungen, mittels einer Druckschrift begangen, unter liegen wie jede andere Übertretung der dreimonatigen Verjährungsfrist.

Bezüglich der sechsmonatigen Verjährungsfrist macht es keinen Unterschied, ob durch den strafbaren Inhalt der Druckschrift der Tatbestand eines Verbrechens oder Vergehens gegeben ist. Erforderlich ist es aber, daß das Verbrechen oder Vergehen durch die Verbreitung, durch die Veröffentlichung (d. i. dem Publikum zugänglich machen) begangen worden ist. Das Privilegium der kürzeren Verjährungsfrist kommt also solchen Verbrechen oder Vergehen nicht zugute, die, wenn auch durch Druckschriften, so doch nicht durch deren Verbreitung begangen worden sind.

Nach § 22 des Preßgesetzes verjährt die Strafverfolgung derjenigen Verbrechen und Vergehen, die durch die Verbreitung von Druckschriften strafbaren Inhalts begangen werden, in sechs Monaten. Es müssen deshalb, soll die Vorschrift zur Anwendung kommen, Druckschriften strafbaren Inhalts in Frage stehen und sie müssen verbreitet worden sein.

Das Preßgesetz regelt die Verhältnisse der Presse und ihrer im § 2 näher bestimmten Gegenstände. Wenn es als zum Wesen des Preßdeliktes gehörig annimmt, daß durch die Verbreitung des Preßerzeugnisses die strafbare Handlung begangen ist und daß sie auf dessen Inhalt beruht, so kann an nichts anderes gedacht werden, als daß ein Preßerzeugnis als solches, d. h. gemäß seiner Bestimmung, Kunde von seinem Inhalte zu geben, verbreitet worden ist. Daraus ergibt sich, daß nur dann, wenn Gegenstand der Verbreitung ein Preßerzeugnis als solches ist, die Voraussetzungen des § 22 Preßgesetz erfüllt sein können. RGSt. v. 1. Dezember 1908, Bd. 42 S. 87.

Nach § 22 des Preßgesetzes verjähren Verbrechen, welche durch die Verbreitung von Druckschriften strafbaren Inhalts begangen werden, allgemein in der verkürzten Zeit von sechs Monaten.

§ 22 des Reichspreßgesetzes ordnet die sechsmonatige Verjährungsfrist nur für die Verbrechen und Vergehen an, welche durch Verbreitung von Druckschriften strafbaren Inhalts begangen werden. Diese Vorschrift greift aber nicht Platz, wenn die in Betracht kommende Straftat schon vor der Verbreitung der Druckschrift vollendet ist. RGSt. v. 17. September 1907, Bd. 40 S. 270.

Über preßgesetzliche Verjährung.

„Die Verjährungsfrist des § 22 Preßgesetzes gilt nicht nur für strafbare Handlungen des Schriftleiters, Verlegers und Druckers, sondern auch für solche des Verfassers, und folgerichtig auch für jeden, der eine zur Veröffentlichung bestimmte Urkunde, ein Aktenstück oder eine Nachricht im Sinne des § 92 StGB. der zuständigen Zeitungsstelle übermittelt. Diese Übermittlung an den Verleger oder Drucker zum Zwecke der Veröffentlichung bildet im Sinne des Preßgesetzes nur eine vorbereitende Handlung und die notwendige Voraussetzung für das Erscheinen des Preßerzeugnisses und stellt mit der durch die Verbreitung des Blattes verübten Straftat ein und dieselbe Handlung dar."

„§ 20 Abs. 2 des Preßgesetzes begründet nur eine widerlegbare Beweisvermutung."

„Das Reichsgericht hat bereits in seinem Erkenntnisse v. 23. Februar 1880, Bd. 1 S. 373, den Standpunkt eingenommen, daß die Verfolgbarkeit bei Druckschriften strafbaren Inhalts, die im Auslande erschienen sind, denselben Grundsätzen unterliegt wie bei anderen Straftaten, daß insbesondere die Anwendbarkeit des § 22 Abs. 2 Preßgesetzes nicht auf im Inlande verübte strafbare Handlungen beschränkt ist. Diesem Grundsatze muß beigepflichtet werden."

„Die kurze Verjährungsfrist gilt auch für Preßvergehen, die durch Veröffentlichung in ausländischen Zeitungen und Verbreitung durch diese im Auslande begangen werden."

„Alles, was der Drucklegung und Verbreitung vorausgeht, ist im Sinne des Preßgesetzes, aber auch nur so weit bloß Vorbereitungshandlung, die nur einheitlich mit der Drucklegung und Verbreitung beurteilt werden kann, da sie eben bloß einen Teil der auf die tatsächlich erfolgte Verbreitung abzielende Tätigkeit bildet."

„Daß eine Tat, die nach dem Willen des Täters durch Verbreitung einer Druckschrift vollendet werden sollte, aber nicht bis zur Vollendung, also bis zur Verbreitung fortgeschritten ist, überhaupt nicht strafbar ist, ist unrichtig. Sie ist es nur nicht im Rahmen des Preßgesetzes, wohl aber kann in dem, was bereits geschehen ist, der Tatbestand irgendeiner anderen, nach den allgemeinen Strafgesetzen zu beurteilenden Straftat liegen, die nur nicht durch Drucklegung und Veröffentlichung begangen worden ist. Auf eine solche Straftat kann dann aber auch die kurze Verjährung des § 22 Preßgesetzes keine Anwendung finden, da hier eine durch Verbreitung einer Druckschrift strafbaren Inhalts begangene Straftat verlangt wird."

RGSt., Beschluß v. 1. November 1926, Bd. 61 S. 19ff.

§ 22 Preßgesetzes bei Ankündigung einer nicht genehmigten Ausspielung in Druckschriften s. RGSt. v. 14. November 1929, Bd. 63 S. 322. § 22 setzt voraus, daß ein Verbrechen oder Vergehen ausschließlich durch Verbreitung von Druckschriften begangen ist.

Im übrigen ist die Verjährungsfrage bei mangelnder besonderer Regelung im Preßgesetze nach den Grundsätzen des Strafgesetzbuches (§§ 66, 67 Schlußsatz, §§ 68ff.) zu würdigen. RGSt. v. 24. März 1881, Bd. 4 S. 216.

Die Verjährung bei Verbreitung von Druckschriften, deren Strafbarkeit durch den Inhalt begründet wird, richtet sich nach § 22 des Preßgesetzes, während die Verjährung bei Verbreitung von Druckschriften, deren Strafbarkeit durch die Verbreitung an sich begründet wird, sich nach den allgemeinen Bestimmungen des Strafgesetzbuches richtet (§ 67). (Im letzteren Falle handelt es sich um die formale Übertretung des ein für allemal erlassenen Verbots — eine im Auslande erscheinende Druckschrift verboten.) RGSt. v. 15. Dezember 1883, Bd. 9 S. 291.

Die Verjährung des Preßdeliktes verhindert auch die strafrechtliche Verfolgung des Einsenders des beleidigenden Artikels. RGSt. v. 29. September 1893, Bd. 24 S. 269.

Der Verleger einer unzüchtigen Schrift, der diese im einheitlichen Tatzusammenhange zum Zwecke der Verbreitung herstellt, ankündigt, anpreist, vorrätig hält und demnächst verbreitet, kann zu einer Zeit, zu welcher die Tat in Ansehung der Verbreitung verjährt ist, wegen deren Herstellung, Ankündigung usw. nicht mehr strafrechtlich verfolgt werden. RGSt. v. 3. Juni 1905, Bd. 38 S. 71.

Richtet sich eine Strafandrohung des Börsengesetzes nur gegen ein öffentliches Prospekt im Sinne des Börsengesetzes und hat nach den getroffenen Feststellungen der Angeklagte das ihm zur Last gelegte Vergehen begangen, da die Veröffentlichung in der Presse mit seinem Willen erfolgt ist, so verjährt, da die Tat dann in Wirklichkeit durch Verbreitung von Druckschriften begangen ist, die Strafverfolgung nach § 22 des Preßgesetzes. RGSt. Bd. 49 S. 358.

Ist ein Stück eines gedruckten Geschäftsberichtes einer Genossenschaft zur Begehung einer strafbaren Handlung benutzt worden, nicht zum Zwecke der Verbreitung, so daß weder tatsächlich noch rechtlich eine Verbreitung in Frage kommt, dann kann eine Verjährung nach § 22 des Reichspreßgesetzes nicht geltend gemacht werden. RGSt. v. 7. Februar 1919, Bd. 53 S. 194.

Ist eine Straftat durch die Presse begangen, so unterliegt die Strafverfolgung der sechsmonatigen Verjährung. RGSt. v. 22. März 1919, Bd. 53 S. 276.

Beginn der Verjährung.

Nach § 67 Abs. 4 des Reichsstrafgesetzbuches beginnt die Verjährung mit dem Tage, an welchem die Handlung begangen ist, ohne Rücksicht auf den Zeitpunkt des eingetretenen Erfolges.

Die Verjährungsfrist des § 22 des Preßgesetzes beginnt erst mit dem letzten Akt der als Einheit aufgefaßten Handlung. RGSt. Bd. 35 S. 267.

„Ein Preßdelikt, durch Inhalt einer Druckschrift begründet, wird mit dem Tage der Verbreitung (mit dem Tage der Veröffentlichung und Ausgabe der betreffenden Nummer der periodischen Zeitschrift) begangen. Mit diesem Tage beginnt die Verjährung." RGSt. v. 24. März 1881, Bd. 4 S. 216. Sobald die Verbreitung begonnen ist, ist die strafbare Handlung begangen. Sobald daher in dem Zugänglichmachen eines einzigen Exemplars eine Verbreitung zu erblicken ist, ist auch die strafbare Handlung vollendet.

Das durch falsche Angabe des Verlegers begangene Preßdelikt beginnt seine Verjährung mit dem Erscheinen der Schrift, dem ersten Verbreitungsakte. RGSt. v. 17. Oktober 1893, Bd. 24 S. 350.

Ist mit dem Beginn der Verbreitung das Delikt begangen und beginnt demnach die Verjährungsfrist für alle an der Herstellung und Ausgabe der Druckschrift beteiligten Personen, so läuft anderseits jedem einzelnen Verbreiter gegenüber, mag er wegen Verbreitung einer verbotenen oder in Beschlag genommenen Druckschrift oder wegen vorsätzlicher oder fahrlässiger Verbreitung einer Druckschrift strafbaren Inhalts zur Verantwortung gezogen werden, eine besondere Verjährungsfrist und bilden die von ihm vorgenommenen Verbreitungsakte die strafbare Handlung, die selbständig ins Auge gefaßt werden muß, nach deren Abschluß erst die Verjährung selbständig zu laufen beginnt (Liszt, Preßrecht, S. 206).

Die Tätigkeit des Verbreiters besteht regelmäßig aus einer Mehrzahl von Verbreitungsakten. Bilden die mehreren Verbreitungsakte eine Reihe von an sich selbständigen strafbaren Handlungen (Realkonkurrenz), so kommt jede Verbreitungshandlung auch bezüglich des Beginns der Verjährung selbständig in Betracht. Handelt es sich dagegen um ein sogenanntes fortgesetztes Delikt, so beginnt die Verjährung mit dem letzten Fortsetzungsakte. RGSt. v. 30. September 1887.

Da Reproduktion eines strafbaren Artikels in einem anderen Journal eine selbständige strafbare Handlung ist, so beginnt bei ihr die Verjährung erst mit der Verbreitung des reproduzierten Artikels (Berner, deutsches Preßrecht).

Bei im Auslande erschienenen Druckschriften hat bezüglich der Verjährung nur die im Inlande stattfindende Verbreitung Interesse, indem für den Lauf der Verjährung der erste Verbreitungsakt im Inlande maßgebend ist. Insoweit jedoch die im Auslande begangenen Verbrechen und Vergehen nach § 4 des Reichsstrafgesetzbuchs nach den Strafgesetzen des Deutschen Reichs verfolgt werden können, ist die Verjährungsfrist vom Tage der Veröffentlichung zu berechnen, also in derselben Weise, als wenn die Druckschrift, welche den Tatbestand einer solchen strafbaren Handlung enthält, im Inlande veröffentlicht worden wäre.

Selbständig neben der durch § 22 festgesetzten Verjährungsfrist läuft die durch § 61 des Strafgesetzbuches festgelegte dreimonatige Frist zur Stellung des bei Handlungen, deren Verfolgung nur auf Antrag eintritt, erforderlichen Strafantrages.

Gewöhnlich wird diese Frist ja eher abgelaufen sein als die sechsmonatige Verjährungsfrist. Da aber nach § 61 a. a. O. die Antragsfrist mit dem Tage beginnt, seit welchem der zum Antrage Berechtigte von der Handlung und von der Person des Täters Kenntnis erhalten hat, so kann durch besondere Umstände die Antragsfrist so spät beginnen, daß die für die Verjährung festgesetzten sechs Monate, vom Tage des Beginnes der Verjährung an gerechnet, inzwischen verstrichen sind. In diesem Falle hält die Antragsfrist den Lauf der Verjährung nicht auf. Die Stellung des Strafantrages kann daher nicht mehr eine Verfolgung der in Frage kommenden strafbaren Handlung bewirken. Vgl. hier auch §§ 41 und 42 des Strafgesetzbuches. Letzterer bestimmt, daß, wenn in den Fällen der §§ 40 und 41 a. a. O. die Verfolgung oder die Verurteilung einer bestimmten Person nicht ausführbar ist, die daselbst vorgeschriebenen Maßnahmen selbständig erkannt werden können (sog. objektives Strafverfahren).

Die Unterbrechung der Verjährung.

Nach § 68 des Reichsstrafgesetzbuchs unterbricht jede Handlung des Richters, welche wegen der begangenen Tat gegen den Täter gerichtet ist, die Verjährung. Die Unterbrechung findet nur rücksichtlich desjenigen statt, auf welchen die Handlung sich bezieht. Nach der Unterbrechung beginnt der Lauf der Verjährungsfrist von neuem.

Die richterliche Handlung muß gegen den Täter gerichtet sein; sie muß ferner wegen einer ganz bestimmten strafbaren Handlung gegen den Täter derselben gerichtet sein und unterbricht alsdann auch nur den Lauf dieser strafbaren Handlung für den Fall, daß durch die Verbreitung einer Druckschrift mehrere strafbare Handlungen begangen worden sind.

Das Preßgesetz kennt nur eine verkürzte Verjährungsfrist für die Strafverfolgung der durch die Verbreitung von Druckschriften strafbaren Inhalts begangenen Verbrechen und Vergehen, nicht aber für die Strafvollstreckung. Die Verjährungsfristen für die letztere sind daher die durch die allgemeinen Bestimmungen festgesetzten (§§ 70 ff. des Reichsstrafgesetzbuches).

V. Die Beschlagnahme.

§ 17.

Allgemeines.

Nach § 94 der Strafprozeßordnung sind Gegenstände, welche als Beweismittel für die Untersuchung von Bedeutung sein können oder der Einziehung unterliegen, in Verwahrung zu nehmen oder in anderer Weise sicherzustellen.

„Befinden sich die Gegenstände in dem Gewahrsam einer Person und werden dieselben nicht freiwillig herausgegeben, so bedarf es der Beschlagnahme.

Wir haben also zwei Arten der Beschlagnahme: die eine zur Sicherung von Gegenständen, die für die Untersuchung wegen einer strafbaren Handlung als Beweismittel dienen, die andere zwecks Einziehung von Gegenständen, die einer solchen unterliegen.

Die erstgenannte dient der Herbeiführung eines strafrechtlichen Erkenntnisses, die letztgenannte zur Sicherung von Gegenständen, „auf deren Einziehung", wie Löwe in seinem Kommentar zur Strafprozeßordnung sagt, „in der vorliegenden Sache voraussichtlich zu erkennen sein wird". Zur Erlangung dieser Gegenstände ist unter bestimmten Voraussetzungen die Haus- und Personendurchsuchung zulässig (§§ 94ff. StPO., zu vgl. § 70 a. a. O.).

Die Anordnung der Beschlagnahme steht für gewöhnlich nur dem Richter zu, der Staatsanwaltschaft aber und denjenigen Polizei- und Sicherheitsbeamten, welche als Hilfsbeamte der Staatsanwaltschaft den Anordnungen derselben Folge zu leisten haben, nur in dem Ausnahmefalle zu, daß Gefahr im Verzuge ist, d. h. daß, wenn die richterliche Anordnung eingeholt bzw. abgewartet werden würde, der Zweck der Beschlagnahme inzwischen nicht mehr erreicht werden könnte (§ 98 Abs. 1 StPO.).

„Ist die Beschlagnahme ohne richterliche Anordnung erfolgt, so soll der Beamte, welcher die Beschlagnahme angeordnet hat, binnen drei Tagen die richterliche Bestätigung nachsuchen, wenn bei der Beschlagnahme weder der davon Betroffene, noch ein erwachsener Angehöriger anwesend war, oder wenn der Betroffene und im Falle seiner Abwesenheit ein erwachsener Angehöriger desselben gegen die Beschlagnahme ausdrücklichen Widerspruch erhoben hat. Der Betroffene kann jederzeit die richterliche Entscheidung nachsuchen. Solange die öffentliche Klage noch nicht erhoben ist, erfolgt die Entscheidung durch den Amtsrichter, in dessen Bezirk die Beschlagnahme stattgefunden hat." (§ 98 Abs. 2 StPO.).

„Ist nach erhobener öffentlicher Klage die Beschlagnahme durch die Staatsanwaltschaft oder einen Polizei- oder Sicherheitsbeamten erfolgt, so ist binnen drei Tagen dem Richter von der Beschlagnahme Anzeige zu machen und sind demselben die in Beschlag genommenen Gegenstände zur Verfügung zu stellen." (§ 98 Abs. 3 a. a. O.)

„Beschlagnahmen in militärischen Dienstgebäuden, zu welchen auch Kriegsfahrzeuge gehören, erfolgen durch Ersuchen der Militärbehörde und auf Verlangen der Zivilbehörde (Richter, Staatsanwaltschaft) unter deren Mitwirkung. Des Ersuchens der Militärbehörde bedarf es jedoch nicht, wenn die Beschlagnahme in Räumen vorzunehmen ist, welche in militärischen Dienstgebäuden ausschließlich von Zivilpersonen bewohnt werden." (§ 98 Abs. 4 a. a. O., zu vgl. § 105 Abs. 4 StPO.)

„Zulässig ist die Beschlagnahme der an den Beschuldigten gerichteten Briefe und Sendungen auf der Post sowie der an ihn gerichteten Telegramme auf den Telegraphenanstalten; desgleichen ist zulässig an den bezeichneten Orten die Beschlagnahme solcher Briefe, Sendungen und Telegramme, in betreff deren Tatsachen vorliegen, aus welchen zu schließen ist, daß sie von dem Beschuldigten herrühren oder für ihn bestimmt sind und daß ihr Inhalt für die Untersuchung Bedeutung habe." (§ 99 der Strafprozeßordnung.)

Die Beschlagnahme kann auch schon im Ermittlungsverfahren vorgenommen werden.

„Zu der Beschlagnahme (§ 100 Abs. 1 a. a. O.) ist nur der Richter, bei Gefahr im Verzug und wenn die Untersuchung nicht bloß eine Übertretung betrifft, auch die Staatsanwaltschaft befugt. Die letztere muß jedoch den ihr ausgelieferten Gegenstand sofort, und zwar Briefe und andere Postsendungen uneröffnet, dem Richter vorlegen."

„Die von der Staatsanwaltschaft verfügte Beschlagnahme tritt, auch wenn sie eine Auslieferung noch nicht zur Folge gehabt hat, außer Kraft, wenn sie nicht binnen drei Tagen vom Richter bestätigt wird.“ (§ 100 Abs. 2 a. a. O.)

„Die Entscheidung über eine von der Staatsanwaltschaft verfügte Beschlagnahme sowie über die Eröffnung eines ausgelieferten Briefes oder einer anderen Postsendung erfolgt durch den zuständigen Richter (§ 98).“ (§ 100 Abs. 3 a. a. O.)

Es handelt sich bei der Beschlagnahme des § 100 um die in § 99 a. a. O. näher bestimmte Beschlagnahme. Vgl. auch §§ 101 ff. der Strafprozeßordnung. Nur die im § 99 bezeichnete Beschlagnahme erlischt bei Nichtbeobachtung der vorgeschriebenen dreitägigen Frist, bzw. Nichtbestätigung durch den Richter innerhalb dieser Frist, nicht aber die Beschlagnahme gemäß § 98 a. a. O.

§ 18.

Die Beschlagnahme von Druckschriften.

Nach § 5 des Einführungsgesetzes zur Reichsstrafprozeßordnung werden die prozeßrechtlichen Vorschriften der Reichsgesetze durch die Strafprozeßordnung nicht berührt.

Die prozeßrechtlichen Vorschriften der Landesgesetze treten nach § 6 Abs. 1 des Einführungsgesetzes für alle Strafsachen, deren Entscheidung in Gemäßheit des § 3 nach den Vorschriften der Strafprozeßordnung zu erfolgen hat, außer Kraft, insoweit nicht in der Strafprozeßordnung auf sie verwiesen ist.

Es bleiben demnach die entsprechenden Bestimmungen des Preßgesetzes in Kraft.

Die Freiheit der Presse durch besondere sie schützende Bestimmungen zu garantieren, haben auch die Vorschriften über die Beschlagnahme von Druckschriften zum Zweck, indem dadurch die durch die allgemeinen Bestimmungen gegebene Befugnis zur Beschlagnahme weiter eingeengt wird. Diese Beschränkung bezieht sich aber nur auf die nichtrichterliche, also die staatsanwaltschaftliche und polizeiliche Beschlagnahme. Die richterliche Beschlagnahme unterliegt den allgemeinen Vorschriften der Strafprozeßordnung, nur die §§ 27 und 28 des Preßgesetzes treffen auch die auf richterliche Anordnung erfolgte Beschlagnahme.

Nach § 23 des Preßgesetzes — s. aber auch oben I Einleitung: das Gesetz zum Schutze der Republik und die Verordnungen des Reichspräsidenten zur Verhütung politischer Ausschreitungen nebst den dazu gehörigen Ausführungsverordnungen und Ministerialerlassen — ist eine Beschlagnahme von Druckschriften ohne richterliche Anordnung nur in folgenden Fällen zulässig, wenn

1. Druckschriften den Namen und Wohnort des Druckers nicht enthalten;
2. Druckschriften,
   a) welche für den Buchhandel oder sonst zur Verbreitung bestimmt sind, Name und Wohnort des Druckers oder Name und Wohnort des Verlegers fehlt;
   b) beim Selbstvertriebe der Druckschrift Name und Wohnort des Druckers oder Name und Wohnort des Verfassers bzw. Herausgebers fehlt;
3. bei periodischen Druckschriften eines der vorstehend genannten Erfordernisse oder der Name und Wohnort des verantwortlichen Redakteurs fehlt (periodische Druckschriften, Zeitungen und Zeitschriften);
4. im Auslande erscheinende periodische Druckschriften den Vorschriften des § 14 des Preßgesetzes zuwider verbreitet werden;
5. Druckschriften in Zeiten der Kriegsgefahr oder des Krieges dem Verbote des § 15 des Preßgesetzes zuwider Mitteilungen über Truppenbewegungen usw. veröffentlichen*);
6. in Druckschriften zum Hochverrat aufgefordert wird (§ 85 des Reichsstrafgesetzbuchs);
7. Druckschriften unzüchtige Schriften, Abbildungen oder Darstellungen enthalten (§ 184 des Strafgesetzbuchs);
8. Druckschriften eine Aufforderung zur Begehung einer strafbaren Handlung enthalten (§ 111 l. c.);

*) § 15 ist aufgehoben. An seine Stelle sind die entsprechenden Bestimmungen des Reichsgesetzes gegen den Verrat militärischer Geheimnisse vom 3. Juni 1914 (RGBl. S. 195) getreten. Siehe oben § 12.

9. in Druckschriften in einer den öffentlichen Frieden gefährdenden Weise verschiedene Klassen der Bevölkerung zu Gewalttätigkeiten gegeneinander angereizt werden (§ 130 l.c.).

In den Fällen unter 8 und 9 aber nur unter der weiteren Voraussetzung, daß dringende Gefahr besteht, daß bei Verzögerung der Beschlagnahme die Aufforderung oder Anreizung ein Verbrechen oder Vergehen unmittelbar zur Folge haben werde.

In allen Fällen ist aber die Beschlagnahme nur zulässig, wenn die Druckschrift bereits erschienen ist. Ebenso ist die polizeiliche Beschlagnahme in den gesetzlich für zulässig erklärten Fällen nur unter der Voraussetzung statthaft, daß Gefahr im Verzuge ist, also in den Fällen, in denen überhaupt die polizeiliche Beschlagnahme (ohne richterliche Anordnung) zugegeben ist (vergl. § 15). Es ergibt sich ersteres schon aus § 27 des Preßgesetzes: die Beschlagnahme von Druckschriften trifft die Exemplare nur da, wo dergleichen sich zum Zwecke der Verbreitung befinden, indem daraus der Rückschluß zu ziehen ist, daß die Beschlagnahme einer Druckschrift vor ihrer Veröffentlichung unzulässig ist. Eine Beschlagnahme kann im allgemeinen nur dann stattfinden, wenn eine strafbare Handlung begangen ist. Sofern es sich hierbei um eine Druckschrift handelt, ist eine strafbare Handlung als begangen nur mit dem Moment möglich, daß sie (die Druckschrift) erschienen ist.

Siehe auch OG. v. 5. März 1928, Bd. 83 S. 208, oben in § 1 S. 54/55 angeführt.

Nur wenn es sich um die eigentlichen Preßdelikte (im Unterschied zu den Preßpolizeidelikten) handelt, kann eine Einziehung der Druckschrift gemäß §§ 40 bis 42 des Reichsstrafgesetzbuches erfolgen, außerdem auch bei Zuwiderhandlung gegen das im § 15 des Preßgesetzes*) enthaltene Verbot.

„Unzüchtigkeit von Abbildungen, Schriften oder Darstellungen ist nicht bewirkt durch den Verkauf zu unzüchtigen Zwecken." RGSt. v. 6. November 1893, Bd. 24 S. 365.

---

*) s. Fußnote auf S. 174.

§ 24 des Preßgesetzes:

„Über die Bestätigung oder Aufhebung der vorläufigen Beschlagnahme hat das zuständige Gericht zu entscheiden.

Diese Entscheidung muß von der Staatsanwaltschaft binnen 24 Stunden nach Anordnung der Beschlagnahme beantragt und von dem Gericht binnen 24 Stunden nach Empfang des Antrags erlassen werden.

Hat die Polizeibehörde die Beschlagnahme ohne Anordnung der Staatsanwaltschaft verfügt, so muß sie die Absendung der Verhandlungen an die letztere ohne Verzug und spätestens binnen 12 Stunden bewirken. Die Staatsanwaltschaft hat entweder die Wiederaufhebung der Beschlagnahme mittels einer sofort vollstreckbaren Verfügung anzuordnen oder die gerichtliche Bestätigung binnen 12 Stunden nach Empfang der Verhandlungen zu beantragen.

Wenn nicht bis zum Ablaufe des fünften Tages nach Anordnung der Beschlagnahme der bestätigende Gerichtsbeschluß der Behörde, welche die Beschlagnahme angeordenet hat, zugegangen ist, erlischt die letztere und muß die Freigabe der einzelnen Stücke erfolgen."

Über die Zuständigkeit des Gerichts vgl. oben § 14.

Die gerichtliche Entscheidung ist stets von der Staatsanwaltschaft, auch bezüglich der von der Polizei vorgenommenen Beschlagnahme, zu beantragen.

Unter der im Abs. 1 des § 24 des Preßgesetzes genannten „vorläufigen" Beschlagnahme ist sowohl die polizeiliche als auch die staatsanwaltschaftliche Beschlagnahme zu verstehen.

Die gerichtliche Bestätigung ist von der Staatsanwaltschaft von Amts wegen einzuholen.

Die Berechnung der vierundzwanzig- bzw. zwölfstündigen Frist wird von dem Augenblicke der Anordnung der Beschlagnahme an gerechnet. Die Überschreitung der Frist zieht aber nicht Aufhebung der Beschlagnahme nach sich; es würde dies sonst vom Gesetzgeber besonders gesagt worden sein.

Die fünftägige Frist wird nach vollen Tagen berechnet. (Vgl. § 19 des Reichsstrafgesetzbuches.)

Die gerichtliche Bestätigung oder Aufhebung der vorläufigen Beschlagnahme erfolgt durch Beschluß.

Nach § 24 des Preßgesetzes findet die vorläufige Beschlagnahme auf dreifache Weise ein Ende:

1. durch Wiederaufhebung seitens der Staatsanwaltschaft;
2. durch Aufhebung auf Grund richterlichen Beschlusses;
3. mangels gerichtlicher Bestätigung nach Ablauf von fünf Tagen nach Anordnung der Beschlagnahme.

In einer nach § 24 Abs. 4 des Preßgesetzes verspäteten Bestätigung der vorläufigen Beschlagnahme sowie ferner in dem auf Unbrauchbarmachung lautenden Urteile kann eine Beschlagnahme einer Druckschrift nicht gefunden werden." RGSt. v. 12. November 1897, Bd. 30.

§ 25 des Preßgesetzes: „Gegen den Beschluß des Gerichts, welcher die vorläufige Beschlagnahme aufhebt, findet ein Rechtsmittel nicht statt."

Hierin ist der Freiheit der Presse ein großes Privilegium zugestanden worden. Siehe aber § 12 des Republikschutzgesetzes, oben I. Einleitung S. 30.

Gegen den die Beschlagnahme bestätigenden Beschluß ist die einfache Beschwerde (§ 304 Strafprozeßordnung) zulässig.

§ 26 des Preßgesetzes: „Die vom Gericht bestätigte vorläufige Beschlagnahme ist wieder aufzuheben, wenn nicht binnen zwei Wochen nach der Bestätigung die Strafverfolgung in der Hauptsache eingeleitet worden ist."

Dieser Paragraph hat nur die vorläufige Beschlagnahme zum Gegenstande; die richterlich angeordnete Beschlagnahme fällt nicht unter diese Bestimmung.

Die Einleitung der Strafverfolgung in der Hauptsache.

Die Einleitung geschieht durch Erhebung der Klage seitens der Staatsanwaltschaft, und zwar wegen desselben Delikts, dessentwegen die Beschlagnahme erfolgt ist. Die Erhebung der Klage besteht entweder in einem Antrag auf gerichtliche Voruntersuchung oder in Einreichung einer Anklageschrift bei Gericht (§ 170 StPO., vgl. auch § 430 sowie § 151 a. a. O.). Die Beschlagnahme ist aufzuheben, d. h. die vorläufige Beschlagnahme erlischt nach der zweiwöchigen Frist nicht von selbst, wie es nach § 24 Abs. 4 der Fall ist (nach Ablauf von fünf Tagen), sondern muß durch besondere Verfügung ausdrücklich aufgehoben werden.

§ 27 des Preßgesetzes: „Die Beschlagnahme von Druckschriften trifft die Exemplare nur da, wo dergleichen zum Zwecke der Verbreitung sich befinden. Sie kann sich auf die zur Vervielfältigung dienenden Platten und Formen erstrecken; bei Druckschriften im engeren Sinne hat auf Antrag des Beteiligten statt Beschlagnahme des Satzes das Ablegen des letzteren zu geschehen.

Bei der Beschlagnahme sind die dieselbe veranlassenden Stellen der Schrift unter Anführung der verletzten Gesetze zu bezeichnen. Trennbare Teile der Druckschrift (Beilagen einer Zeitung usw.), welche nichts Strafbares enthalten, sind von der Beschlagnahme auszuschließen."

Wo dergleichen zum Zwecke der Verbreitung sich befinden.

Es kommen nur solche Örtlichkeiten in Frage, welche dem Publikum zugänglich sind, als Verkaufsstellen, Wirtschaften, öffentliche Lesezimmer u. dgl. m. Die im Privatbesitz befindlichen Exemplare sind der Beschlagnahme nicht ausgesetzt, also auch die im Lesezimmer von bestimmten Personen oder einer bestimmten Personenmehrheit (z. B. von geschlossenen Gesellschaften) befindlichen nicht.

Voraussetzung zur Beschlagnahme ist, daß eine Druckschrift da, wo sie angetroffen wird, sich zum Zwecke der Verbreitung befindet. Die Beschlagnahme erstreckt sich auf alle im Geltungsbereich des Preßgesetzes befindlichen Exemplare, sofern die Beschlagnahme auf Grund der entsprechenden Vorschriften des Preßgesetzes angeordnet ist (zu vgl. § 98 der Strafprozeßordnung).

Die Beschlagnahme kann sich auf die zur Vervielfältigung dienenden Platten und Formen erstrecken. Es ist dies in das Ermessen der Behörde gestellt, die von der Befugnis nur Gebrauch machen wird und soll, wenn es zur Erreichung des mit der Beschlagnahme erfolgten Zweckes notwendig ist.

Unter Platten und Formen sind alle zur Vervielfältigung dienenden Mittel zu verstehen. Berner sagt in seinem Reichspreßrecht S. 315: „Minder bekannt als ‚Platten‘ ist der Ausdruck ‚Formen‘. Man versteht darunter die zum Zwecke des Druckes in die eisernen Formrahmen gebrachten gesetzten Kolumnen, den vereinigten Schriftsatz.“

Die Beschlagnahme der Formen und Platten wird unterbleiben, wenn kein Grund zu der Annahme vorliegt, daß sie zur Herstellung der beanstandeten Druckschrift weiter benutzt werden.

Druckschriften im engeren Sinne sind mittels beweglicher Lettern hergestellte Schriften.

Unter Ablegen des Satzes ist das Auseinandernehmen desselben, sowie das Wegbringen der einzelnen Lettern an ihren gewöhnlichen Lagerort zu verstehen, so daß, wie Berner sagt, „alle Lettern wieder in ihre Sonderkästchen wandern“.

Im Abs. 2 des § 27 des Preßgesetzes wird die Form der Beschlagnahme vorgeschrieben. Dem von der Beschlagnahme Betroffenen sind bei der Ausführung derselben die die Beschlagnahme veranlassenden Stellen der Schrift unter Anführung der verletzten Gesetze zu bezeichnen. Die Vornahme der Beschlagnahme erfordert eine die letztere begründende Verfügung der anordnenden Behörde, welche dem von der Beschlagnahme Betroffenen auszuhändigen ist. Konnte die Verfügung, die stets schriftlich erfolgen muß, wegen Gefahr im Verzuge bei der Beschlagnahme nicht zugestellt werden, so muß dies noch nachträglich geschehen. Die Beschlagnahme soll nur soweit vorgenommen werden, als es zur Erreichung des Zweckes erforderlich ist. Daher sind trennbare Teile der Druckschrift, welche nichts Strafbares enthalten, von der Beschlagnahme auszuschließen.

Trennbare Teile, d. h. die Trennung muß körperlich möglich sein, so daß der übrig gebliebene Teil noch eine selbständige, verständliche Druckschrift ist. Daß die zu trennenden Teile schon vor ihrer Trennung in einem losen Zusammenhange sein müssen, ist nicht erforderlich.

§ 28 des Preßgesetzes: Während der Dauer der Beschlagnahme ist die Verbreitung der von derselben betroffenen Druckschrift oder der Wiederabdruck der die Beschlagnahme veranlassenden Stellen unstatthaft.

Wer mit Kenntnis der verfügten Beschlagnahme dieser Bestimmung entgegenhandelt, wird mit Geldstrafe bis 500 Reichsmark oder mit Gefängnis bis zu sechs Monaten bestraft."

Die Beschlagnahme beginnt mit dem Augenblick der Wegnahme der in Frage kommenden Druckschriften, sie endigt mit ihrer Aufhebung oder ihrem Erlöschen (§§ 24 und 26 des Preßgesetzes).

Die richterliche Beschlagnahme erlischt mit Rechtskraft des in der Sache selbst ergehenden Endurteils.

Verboten ist nach § 28 des Preßgesetzes:

1. die Verbreitung der von der Beschlagnahme betroffenen Druckschrift;
2. der Wiederabdruck der die Beschlagnahme veranlassenden Stellen.

Weder die ganze Druckschrift noch Stellen daraus dürfen verbreitet werden. Der Zweck ist hier, die Exemplare, welche nicht beschlagnahmt werden konnten, von der Verbreitung auszuschließen.

Das Verbot der Verbreitung trifft den ersten Verbreiter, wie auch den späteren.

Der Wiederabdruck der die Beschlagnahme veranlassenden Stellen ist verboten. Natürliche Voraussetzung für das Verbot bzw. die angedrohte Strafe ist die Veröffentlichung des Wiederabdruckes. Gegen den Wiederabdruck der Druckschrift ohne die beanstandeten Stellen ist nichts einzuwenden.

Zur Zuwiderhandlung gegen die Bestimmung des § 28 ist Kenntnis der verfügten Beschlagnahme erforderlich. Auf welche Weise sie erlangt ist, ob durch besondere Mitteilung der Behörde oder durch öffentliche Bekanntmachung oder auf privatem Wege, ist ohne Bedeutung. Die Vorschrift des genannten Paragraphen greift nur während der Dauer der Beschlagnahme Platz.

Die Zuwiderhandlung gegen das Verbot kann nur vorsätzlich geschehen. Die Kenntnis von dem Verbot ist dem Beschuldigten nachzuweisen. Sie wird in der Regel anzunehmen sein, wenn die verfügte Beschlagnahme öffentlich bekanntgemacht worden ist.

Auch bei der vorstehend besprochenen Beschlagnahme handelt es sich um beide Arten derselben (richterliche und nichtrichterliche).

Endlich sei noch folgendes hervorgehoben:

Ist die Beschlagnahme durch den strafbaren Inhalt einer Druckschrift veranlaßt, so ist die Unbrauchbarmachung gemäß §§ 41, 42 des Strafgesetzbuches (s. auch §§ 430ff. StPO.) auszusprechen. Handelt es sich aber um ein Preßpolizeidelikt, so kann diese Unbrauchbarmachung nicht angeordnet werden. Die Beschlagnahme ist aber nur ein vorübergehender Zustand; an ihre Stelle tritt bei Preßdelikten (selbstverständlich nur im Falle der Verurteilung) die Unbrauchbarmachung, ebenso wenn die Beschlagnahme auf Grund des § 15*) des Preßgesetzes erfolgt ist. In den übrigen Fällen müssen die beschlagnahmten Exemplare wieder zurückgegeben werden, sobald der Zweck der Beschlagnahme erreicht ist. Eine andere Art der Erledigung der Beschlagnahme, insbesondere Aufrechterhaltung derselben nach Rechtskraft des Urteils, gibt es nicht, wie Liszt (Reichspreßrecht) mit Recht hervorhebt.

Nach Abs. 1 des § 28 des Preßgesetzes ist während der Dauer der Beschlagnahme der Wiederabdruck der die Beschlagnahme veranlassenden Stellen unstatthaft, und nach Abs. 2 wird bestraft, wer mit Kenntnis der verfügten Beschlagnahme dieser Bestimmung entgegenhandelt. Mit Strafe bedroht ist also der Ungehorsam gegen das Verbot des Wiederabdrucks, und dies Verbot ist unterschiedslos für die Dauer der Beschlagnahme erlassen. Gerade aus allgemeinen Rechtsgrundsätzen folgt, daß eine rechtsgültige Beschlagnahme für die Zeit ihres Bestehens wirksam ist, wenngleich sie hinterher aufgehoben wird oder sonst erlischt, und daß ihr Erlöschen keine rückwirkende Kraft hat. RGSt. v. 27. September 1904, Bd. 37 S. 254.

Vgl. auch MErl. v. 23. März 1928, unten im § 19 näher angegeben.

VI. Schlußbestimmungen.

§ 19.

§ 30 des Preßgesetzes:

„Die für Zeiten der Kriegsgefahr, des Krieges, des erklärten Kriegs-(Belagerungs-)Zustandes oder innerer Unruhen (Aufruhrs) in bezug auf die Presse bestehenden besonderen gesetz-

*) s. Fußnote auf S. 174.

lichen Bestimmungen bleiben auch diesem Gesetze gegenüber bis auf weiteres in Kraft.

Das Recht der Landesgesetzgebung, Vorschriften über das öffentliche Anschlagen, Anheften, Ausstellen, sowie die öffentliche unentgeltliche Verteilung von Bekanntmachungen, Plakaten und Aufrufen zu erlassen, wird durch dieses Gesetz nicht berührt.

Dasselbe gilt von den Vorschriften der Landesgesetze über Abgabe von Freiexemplaren an Bibliotheken und öffentliche Sammlungen.

Vorbehaltlich der auf den Landesgesetzen beruhenden allgemeinen Gewerbesteuer findet eine besondere Besteuerung der Presse und der einzelnen Preßerzeugnisse (Zeitungs- und Kalenderstempel, Abgaben von Inseraten usw.) nicht statt."

Zu Abs. I: Daselbst sind zu unterscheiden Zeiten der Kriegsgefahr, des Krieges, des erklärten Kriegs-(Belagerungs-)Zustandes einerseits und innerer Unruhen anderseits.

Für diese Zeiten bleiben die besonderen gesetzlichen Bestimmungen in bezug auf die Presse in Kraft. Diese gesetzlichen Bestimmungen können reichs- wie landesgesetzliche sein.

Artikel 68 der Reichsverfassung v. 16. April 1871, der hier in Betracht kam, ist, wie letztere überhaupt, durch die neue Verfassung aufgehoben. Nachdem Artikel 45 der letzteren anordnet, daß der Reichspräsident das Reich völkerrechtlich vertritt und daß er im Namen des Reiches Bündnisse und andere Verträge mit auswärtigen Mächten schließt, die Gesandten beglaubigt und empfängt, daß Kriegserklärungen und Friedensschluß durch Reichsgesetz erfolgen, Bündnisse und Verträge mit fremden Staaten, die sich auf Gegenstände der Reichsgesetzgebung beziehen, der Zustimmung des Reichstages bedürfen und Artikel 47 bestimmt, daß der Reichspräsident den Oberbefehl über die gesamte Wehrmacht des Reiches hat, gibt Artikel 48 dem Reichspräsidenten das Recht, im Falle der erheblichen Störung oder Gefährdung der öffentlichen Sicherheit und Ordnung die erforderlichen Maßnahmen zu treffen, auch diejenigen in bezug auf die Presse und zu diesem Zwecke die in Frage kommenden Artikel der Verfassung, so auch Artikel 118, außer Kraft zu setzen. (Art. 48 ist oben in I. Einleitung im Wortlaut angegeben.) Im übrigen bleiben, auch für Zeiten der Kriegsgefahr usw., die in bezug auf die Presse bestehenden besonderen gesetzlichen Bestimmungen, auch die landesgesetzlichen, bis auf weiteres in Kraft, so das Preußische Gesetz vom 4. Juni 1851 (Gesetzsamml. S. 451ff.), soweit es nicht durch die neue Verfassung aufgehoben ist oder eine Änderung erfahren hat. In diesem preußischen Gesetze ist an Stelle der Artikel 27 und 28 der preußischen Verfassung — jetzt gilt Art. 118 der neuen Reichsverfassung — § 1 des Reichspreßgesetzes getreten. Derjenige, welcher davon Gebrauch machen kann, ist nur der Reichspräsident.

Während der Art. 68 der Reichsverfassung von 1871 das als Ausfluß der Polizeihoheit erscheinende Recht der Landesregierungen zur Erklärung des Ausnahmezustandes bei inneren Unruhen unberührt gelassen hat und spätere Reichsgesetze den landesrechtlichen Vorschriften über den Belagerungszustand die Wirkung auf die wichtigsten von der Reichsgesetzgebung erfaßten Gebiete gesichert haben (§ 30 Preßgesetz), läßt sich aus Art. 48 der Reichsverfassung von 1919 annehmen, daß nunmehr die Verhängung des Ausnahmezustandes in jeder Form für das ganze Reich und dessen Teile grundsätzlich dem Reichspräsidenten zusteht, daß die Landesregierungen hierzu nur bei Gefahr im Verzuge befugt sind und daher nur auf Grund der reichsgesetzlichen Ermächtigung und unter der Kontrolle des Reichs handeln können. Der Art. 48 verleiht dem Reichspräsidenten und den Landesregierungen unmittelbar ein nur durch den Inhalt der Ermächtigung beschränktes und durch das vorbehaltene Reichsgesetz beschränkbares, im übrigen aber völlig unbeschränktes und unbeschränkbares Recht zur Erlassung aller ihnen notwendig erscheinenden Maßnahmen. Die Regelung ist ihrem Inhalt nach erschöpfend und läßt für eine auf dieselbe Materie bezügliche landesgesetzliche Regelung keinen Raum mehr. RGSt. v. 15. Dezember 1921, Bd. 56 S. 177.

Für Bayern vgl. Art. 6 des Ausführungsgesetzes zur Reichsstrafprozeßordnung vom 18. Juni 1878; für Württemberg § 11 des Preßgesetzes v. 30. Januar 1817; für Sachsen § 13 des Gesetzes v. 10. Mai 1851.

Zu Abs. II des § 30 des Preßgesetzes.

Abs. 2 des § 30 Reichspreßgesetzes überläßt es auch fernerhin, d. h. auch nach Inkrafttreten dieses Gesetzes, der **Landesgesetzgebung**, Vorschriften zu erlassen über 1. Bekanntmachungen, 2. Plakate, 3. Aufrufe, und zwar a) soweit sie öffentlich aa) angeschlagen oder bb) angeheftet oder cc) ausgestellt, und b) soweit sie öffentlich und unentgeltlich verteilt werden.

Mit dieser Beschränkung waren in Preußen die §§ 9, 10 und 41 des Preßgesetzes v. 12. Mai 1851 in Kraft geblieben. Zu vgl. RG. v. 18. April 1904, Bd. 27 C. 63; RG. v. 19. Juni 1911 Bd. 41 S. 411; OG. v. 4. Februar 1909, Bd. 54 S. 240. — Diese Bestimmungen galten für das ganze preußische Staatsgebiet, auch in den neuerworbenen Landesteilen (siehe GS. 1867 S. 700). An ihrer Geltung hatte auch die neue Verfassung nichts geändert (s. oben die Erörterungen in I. Einleitung S. 25 und 51); sie sind aber als veraltet durch das preußische Gesetz über die Presse v. 28. November 1925 (GS. S. 169) beseitigt, das besagt:

Der Landtag hat folgendes Gesetz beschlossen:

Einziger Artikel: „Die §§ 9, 10 und 41 des Gesetzes über die Presse v. 12. Mai 1851 (GS. S. 273) werden aufgehoben."

Das Preußische Staatsministerium.

Siehe auch Erlaß des Ministers des Innern v. 23. März 1928 (MBl. S. 313).

In den einzelnen Ländern des Deutschen Reichs bestanden für deren Bereich bis zum Erlaß des Reichspreßgesetzes die verschiedensten Vorschriften über das Plakatwesen sowie über den Vertrieb von Druckschriften, anderen Schriften oder Bildwerken auf oder an öffentlichen Orten — soweit nicht bereits die Reichsgewerbeordnung die Vorschriften darüber einheitlich für das gesamte Deutsche Reich geregelt hat —, welche das erstere, das Plakatwesen, einer engeren oder weiteren polizeilichen Kontrolle unterwarfen oder teilweise ganz verboten, den letzteren, den Vertrieb von Druckschriften usw. auf oder an öffentlichen Orten, von einer polizeilichen Erlaubnis abhängig machte. In dem Entwurf zum Reichspreßgesetz war vorgesehen, die Verschiedenheiten auf dem Gebiete dieser Rechtsmaterien und deren landesgesetzlichen Regelung zu beseitigen und zu diesem Zwecke für den Umfang des Deutschen Reiches in dem Reichspreßgesetz einheitliche Gesetzesvorschriften zu erlassen. Leider konnte darüber in dem den Entwurf zum Reichspreßgesetz beratenden Reichstage eine Einigung nicht erzielt werden, so daß schließlich der Kompromißvorschlag des Berichterstatters für den Entwurf zum Preßgesetz Annahme fand und so zu dem Wortlaut des § 30 Abs. 2 Reichspreßgesetz führte.

Immerhin wurden durch diesen zum Gesetz erhobenen Vorschlag aber die Verschiedenheiten der einzelnen Landesgesetze auf den genannten Gebieten insoweit beseitigt, als das Recht der Landesgesetzgebung lediglich darauf beschränkt wurde, Vorschriften über Bekanntmachungen, Plakate und Aufrufe zu erlassen, sofern es sich um deren öffentliches Anschlagen, Anheften und Ausstellen, sowie deren öffentliche, unentgeltliche Verteilung handelt.

Damit waren alle landesgesetzlichen Vorschriften über das Plakatwesen, usw., deren Inhalt über die reichspreßgesetzliche Bestimmung (§ 30 Abs. 2) hinausgingen, aufgehoben; es blieben von den bisherigen landesgesetzlichen Vorschriften nur diejenigen Bestimmungen in Kraft, welche und soweit sie durch die reichspreßgesetzliche Bestimmung des § 30 Abs. 2 aufrechterhalten wurden. Ebenso konnten und können nur solche Vorschriften neu erlassen werden, welche sich innerhalb der Schranken des § 30 Abs. 2 Reichspreßgesetzes halten.

So blieben auch in Preußen die §§ 9, 10 und 41 des preußischen Gesetzes über die Presse v. 12. Mai 1851 — aber nur in dem reichspreßgesetzlichen Umfange — bis zum Inkrafttreten des preußischen Gesetzes v. 28. November 1925 (GS. S. 169) aufrechterhalten. Durch letzteres sind die eben genannten Paragraphen aufgehoben.

Während nach dem durch das genannte Gesetz v. 28. November 1925 — siehe vorstehend — aufgehobenen § 9 des preußischen Gesetzes über die Presse v. 12. Mai 1851 nur Anschlagzettel und Plakate, welche lediglich Ankündigungen a) über gesetzlich nicht verbotene Versammlungen, b) über öffentliche Vergnügungen, c) über gestohlene oder verlorene Sachen, d) über Verkäufe oder andere Nachrichten für den gewerblichen Verkehr zum Inhalt hatten, angeschlagen oder in sonstiger Weise öffentlich ausgestellt werden durften, Anschlagzettel und Plakate aber, die einen anderen Inhalt als eben angegeben, z. B. politischen Inhalt hatten, anzuschlagen oder in sonstiger Weise öffentlich auszustellen verboten und Zuwiderhandlungen gegen dieses Verbot unter Strafe gestellt waren, ist diese Einschränkung durch das Gesetz von 28. November 1925 beseitigt. Demnach können Anschlagzettel und Plakate aller Art angeschlagen usw. werden, wenn nicht hierfür nach Maßgabe der Vorschrift des Reichspreßgesetzes (§ 30 Abs. 2) besondere landesgesetzliche Vorschriften erlassen sind. Solche gültigen Vorschriften können natürlich auch in Zukunft erlassen werden.

Wenn ferner im § 10 des preußischen Preßgesetzes verboten war, ohne die jederzeit zurücknehmbare Erlaubnis der Ortspolizeibehörde und ohne entsprechenden Erlaubnisschein nach Maßgabe der dafür im § 10 a. a. O. gegebenen Bestimmungen Druckschriften oder andere Schriften oder Bildwerke auf öffentlichen Wegen, Straßen, Plätzen oder an anderen öffentlichen Orten auszurufen, zu verkaufen, zu verteilen, anzuheften oder anzuschlagen, so ist auch diese Vorschrift, soweit sie im Rahmen des § 30 Abs. 2 des Reichspreßgesetzes aufrechterhalten war, durch das preußische Gesetz v. 28. November 1925 aufgehoben. Demnach ist das Ausrufen, Verkaufen usw. von Druckschriften oder anderen Schriften oder Bildwerken auf öffentlichen Wegen usw. von dem Erfordernis einer vorhergehenden ortspolizeilichen Erlaubnis und des Nachweises eines solchen Erlaubnisscheines befreit und freigegeben. Das schließt aber nicht aus, daß landesgesetzliche Vorschriften über das öffentliche Anschlagen, Anheften und Ausstellen sowie die öffentliche unentgeltliche Verteilung von Druckschriften, sofern letztere inhaltlich als Bekanntmachungen, Plakate und Aufrufe (§ 30 Abs. 2 des Reichspreßgesetzes) anzusprechen sind oder solche Bekanntmachungen usw. enthalten, neu erlassen werden können, sei es allgemein über Bekanntmachungen usw., sei es über bestimmte Arten von Bekanntmachungen usw. und deren öffentliches Anschlagen usw. So sind neuerdings z. B. Vorschriften über politische Plakate erlassen worden.

Immer aber müssen sie sich innerhalb der Grenzen halten, die durch das Reichspreßgesetz gezogen sind.

Immerhin sind die aufgehobenen §§ 9 und 10 des preußischen Preßgesetzes (§ 41 desselben enthält nur die Strafbestimmung für Zuwiderhandlungen gegen §§ 9 und 10) das Vorbild für die Bestimmungen des § 43 der Reichsgewerbeordnung und des § 30 Abs. 2 des Reichspreßgesetzes (vgl. auch § 5 des letzteren) gewesen, so daß die begrifflichen Merkmale von öffentlichem Anschlagen, Anheften, Ausstellen, öffentlicher unentgeltlicher Verteilung sowie von „Bekanntmachungen, Plakaten und Aufrufen" dieselben geblieben sind, wie sie nach den Bestimmungen der §§ 9, 10 des preußischen Preßgesetzes gegeben und aufzufassen waren. Die Auslegung dieser letzteren Bestimmungen seitens der höchstinstanzlichen Gerichte haben daher auch für die rechtliche Auslegung der Bestimmungen über „öffentliches Anschlagen, Anheften" usw. bezw. über „Bekanntmachungen, Plakaten und Aufrufen" im Sinne des § 30 Abs. 2 des Reichspreßgesetzes und des § 43 der Reichsgewerbeordnung (s. auch § 5 des Reichspreßgesetzes) sowie des Reichsgesetzes zum Schutze der Republik und der Verordnungen des Reichspräsidenten zur Verhütung politischer Ausschreitungen (s. oben I. Einleitung) maßgebende Bedeutung. Diese höchstinstanzlichen Entscheidungen über öffentliches Anschlagen usw. haben hierunter auch weiter ihren Platz gefunden, soweit sie für § 30 Abs. 2 des Reichspreßgesetzes usw. von rechtlicher Bedeutung sind. Es folgen daher diese Entscheidungen sowie nach ihnen die neueren einschlägigen Ministerialerlasse pp. über das Anschlagen usw. von Bekanntmachungen usw., die ausführliche Bestimmungen darüber enthalten, auch darüber, wie diese Bestimmungen von den Polizeibehörden zu handhaben sind.

„Bekanntmachung" ist eine an einen unbestimmten Personenkreis gerichtete Mitteilung von Tatsachen, welche der Verfasser als nicht oder nicht ausreichend bekannt hielt und deshalb der Öffentlichkeit übergeben will (KgSt. J. Bd. 13 S. 37).

Mit dem Ausdruck „Plakat" hat im Sinne des preußischen Preßgesetzes jede auf einer Seite bedruckte „zum Maueranschlag" bestimmte Druckschrift bezeichnet sein sollen. Wesentlich ist für das Plakat, daß es angeschlagen, angeheftet, angeklebt usw. wird. Nach Grimm, Deutsches Wörterbuch, ist es aus dem niederdeutschen

„plakken" = anheften, aufkleben gebildet. OG. v. 16. Februar 1912, Bd. 61 S. 170.

„Aufruf" ist eine an die Öffentlichkeit gerichtete Aufforderung zu bestimmten Handlungen (KgSt. J. Bd. 14 S. 361). KgSt. v. 10. Juli 1913, Bd. 44 S. 441. Siehe auch KgSt. v. 1. Mai 1893; KgSt. v. 10. Januar 1898, Deutsche Juristen-Zeitung, Jg. 1898, S. 251; OG. v. 26. Januar 1912, Bd. 61 S. 153.

Siehe auch oben § 3 die Ausführungen über „Preßgewerbe".

Anschlagzettel und Plakate können inhaltlich Bekanntmachungen sein; sie können aber auch einen Aufruf enthalten.

Anschlagzettel und Plakat ist dasselbe. Der Anschlagzettel kann gedruckt oder geschrieben sein. Das Wesentliche ist, daß die Schrift zum Anschlag bestimmt ist. Der Zweck des Anschlagens oder der in sonstiger Weise erfolgten öffentlichen Ausstellung ist der, die Schrift dem Publikum zur Kenntnis zu bringen.

Der Rahmen der „Nachrichten für den gewerblichen Verkehr" wird überschritten, wenn mit einer Ankündigung geschäftlicher Art völlig anders geartete politische Hinweise verbunden werden und hierdurch dem Plakate der rein geschäftliche Charakter genommen wird. Der Aushang in den Schaufenstern ist ein öffentliches Ausstellen.

Unter Reklamen sind diejenigen öffentlichen Anzeigen zu verstehen, welche durch die Häufigkeit ihrer Wiederholung, das Auffallende ihrer Darstellung — z. B. die räumliche Ausdehnung, die Benutzung greller Farben, die Verwendung ungewöhnlich großer oder eigentümlich gestalteter Buchstaben und bildlicher Darstellungen — ferner durch Lichteffekte oder auf sonstige Art die Aufmerksamkeit des Publikums auf geschäftliche Ankündigungen in besonderem Maße und in höherem Grade lenken sollen als es durch einfache Mitteilungen zu geschehen pflegt.

Mit dem Ausdruck „Plakat" hat jede auf einer Seite bedruckte, zum Maueranschlag bestimmte „Druckschrift" bezeichnet sein sollen (vgl. Kommissionsbericht der I. Kammer, Stenogr. Bericht 1851 S. 685).

Wesentlich ist für das Plakat, daß es angeschlagen, angeheftet, angeklebt usw. wird (vgl. Grimm, Deutsches Wörterbuch, wonach

Plakat dem französischen „placard“ entspricht und aus dem niederdeutschen „plakken“ = anheften, aufkleben gebildet ist). Die Reklame unterscheidet sich von den übrigen Mitteilungen für die Öffentlichkeit nur durch die infolge ihrer obenerwähnten Zwecke bedingten Art der äußeren Erscheinung und kann ebenso Anzeige und Anschlag wie Plakat und Anschlagzettel sein. OG. v. 16. Februar 1912, Bd. 61 S. 170.

Bei der Entscheidung, welche Plakate angeschlagen, angeheftet oder in sonstiger Weise öffentlich ausgestellt werden dürfen, ist nur der Inhalt der Plakate maßgebend. Ist danach die öffentliche Ausstellung eines Plakats verboten, dann kommt es auf die Zwecke des Ausstellers nicht an. KgSt. v. 8. Januar 1906, Johow Bd. 31 C. S. 35.

Das Aufstellen von Tafeln mit dem Namen einer Partei vor dem Eingange eines Wahllokals bedarf nicht der polizeilichen Erlaubnis.

Der Begriff des Plakats setzt voraus, daß die ein Plakat darstellende Schrift allein schon als solche, unabhängig von äußeren Umständen, eine dem Publikum verständliche Mitteilung enthält. Wortlaut und Inhalt der Schrift muß schon an sich, ohne das Hinzukommen besonderer Umstände, verständlich sein. KgSt. v. 27. Februar 1899, Johow Bd. 19 S. 304.

Ein in einer Wirtschaft angeschlagenes Plakat ist öffentlich ausgestellt.

Wirtshaus, nach dem Sprachgebrauch gleichbedeutend mit „Gaststube“, ist ein an sich einem jeden Gast zugänglicher Ort.

„Plakate sind Anschlagzettel“. Sie werden angeschlagen, angeheftet oder in sonstiger Weise öffentlich ausgestellt. „Auch geschriebene Anschlagzettel können Plakate sein.“ KgSt. v. 22. September 1881, Johow, Entscheidungen, Bd. 2 S. 244.

„Bekanntmachung ist jede Mitteilung von nicht sonst schon bekannten Tatsachen oder solchen Tatsachen, welche die Verfasser nicht für bekannt oder nicht genügend bekannt halten, gleichviel zu welchem Zweck die Mitteilung erfolgt, ob die Tatsachen als Hauptzweck der Publikation oder nur zur Unterstützung einer Rechtfertigung angeführt sind.“ KgSt. v. 13. Oktober 1893.

Auch in der Verteilung von Zeitungen, welche Bekanntmachungen enthalten, kann eine Verteilung der letzteren gefunden werden." KgSt. v. 13. April 1893.

In sonstiger Weise öffentlich ausstellen heißt so ausstellen, daß die Schrift jedermann zur Kenntnis gelangen kann, also z. B. das Umhertragen.

Wenn in einem Verkaufsladen unter einer Glasplatte auf dem Ladentische an gut sichtbarer Stelle eine Liste ausgelegt wird mit der Aufschrift: „Liebesgaben für den N. N. (Name, Stand), so ist die Sammelliste ein (handschriftliches) Plakat". Die Art der Ausstellung der Liste erfüllt den Begriff des öffentlichen Ausstellens". RGSt. v. 15. Oktober 1923, Bd. 57 S. 379.

„Auch der Flur eines Privathauses ist, wenn der Hauseigentümer den Zutritt zu demselben jedermann gestattet, ein „öffentlicher; es ist deshalb das Aushängen eines Plakats an der Außenseite einer nach einem solchen Flur mündenden Stubentür, als ein öffentliches Ausstellen des Plakats anzusehen." (KgSt. v. 1. Dezember 1890, Bd. 11 S. 312.)

Öffentlicher Ort.

Öffentlicher Ort ist ein jedermann zugänglicher, nicht umfriedeter Grund und Boden. Das ergibt sich aus der Zusammenstellung des „öffentlichen Orts" mit öffentlichen Wegen, Straßen, Plätzen oder anderen öffentlichen Orten, stellt letztere also in Parallele zu ersteren. Öffentliche Wege, Straßen, Plätze dienen dem Verkehr und sind darum für jedermann zugänglich; sie sind daher weder mit ihren Zweck verhindernden Baulichkeiten besetzt noch eingefriedigt. „Andere öffentliche Orte" müssen daher ebenfalls jedermann zugänglich sein; sie dürfen in ihrer Zugänglichkeit weder durch letztere hindernde Baulichkeiten noch durch Einfriedigung (Einzäunung) beschränkt sein. Nur derartige öffentliche Orte sind mit öffentlichen Wegen, Straßen und Plätzen, sofern daselbst Druckschriften oder andere Schriften oder Bildwerke angeschlagen usw. werden sollen, in Parallele zu stellen.

Ein von der öffentlichen Straße aus zugängliches, nicht eingezäuntes, unbebautes Grundstück, welches vom Eigentümer zeitweilig einer unbestimmten Zahl von Personen zum Betreten freigegeben wird, ist, wie das Kammergericht entschieden hat, ein „öffentlicher Ort". Vgl. KgSt. v. 10. Juli 1913, Bd. 44 S. 441. Dieselbe Entscheidung definiert „geschlossene Räume" als Teile eines Gebäudes oder aber unbebauten, aber umfriedigten Privatgrundstücks, wie z. B. Wirtshausgarten.

Geschlossener Raum ist ein Raum unter Dach und Fach. Die Begriffe „öffentlicher Ort" und „geschlossener Raum" sind nicht Gegensätze, die sich ausschließen. RGSt. v. 6. Juni 1916, Bd. 50 S. 101.

Für die Beantwortung der Frage, ob eine Schrift auf einer öffentlichen Straße verteilt ist, kommt nicht derjenige Ort in Betracht, an welchem der Verteilende sich bei der Verteilung bewegt oder aufhält, sondern derjenige, an welchem die Empfänger sich befinden oder die Schriften niedergelegt werden. KgSt. v. 27. April 1911, Bd. 41 S. 403.

„An" öffentlichen Straßen. Ein Anheften oder Anschlagen „an" öffentlichen Orten liegt nur dann vor, wenn der Ort der Anschlagetätigkeit mit demjenigen Orte zusammenfällt, an welchem das Publikum von dem Anschlage Kenntnis nimmt.

Ein in einem Laden angebrachtes Plakat, das nicht von da, wohl aber von der Straße aus gelesen werden kann, ist nicht „an einem öffentlichen Orte angeheftet oder angeschlagen, wohl aber daselbst „öffentlich" ausgestellt.

Druckschriften oder andere Schriften oder Bildwerke ausrufen, verkaufen, anheften, anschlagen.

Nach § 30 Abs. 2 des Reichspreßgesetzes kommen Druckschriften usw. für das Recht der Landesgesetzgebung, Vorschriften über das öffentliche Anschlagen usw. zu erlassen, nur noch in Frage, insoweit sie Bekanntmachungen, Plakate und Aufrufe sind. Unter „Anschlagen" von Schriften ist nur eine Befestigung an einem feststehenden, an einem öffentlichen Orte befindlichen Gegenstande zu verstehen. Der Wortlaut der Vorschrift ergibt klar, daß nur eine solche Befestigung gemeint sein kann, bei welcher der Ort der Anschlagstätigkeit mit dem Orte, an welchem das Publikum von dem Anschlage Kenntnis nehmen kann, zusammenfällt. KgSt. v. 19. Juni 1911, Bd. 41 S. 411.

Plakate können nicht bloß Druckschriften oder Bildwerke, sondern auch andere Schriften sein, sofern sie auf öffentlichen Wegen usw. angeschlagen usw. werden sollen. Vgl. KgSt. v. 15. Oktober 1923, Bd. 5 S. 379, wonach eine handschriftliche Sammelliste als Plakat im Sinne des § 30 Abs. 2 des Reichspreßgesetzes aufzufassen ist.

Über Druckschriften und Bildwerke siehe oben § 2.

„Ausstellen" und „anheften" ist begrifflich verschieden von „verteilen", und letzteres schließt daher das erstere nicht in sich. KgSt. v. 25. Februar 1897, Deutsche Juristenzeitung, Jg. 1897/98, S. 267.

Druckschriften oder andere Schriften oder Bildwerke verteilen.

Verteilen von Druckschriften usw., sofern sie unter Bekanntmachungen usw. im Sinne von § 30 Abs. 2 des Reichspreßgesetzes fallen, bedeutet abgeben, d. i. den Besitz derselben an einen anderen übergehen lassen: der Verteiler bietet sie an, und derjenige, welchem sie angeboten wird, nimmt sie an. Mit der Übergabe der Druckschrift an diesen ist die Handlung der Verteilung vollendet. Öffentlich verteilen heißt an jedermann abgeben. § 30 Abs. 2 des Reichspreßgesetzes kommt nur für die öffentliche unentgeltliche Verteilung in Betracht, während die gewerbsmäßige Verteilung durch § 43 der Gewerbeordnung ihre gesetzliche Regelung gefunden hat (siehe oben das unter Preßgewerbe S. 64 Gesagte).

Eine unentgeltliche Verteilung von Bekanntmachungen liegt vor, wenn die Empfänger der Druckschrift kein Entgelt dafür zu zahlen haben; ob der Verteiler von seinem Auftraggeber ein Entgelt für das Verteilen erhält, ist gleichgültig.

Die Vorschrift des § 5 des Reichspreßgesetzes bezieht sich auf die Person des Verbreiters, nicht auf den Inhalt der Druckschrift. Nur Bedenken, welche auch gegen die Person dessen obwalten, der die Handlung des tatsächlichen Verbreitens vornimmt, sind geeignet, das Verbot zu begründen. Die Bestimmung des § 5 findet eine Einschränkung durch Abs. 2 des § 30. Wenn also die Druckschriften, von denen in § 5 die Rede ist, unter den Begriff der „Bekanntmachungen, Plakate und Aufrufe" fallen, so bleiben die Vorschriften der Landesgesetze insoweit maßgebend, als dergleichen Druckschriften öffentlich angeschlagen, angeheftet, ausgestellt oder unentgeltlich verteilt werden. Werden andere Druckschriften als Bekanntmachungen, Plakate und Aufrufe nicht gewerbsmäßig und öffentlich verbreitet, so ist die Ortspolizeibehörde befugt, dies zu verbieten, sofern gegen die Person des Verbreitenden solche Bedenken vorliegen, welche die Versagung eines Wandergewerbescheins rechtfertigen. Für die gewerbsmäßige Verbreitung von Druckschriften ist § 43 der Gewerbeordnung maßgebend.

Nach welchen Grundsätzen die Polizei über ein Gesuch um Erlaubnis zur öffentlichen unentgeltlichen Verteilung von Bekanntmachungen, Plakaten und Aufrufen zu befinden hat, sofern eine solche Erlaubnis vorgeschrieben ist, richtet sich nach diesen Vorschriften; sie ist in Ermangelung besonderer Vorschriften nach der allgemeinen Regel zu entscheiden, daß die polizeilichen Maßnahmen nicht auf Willkür beruhen dürfen, sondern objektive polizeiliche Beweggründe haben müssen. OG. v. 24. Juni 1910, Bd. 57 S. 305. Vgl. § 10 II 17 ALR. bzw. § 14 des Polizeiverwaltungsgesetzes vom 1. Juni 1931 (GS. S. 77) das am 1. Oktober 1931 in Kraft tritt.

Das Kammergericht war bis zum Jahre 1911 auf einen anderen Standpunkt eingestellt, indem es das Verteilen von Druckschriften dann als ein unentgeltliches ansah, wenn der Verteiler für die Arbeit des Verteilers von seinem Auftraggeber keinen Lohn erhält. Diesen Rechtsstandpunkt hat es aufgegeben und sich der Ansicht des Oberverwaltungsgerichts angeschlossen, indem ersteres in seiner dafür in Frage kommenden Entscheidung ausdrücklich erklärte, die bisher vertretene Ansicht nicht aufrechterhalten zu können. In ihrer Begründung führt die Entscheidung aus: In der Vorschrift des § 30 Abs. 2 Reichspreßgesetzes ist die Verteilung von Bekanntmachungen, Plakaten und Aufrufen nicht neben dem Verkaufe genannt, wie in § 43 Gew.-Ordnung und deshalb können die Erwägungen des Urteils v. 18. April 1904 — Bd. 27 C. 63 der Entscheidungen — bei seiner Auslegung nicht von Bedeutung sein. Wenn von der Verteilung von Schriften allein, d. h. ohne Nebeneinanderstellung mit der Verbreitung durch Verkauf die Rede ist, so pflegt nach dem gewöhnlichen Sprachgebrauch das Wort „unentgeltlich" hinzugefügt zu werden, um auf diese Weise klarzustellen, daß der Empfänger für die Schrift nichts zu zahlen hat. Gerade im täglichen Leben heißt es „Verteilen von Extrablättern, von Theaterzetteln, von Konzertprogrammen", auch wenn diese Druckschriften von dem Empfänger zu bezahlen sind. Soll aber zum Ausdruck gebracht werden, daß für die Extrablätter usw. nichts zu zahlen sei, so wird regelmäßig davon die Rede sein, daß eine „unentgeltliche" Verteilung stattfinde.

Deshalb kann dem Urteile v. 18. April 1904 darin nicht beigetreten werden, daß das Reichspreßgesetz in § 30 ein überflüssiges Beiwort gebraucht hätte, wenn es unter einer „unentgeltlichen" Verteilung ein Abgeben von Bekanntmachungen, Plakaten und Aufrufen verstanden haben sollte, für welche der Empfänger keinen Lohn gibt. Der Gesetzgeber wollte, da er das Verteilen allein erwähnt, durch die Benutzung des Beiwortes entsprechend dem gewöhnlichen Sprachgebrauche nur darüber keinen Zweifel lassen, daß es sich um eine Verteilung an sich handle. Gemeint ist nur die Abgabe von Schriften, ohne daß der Empfänger dafür zahlt. Ob der Verteiler von einem Dritten einen Lohn für seine Tätigkeit erhält oder nicht, ist lediglich für die Frage der Gewerbsmäßigkeit von Bedeutung. Ist die Tätigkeit gegen Lohn seitens des Auftraggebers nur gelegentlich erfolgt, dann kann das Recht der Landesgesetzgebung Anwendung finden. Eine gewerbsmäßige Verteilung von Schriften hingegen untersteht dem § 43 der Gewerbeordnung.

Der § 43 der GO. ist, wie sein Wortlaut und die Begründung des Gesetzentwurfes ergibt, dem § 10 preußischen Preßgesetzes nachgebildet. Auch der Entwurf des Reichspreßgesetzes folgte in § 14 dem preußischen Vorbilde, übernahm aber nicht auch „das Verkaufen und das Verteilen", sondern nur „das Verteilen". Er fügt aber diesem das Beiwort „unentgeltlich" hinzu, um erkennen zu lassen, daß unter dem Verteilen das Verkaufen nicht mit inbegriffen sei. Denn in der Begründung ist erklärt, daß durch das in § 14 Abs. 1 enthaltene Verbot unentgeltlicher Verteilung von Bekanntmachungen usw. auf öffentlichen Straßen der sogenannte fliegende Buchhandel, insbesondere der Zeitungsverkauf auf den Straßen nicht berührt werde und daß sich dies aus der Fassung des Entwurfs ohne weiteres ergebe (Reichstag Session 1874, Drucksachen Nr. 23). Die „Fassung" kann sich bloß auf das Wort „unentgeltlich" beziehen, da dieses allein zur Klärung der Frage geeignet war, ob der Verkauf unter das Verteilen falle. Der Entwurf wollte das Verteilen in engerem Sinne regeln und glaubte, da er das „Verteilen" nicht wie in § 43 der Gewerbeordnung durch die Nebeneinanderstellung mit „Verkaufen" näher bestimmte, seine Absicht durch das Beiwort „unentgeltlich" ausdrücken zu müssen. Das Wort „verteilen" ist also in § 43 GO. und in dem Entwurfe zum Reichspreßgesetz in verschiedenem Sinne gebraucht. Durch die Hinzufügung des Beiwortes „unentgeltlich" im Entwurfe sollte jedoch die Verschiedenheit beseitigt werden. Nun ist allerdings die Bestimmung des Entwurfes im Reichstag nicht angenommen worden, da man sich über eine einheitliche Regelung des Plakatwesens für den ganzen Umfang des Reiches nicht einigen konnte. Das Zustandekommen des Gesetzes wurde in dritter Lesung dadurch ermöglicht, daß man sich auf den Vorschlag des Berichterstatters hin entschloß, in dieser Hinsicht in das Recht der Einzelstaaten nicht einzugreifen. Was in dem Vorschlag unter der „unentgeltlichen" Verteilung von Bekanntmachungen usw. gemeint war, wird nicht erklärt; indessen kann es nicht zweifelhaft sein, daß der Gesetzgeber mit dem Beiworte dasselbe ausdrücken wollte, was der Entwurf in Übereinstimmung mit dem gewöhnlichen Sprachgebrauch damit beabsichtigte. Es sollte das Plakatwesen, soweit es nicht gewerbsmäßig betrieben wird, im Gegensatze zu dem Gewerbebetriebe, der in § 43 der GO. geregelt war, der Landesgesetzgebung unterstellt sein. Dabei lag kein Grund vor, nur die Verteilung zu treffen, welche ohne Bezahlung des Verteilers durch einen anderen erfolgt. Es wäre auch ganz unverständlich, weshalb das nicht gewerbsmäßige Verteilen gegen Entlohnung des Verteilers durch einen Dritten frei von allen Beschränkungen sein sollte, während das gewerbsmäßige Verteilen der Gewerbeordnung und das nicht gewerbsmäßige Verteilen ohne die bezeichnete Bezahlung dem Zwange der Landesgesetzgebung unterstehen sollte.

Die Vorschrift in § 30, insbesondere das Wort „unentgeltlich" ist nur in demselben Sinne auszulegen, wie der § 14 des Entwurfes. Und letztere Bestimmung versteht eben unter unentgeltlicher Verteilung die Abgabe von Schriften an Personen, die dafür nichts entrichten. Die Erfahrung, daß ein solches Verteilen eine weitere Verbreitung sichert als ein Verkaufen von Schriften, und daß dabei die öffentliche Sicherheit und Verkehrsleichtigkeit erheblich gestört wird, gab der Regierung den Anlaß zu dem Gesetzentwurfe. Sie wollte auf den § 14 nicht verzichten und ließ sich nur durch den Vorschlag des Berichterstatters zur Zustimmung bewegen. Dabei kann weder der Reichstag, noch auch die Regierung eine andere Deutung der Worte „unentgeltliche Verteilung" im Sinne gehabt haben. KgSt. v. 2./30. Oktober 1911, Bd. 41 S. 406. Siehe auch MBl. 1912 S. 8.

Das Verteilen von Druckschriften usw. auf öffentlichen Straßen oder an anderen öffentlichen Orten unterliegt der Vorschrift des § 30 Abs. 2 des Reichspreßgesetzes nur noch soweit als die Druckschriften usw. als Bekanntmachungen, Plakate und Aufrufe in Betracht kommen.

Nach dem durch Art. 7 des Reichsgesetzes v. 1. Juli 1883 (RGBl. S. 159) eingeführten Abs. 5 des § 43 GO. ist zur nicht gewerbsmäßigen Verteilung von Druckschriften „in geschlossenen Räumen" eine polizeiliche Erlaubnis nicht erforderlich. Siehe übrigens oben „Einleitung: Preßgewerbe".

Nicht wo die Verteilung beginnt, sondern beendet ist, ist als Ort der Verteilung anzusehen. KgSt. v. 27. April 1911, Bd. 41 S. 403. Zu vgl. auch KgSt. v. 8. Oktober 1903, Bd. 26 C. S. 74.

Das Verteilen muß ein öffentliches sein, d. h. es muß die Schrift einem unbegrenzten Kreise von Personen zugänglich gemacht werden (zu vgl. KgSt. v. 25. Mai 1893, 9. November 1893; s. auch RGSt. v. 6. November 1884). Nach der Entscheidung des Kammergerichts vom 5. Oktober 1893 liegt ein Verteilen an öffentlichen Orten vor, wenn jemand, von Haus zu Haus gehend, die mitgeführten Druckschriften in die an den unverschlossenen, jedermann zugänglichen Hausgängen befindlichen Briefkasten zu dem Zwecke legt, damit deren Besitzer die Druckschriften an sich nehmen und von deren Inhalt Kenntnis nehmen.

Ist dagegen die Verteilung nur in der Weise erfolgt, daß der Angeklagte nach Betreten der Häuser an die Tür des Zimmers klopfte und da, wo „Herein“ gerufen wurde, eintrat und die Druckschriften anbot, sonst aber sich entfernte, so liegt eine Verteilung an öffentlichen Orten nicht vor, da geschlossene Zimmer hierzu nicht gerechnet werden können (KgSt. v. 13. November 1893). „Das unentgeltliche Verteilen von Druckschriften, welche sich als Aufrufe oder Bekanntmachungen darstellen, in Hausfluren ist kein öffentliches Verteilen. Hausflure, auch wenn sie nicht verschlossen gehalten werden, bilden Räume unter Dach und Fach, gedeckte und umfriedigte Räume, also geschlossene Räume im Sinne des § 43 der Gewerbeordnung. Die Öffentlichkeit eines Ortes ist nicht identisch mit dessen Ungeschlossenheit. Auch ein Wirtshaus ist zwar ein öffentlicher Ort, aber zugleich ein geschlossener Raum.“ Urteil des KgSt. v. 22. Oktober 1896; Deutsche Juristenzeitung, Jg. 1897, S. 166.

Ohne Rücksicht auf wirtschaftliche Interessen fällt das öffentliche unentgeltliche Verteilen eines Aufrufs unter § 30 Abs. 2 des Reichspreßgesetzes. Ein solches ist in dem Verteilen der Nummer einer Zeitung, welche eine Abonnementseinladung auf dieselbe enthielt, gefunden worden, weil die Einladung eine an die sämtlichen Arbeiterfamilien gerichtete dringliche Aufforderung enthielt, auf die Zeitung zu abonnieren und sich dadurch den Leidens- und Kampfgenossen, die schon Abonnenten sind, anzuschließen, sich also als „Aufruf charakterisiert“. KgSt. v. 10. Januar 1898, Deutsche Juristenzeitung, Jg. 1898, S. 251.

Die Verteilung einer Druckschrift, die neben anderweitigem Inhalte Bekanntmachungen und Aufrufe enthält, ist als Verteilung dieser Bekanntmachungen und Aufrufe anzusehen. KgSt. v. 10. Juli 1913, Bd. 44 S. 441.

Ob eine Druckschrift neben dem Aufrufe noch einen anderen Inhalt hat, ist gleichgültig.

Art. 7 der Novelle zur Gewerbeordnung v. 1. Juli 1883 bestimmt in bezug auf § 5 des Reichspreßgesetzes: „An die Stelle des im § 5 Abs. 1 des Preßgesetzes v. 7. Mai 1874 angezogenen § 57 GO. treten die Bestimmungen in §§ 57 Nr. 1, 2, 4, 57a, 57b Nr. 1 und 2 des gegenwärtigen Gesetzes.“ Hieraus kann aber nicht gefolgert werden, daß die in § 30 Abs. 2 des Reichspreßgesetzes aufrechterhaltene landesrechtliche Befugnis, Vorschriften über die öffentliche unentgeltliche Verteilung von Bekanntmachungen, Plakate und Aufrufen zu erlassen, dahin eingeschränkt werden solle, daß ein Verbot der Verbreitung nur unter denselben Voraussetzungen zulässig sein sollte, unter denen der Wandergewerbeschein versagt werden dürfe. Für eine derartige Annahme bietet weder der Wortlaut noch die Entstehungsgeschichte des Art. 7 der Novelle den geringsten Anhalt. OG. v. 26. Januar 1912, Bd. 61 S. 153.

Die öffentliche unentgeltliche Verteilung im Sinne des § 30 Abs. 2 des Reichspreßgesetzes betrifft nur Personen, die selbst verteilen, nicht solche, die durch andere verteilen lassen. OG. v. 19. Mai 1899 Bd. 35 S. 429.

„Stellt jemand, welcher das stehende Gewerbe mit Druckschriften angemeldet hat, eine Druckschrift: ‚Mahnruf an die christlichen Bewohner der Stadt B. und Umgegend‘ in seinem Schaufenster aus oder heftet je ein Exemplar derselben an beiden Seiten der Eingangstür zu seinem Laden an, so fällt dieses Ausstellen unter die Bestimmung des § 30 Abs. 2 des Reichspreßgesetzes, sofern tatsächlich festgestellt ist, daß das Ausstellen bezw. Anheften des Plakats lediglich den Zweck verfolgte, den Inhalt desselben möglichst zur allgemeinen Kenntnis zu bringen. Das ‚Verteilen‘ ist begrifflich verschieden von ‚Ausstellen‘ und ‚Anheften‘ und das erstere schließt daher das letztere nicht in sich, wie sich aus § 30 Abs. 2 a. a. O. ergibt, welcher Ausstellen von Anschlagen bzw. Anheften sowie von Verteilen unterscheidet. Vgl. KgSt. v. 25. Februar 1897, Deutsche Juristenzeitung, S. 267.

Siehe auch oben in „I. Einleitung“ das Gesetz zum Schutze der Republik und die Verordnung des Reichspräsidenten zur Verhütung politischer Ausschreitungen nebst den dazu erlassenen Ausführungsverordnungen und Ministerialerlassen.

Anschlagen usw. von Bekanntmachungen, Plakaten und Aufrufen. Runderlaß des Ministers des Innern v. 17. Januar 1928, MBl. S. 53.

Nachdem die §§ 9, 10 und 41 des Gesetzes über die Presse v. 12. Mai 1851 (GS. S. 273) durch das Gesetz zur Änderung des Gesetzes über die Presse v. 28. November 1925 (GS. S. 169) aufgehoben sind, haben solche Polizeiverordnungen, die sich auf diese Paragraphen stützen, als aufgehoben zu gelten. Das Anschlagen, Anheften, Ausstellen, sowie die öffentliche unentgeltliche Verteilung von Bekanntmachungen, Plakaten und Aufrufen kann also nicht mehr allgemein verboten oder von einer Genehmigung abhängig gemacht werden.

Auf Grund des § 6b des Gesetzes über die Polizeiverwaltung vom 11. März 1850 (GS. S. 265) bzw. der Verordnung vom 20. September 1867 (GS. S. 1529) können die Polizeibehörden das Anschlagen usw. von Plakaten aus verkehrspolizeilichen Gesichtspunkten verbieten, ebenso wie sie sonstige, die Ordnungsmäßigkeit und Leichtigkeit des Verkehrs beeinträchtigende Anlagen zu verhindern befugt sind; auf diese Bestimmungen begründete Verordnungen oder Maßnahmen müssen aber durch tatsächliche und wesentliche Bedürfnisse des Verkehrs erforderlich sein, insbesondere ist immer im Auge zu behalten, daß der Gesetzgeber die Einschränkungen, denen das Plakatwesen nach dem preußischen Presserecht unterworfen war, endgültig hat beseitigen wollen. Dieser Absicht darf nicht durch Maßnahmen, die an sich unter anderen Gesichtspunkten getroffen sind, praktisch entgegengewirkt werden. Jede kleinliche Maßnahme hat also, wie überhaupt so auch hier, unter allen Umständen zu unterbleiben.

Aufgaben der Polizei: Polizeiliche Behandlung von Versammlungen, Druckschriften und Plakaten unter besonderer Berücksichtigung der Vorschriften für die Wahlzeit. Runderlaß des preußischen Ministers des Innern vom 23. März 1928, MBl. S. 313, in der durch den Runderlaß vom 22. Juli 1930, MBl. S. 653, gegebenen Fassung

A. pp. . . . . (betrifft Versammlungen).

B. Öffentliche Verbreitung von Druckschriften.

I. Das gewerbsmäßige Ausrufen, Verkaufen, Verteilen, Anheften und Anschlagen von Druckschriften oder anderen

Schriften oder Bildwerken an öffentlichen Orten bedarf der ortspolizeilichen Erlaubnis (§ 43 Abs. 1 der Gewerbeordnung).

II. Die nicht gewerbsmäßige Verteilung von Druckschriften oder anderen Schriften oder Bildwerken ist von einer Erlaubnis nicht abhängig. Die früher vorgeschriebene Erlaubnis zum Ausrufen, Verkaufen, Verteilen, Anheften und Anschlagen von Druckschriften oder anderen Schriften und Bildern auf öffentlichen Wegen, Straßen, Plätzen oder öffentlichen Orten mit Ausnahme der geschlossenen Räume (§ 43 Ziff. 5 der GO.) ist durch die Aufhebung des § 10 des preußischen Preßgesetzes vom 12. Mai 1851 (GS. S. 273) durch Gesetz vom 28. November 1925 (GS. S. 169) in Fortfall gekommen.

Wohl aber kann die nichtgewerbsmäßige öffentliche Verbreitung von Druckschriften durch die Ortspolizeibehörde denjenigen Personen verboten werden, denen nach § 57 Ziff. 1, 2, 4, §§ 57a, 57b Ziff. 1 und 2 der GO. ein Legitimationsschein versagt werden kann (§ 5 Abs. 1 des Reichspreßgesetzes, RGBl. S. 65 in Verbindung mit § 43 Abs. 6 der GO.).

Für Wahlzeiten gilt die Ausnahmevorschrift, wonach die Verteilung von Stimmzetteln und Druckschriften zu Wahlzwecken bei der Wahl zu gesetzgebenden Körperschaften in der Zeit von der amtlichen Bekanntmachung des Wahltages bis zur Beendigung des Wahlaktes einer Erlaubnis auch dann nicht bedarf, wenn die Verteilung gewerbsmäßig erfolgt (§ 43 Abs. 3 und 4 der GO.).

C. Plakate.

I. Das gewerbsmäßige Anheften oder Anschlagen von Druckschriften oder anderen Schriften oder Bildwerken an öffentlichen Orten bedarf der ortspolizeilichen Erlaubnis (§ 43 Abs. 1 der GO.).

II. Das nicht gewerbsmäßige Anheften oder Anschlagen von Plakaten bedarf nach Aufhebung des § 9 des preußischen Preßgesetzes vom 12. Mai 1851 (GS. S. 273) durch Gesetz vom 28. November 1925 (GS. S. 169) einer polizeilichen Erlaubnis nicht mehr. Unberührt bleiben Beschränkungen, die sich aus privatrechtlichen Ansprüchen auf Unterlassung, Schadensersatz und dergleichen ergeben, sowie verkehrspolizeiliche Vorschriften über das Plakatwesen (vgl. Runderlaß vom 17. Januar 1928, MBl. S. 53).

Gegen Plakate, die sich als Preßerzeugnisse darstellen, ist ein vorbeugendes polizeiliches Einschreiten im Hinblick auf den geistigen Inhalt des Blattes nicht zulässig, wohl aber kann die Polizeibehörde gegen bereits angeheftete oder angeschlagene Plakate in den Schranken ihrer allgemein-polizeilichen Befugnisse einschreiten (§ 10 II 17 ALR.) in Verbindung mit § 30 Abs. 2 des Reichspreßgesetzes. Bei der Erwägung polizeilichen Einschreitens ist aber stets im Auge zu behalten, daß der Gesetzgeber durch Aufhebung des preußischen Preßgesetzes das Plakatwesen möglichst frei von polizeilichen Beschränkungen halten wollte. Jedes kleinliche, nicht durch zwingende polizeiliche Erwägungen gebotene Einschreiten hat daher zu unterbleiben.

D. Beschlagnahme von Druckschriften.

Die Beschlagnahme von Druckschriften kann in der Regel (§ 98 StPO. in Verbindung mit § 23 des Reichspreßgesetzes) nur durch den Richter angeordnet werden. Eine allgemeine Befugnis der Staatsanwaltschaft und derjenigen Polizei- und Sicherheitsbeamten, die als Hilfsbeamte der Staatsanwaltschaft deren Anordnungen Folge zu leisten haben, zur Beschlagnahme von Druckschriften bei Gefahr im Verzuge nach § 98 StPO. besteht nicht. Die genannten Polizeibeamten dürfen vielmehr selbständig nur unter folgenden Voraussetzungen die Beschlagnahme einer Druckschrift anordnen

1. wenn Gefahr im Verzuge ist und
2. außerdem a) die Druckschrift den Vorschriften der §§ 6 und 7 Republikschutzgesetz nicht entspricht oder den Vorschriften des § 14 zuwider verbreitet wird (§ 98 StPO. in Verbindung mit § 23 Ziffer 1 Reichspreßgesetz);

   b) wenn durch eine Druckschrift einem auf Grund des § 10 des Gesetzes gegen den Verrat militärischer Geheimnisse vom 3. Juni 1914 (RGBl. S. 195) erlassenen Verbot zuwidergehandelt wird (§ 98 StPO. in Verbindung mit § 23 Ziff. 2 Reichspreßgesetz und §§ 10, 17, 29 des Gesetzes vom 3. Juni 1914);

c) wenn der Inhalt einer Druckschrift den Tatbestand einer in den §§ 81—86, 95, 110, 111, 130 oder 184 des Reichsstrafgesetzbuchs mit Strafe bedrohten Handlungen begründet, in den Fällen der §§ 111 und 130 jedoch nur dann, wenn dringende Gefahr besteht, daß bei Verzögerung der Beschlagnahme die Aufforderung oder Anreizung ein Verbrechen oder Vergehen unmittelbar zur Folge haben werde (§ 98 StPO. in Verbindung mit § 23 Ziff. 3 Reichspreßgesetz und § 12 Republikschutzgesetz);

d) wenn der Inhalt einer Druckschrift den Tatbestand einer der in den §§ 1, 4 oder 5 des Gesetzes zum Schutze der Republik vom 25. März 1930 (RGBl. I S. 91) bezeichneten strafbaren Handlungen bildet (§ 98 StPO. in Verbindung mit § 12 Republikschutzgesetz und § 23 Reichspreßgesetz);

e) wenn eine Druckschrift einem gemäß § 13 des Gesetzes zum Schutze der Republik vom 25. März 1930 (RGBl. I S. 91) ergangenem Verbote zuwider herausgegeben, verlegt, gedruckt oder verbreitet wird (§ 14 Republikschutzgesetz).

Das Verfahren richtet sich nach den Bestimmungen der §§ 24 bis 28 und § 12 Republikschutzgesetz.

Die Beschränkung der Beschlagnahme auf die zum Zwecke der Verbreitung bestimmten Druckschriften nach § 27 Reichspreßgesetz bezieht sich nur auf die Beschlagnahme zum Zwecke der Verhinderung weiterer Verbreitung oder auf die Einziehung, gilt aber nicht für die Beschlagnahme anderer nicht zur Verbreitung bestimmter Exemplare, die als Beweismittel für die Untersuchung von Bedeutung sein können. Eine vorläufige, rein polizeiliche Sicherstellung von Druckschriften zur Vorbeugung noch nicht begangener, sondern erst drohender Straftaten oder Verhütung bzw. Beseitigung polizeiwidriger Ordnungsstörungen unterliegt den gleichen Beschränkungen wie die Befugnis der Polizei zur vorläufigen Beschlagnahme.

In jedem Falle gelten die preßrechtlichen Bestimmungen über die Beschlagnahme aber nur da, wo es sich entweder unmittelbar oder mittelbar um den geistigen Inhalt einer Druckschrift handelt, wo also eine Druckschrift wegen ihres strafbaren, rechtsschädliche Überzeugungen, Gesinnungen oder Entschlüsse hervorrufenden Inhalts zu beschlagnahmen ist, oder wo preßpolizeiliche Vorschriften verletzt sind, welche der Begehung solcher strafbaren Handlungen vorbeugen oder ihre Verfolgung erleichtern sollen. Dagegen fällt eine Beschlagnahme, welche die Druckschrift in diesen für die presserechtliche Regelung allein in Frage kommenden Eigenschaften überhaupt nicht erfaßt, nicht unter die Vorschrift des § 23 Reichspreßgesetzes.

Erläuterung zum Runderlaß über die polizeiliche Behandlung von ......, Druckschriften und Plakaten vom 23. März 1928 (MBl. S. 313). Runderlaß des Ministers des Innern vom 19. April 1928 (MBl. S. 441):

Das Reichspreßgesetz hat in § 30 Abs. 2 der Landesgesetzgebung das Recht vorbehalten, von der reichsgesetzlichen Regelung für Druckschriften abweichende Vorschriften über das öffentliche Anschlagen und Anheften von Plakaten zu erlassen. Eine solche abweichende landesgesetzliche Regelung stellten früher die Bestimmungen der §§ 9, 10 des durch Gesetz vom 28. November 1925 (GS. S. 169) aufgehobenen preußischen Preßgesetzes dar. Immerhin können neue landesrechtliche Vorschriften, zu denen auch solche polizeilicher Art gehören, über das öffentliche Anschlagen und Anheften von Plakaten auch heute noch erlassen werden. Polizeiliche Vorschriften für dieses Gebiet werden grundsätzlich als Polizeiverordnungen zu erlassen sein, Beschränkungen des Plakatwesens dürfen nach Aufhebung der nicht mehr zeitgemäßen Bestimmungen der §§ 9 und 10 des preußischen Preßgesetzes nur aus zwingenden polizeilichen Erwägungen getroffen werden. Ohne Vorhandensein einer entsprechenden Polizeiverordnung darf ein rein polizeiliches Einschreiten mittels polizeilicher Verfügung nur in den ganz seltenen Ausnahmefällen erfolgen, in denen Sicherheit und Ruhe im Staate dringend gefährdet ist und ein Einschreiten durch den Richter zu spät kommen würde oder überhaupt nicht möglich ist.

Diese Auslassung entspricht der in Preußen stets gehandhabten Übung. In diesem Sinne ist auch der Runderlaß vom 23. März 1928 in der Konferenz der Ober- und Regierungspräsidenten am 3. April 1928 eingehend besprochen und in der auf meine

Anregung erschienenen Erläuterung meines Runderlasses (vgl. Runderlaß vom 12. April 1928, MBl. S. 415) erneut behandelt und erklärt worden.

Über politische Plakate, vgl. auch Gesetz vom 8. Mai 1920 (RGBl. S. 909) über Befriedung der Gebäude des Reichstags und des Landtags, vgl. ferner Republikschutzgesetz, oben S. 26 angeführt, Reichsvereinsgesetz vom 19. April 1908 (RGBl. S. 151) in der durch die Gesetze vom 26. Juni 1916 (RGBl. S. 635) und 19. April 1917 (RGBl. S. 361) gegebenen Fassung, Reichswehrgesetz vom 23. März 1921 (RGBl. S. 321, geändert durch Gesetz vom 18. Juni 1921 (RGBl. S. 787).

Zu Abs. 3 des § 30 des Reichspreßgesetzes.

Gemäß Abs. 3 des § 30 des Reichspreßgesetzes bleiben die schon bestehenden Vorschriften über Abgabe von Freiexemplaren in Kraft, außerdem können auch neue Bestimmungen hierüber durch Landesgesetze erlassen werden. Die bestehenden Vorschriften sind aber nur in Kraft geblieben, insoweit dadurch die Abgabe von Freiexemplaren an Bibliotheken und öffentliche Sammlungen zur Pflicht gemacht ist. Ist daher diese Pflicht in den Landesgesetzen weiter ausgedehnt (so z. B. Abgabe von Freiexemplaren an Behörden), so ist diese Bestimmung durch Abs. 3 des § 30 a. a. O. aufgehoben.

§ 6 des preußischen Preßgesetzes v. 12. Mai 1851 ordnet an: „An der bisherigen Verpflichtung des Verlegers, zwei Exemplare seiner Verlagsartikel, und zwar eines an die Königliche Bibliothek in Berlin, das andere an die Bibliothek derjenigen Provinz, in welcher er wohnt, unentgeltlich einzusenden, wird nichts geändert."

Die Kabinettsorder v. 28. Dezember 1824 sagt: „Jeder Verleger soll schuldig sein, zwei Exemplare jedes seiner Verlagsartikel, und zwar eines an die große Bibliothek hierselbst, das andere aber an die Bibliothek der Universität derjenigen Provinz, in welcher der Verleger wohnt, unentgeltlich einzusenden."

Verleger sind gesetzlich verpflichtet, von ihren Verlagswerken ein Exemplar an die Königliche Bibliothek zu Berlin und ein zweites an die Provinzial- (Universitäts-) Bibliothek unentgeltlich einzusenden.

Fortdauer der Verpflichtung zur Verabfolgung neuer Verlagsartikel an die Kgl. Bibliothek in Berlin und an die Provinzial-Bibliothek. Erlaß des Ministers des Innern und des Ministers der geistlichen usw. Angelegenheiten vom 4. August 1876 (UZBl. S. 527). Die durch die Kabinetsordre vom 28. Dezember 1824 unter Nr. 5 (GS. 1825 S. 2) wieder eingeführte Verpflichtung des Verlegers, von seinen Verlagsartikeln ein Exemplar an die hiesige Kgl. Bibliothek und ein zweites an die betreffende Provinzial-Bibliothek unentgeltlich einzusenden, ist weder durch das preußische Preßgesetz vom 12. Mai 1851 (GS. S. 273) noch durch das Reichspreßgesetz vom 7. Mai 1874 (RGBl. S. 72) berührt worden; die §§ 6 des ersteren und 30 des zweiten setzen dies ausdrücklich fest. Die fragliche Verpflichtung ist ebensowenig durch § 7 ad 6 der Reichsgewerbeordnung vom 11. Juni 1869 (Bundes-Gesetzbl. 1869 S. 245) beseitigt worden, welche Bestimmung für Preußen gegenüber dem § 30 des Ediktes vom 2. November 1810 (GS. S. 79) und § 3 der Gewerbeordnung vom 17. Januar 1845 (GS. S. 41) Neues überhaupt nicht eingeführt hat. Denn die Ablieferung von Pflichtexemplaren ist nicht als Abgabe anzusehen, welche für den Betrieb des buchhändlerischen Gewerbes oder für die Berechtigung zu diesem Betriebe zu entrichten war.

Wohl aber ist dieselbe zu denjenigen Abgaben zu zählen, welche alle Mitglieder eines bestimmten Kreises von Angehörigen des Staates nach der bestehenden Landesverfassung unterworfen sind, und bei denen nach § 78 II 14 ALR. und § 36 der Verordnung vom 26. Dezember 1808 ein Prozeß nicht stattfinden soll.

Der exekutivischen Einziehung der Pflichtexemplare seitens der Verwaltungsbehörden steht somit kein Bedenken entgegen.

Der Erlaß des Ministers des Innern und des Ministers der geistlichen usw. Angelegenheiten vom 24. November 1876 (UZBl. S. 647) bestätigt den Ministerialerlaß vom 4. August 1876 und setzt fort: Nachdem die Kabinetsordre vom 28. Dezember 1824 in der Allerhöchsten Verordnung vom 12. März 1847 eine weitere Ergänzung gefunden hatte, ist durch das preußische Gesetz vom 17. März 1848 allerdings die Zensur beseitigt, nicht aber der übrige Inhalt der Allerhöchsten Ordre vom 28. Dezember 1824. Dies ist durch § 4 des Gesetzes vom 30. Juni 1849 ausdrücklich anerkannt worden.

Gegen die auf Erfüllung der Einsendungspflicht abzielenden Anordnungen der forderungsberechtigten Bibliothek, daher auch gegen die Androhung eines Zwangsmittels, zu der auf ihr Ansuchen die Ortspolizeibehörde geschritten ist, findet das Verwaltungsstreitverfahren nicht statt (§ 6 des preußischen Preßgesetzes v. 12. Mai 1851 und § 30 Abs. 3 des Reichspreßgesetzes vom 7. Mai 1874). OG. v. 15. Dezember 1899, Bd. 36 S. 434.

Zirkularverfügung an die außerordentlichen Regierungsbevollmächtigten sämtlicher Universitäten, die Einreichung von Dissertationen und Programmen betreffend, vom 17. Februar 1840 (MBl. S. 93): Von den dem Ministerium vorschriftsmäßig einzureichenden Dissertationen und Programmen, wenn dieselben naturwissenschaftliche Gegenstände enthalten, sind, außer der gewöhnlichen Zahl, noch zwei Exemplare besonders einzusenden.

Vgl. Zirkularverfügung an sämtliche Regierungen, die Ablieferung der Pflichtexemplare von inländischen Büchern und Schriften an die Kgl. Bibliothek betreffend, vom 25. Februar 1840 (MBl. S. 93).

Kabinetsordre wegen der von den inländischen Verlegern von Druckschriften und Kunstwerken an die Kgl. Bibliothek in Berlin, sowie an die Universitäts-Bibliothek in der Provinz abzuliefernden Freiexemplare, vom 12. März 1874 (MBl. S. 164). Danach behält es bei den in dieser Beziehung nach Maßgabe der Kabinetsordre vom 28. Dezember 1824 ad 5 (GS. 1825 S. 3), bisher in Anwendung gebrachten Grundsätzen sein Bewenden, wonach alle Druckschriften ohne Ausnahme, Kupferwerke und Landkarten aber dann als ablieferungspflichtig anzusehen sind, wenn sie in Begleitung eines gedruckten Textes, gleichviel von welchem Umfange und welcher Bedeutung, erscheinen.

Zirkularverfügung an sämtliche Regierungen, betreffend die Verpflichtung der inländischen Verleger zur Ablieferung von Freiexemplaren erschienener Druckschriften und Kunstwerke an die öffentlichen

Bibliotheken, vom 17. April 1847 (MBl. S. 257). Die Verfügung hat denselben Inhalt wie die vorstehend angeführte Kabinetsordre.

Zirkularverfügung an die Regierungspräsidenten bzw. Regierungen und Landdrosteien und abschriftlich an die Oberpräsidenten, die Einlieferung von Exemplaren der von Behörden publizierten Schriften an die Kgl. Bibliothek in Berlin, vom 1. Juli 1882 (MBl. S. 170).

Die Verfügung behandelt die Verpflichtung zur Ablieferung von amtlichen Verordnungsblättern, der Regulative für Beamte, Verwaltungsberichte, Verhandlungen von politischen Körperschaften, z. B. der Provinziallandtage, die Berichte und Protokolle von Kommissionen, Berichte über lokale Ereignisse usw. (zu vgl. die Verfügung des Ministers des Innern an die Regierungen usw., vom 20. Oktober 1862, wonach der Kgl. Bibliothek und sämtlichen Universitäts-Bibliotheken Preußens von allen auf öffentliche Kosten hergestellten Werken ein Exemplar unentgeltlich zu überweisen ist. Die Einlieferung von periodischen Schriften ist nach Ablauf des Jahres, die von selbständigen, nicht periodischen Schriften alsbald nach dem Erscheinen zu bewirken. Vgl. auch die Ministerialverfügung vom 7. Juli 1907 (MBl. S. 227) und diejenige vom 14. März 1908 (MBl. S. 52), denselben Gegenstand behandelnd.

Ministerialerlaß vom 26. März 1881 (UZBl. S. 335), betreffend die Ablieferung von Verlagsartikeln an die Kgl. Bibliothek in Berlin und an die Bibliothek der Provinzial-Universität in Beziehung auf Separatabdrucke von nach einander in periodischen Zeitschriften usw. erschienenen Publikationen, sowie auf unveränderte neue Auflagen eines Werkes:

Die Frage, ob ein Verleger, welcher von einer Reihe von Publikationen oder Aufsätzen, die zunächst nacheinander in periodischen Druckschriften, Zeitungen u. dgl. erschienen sind, Separatabdrucke veranstaltet, verpflichtet sei, auch von diesen Separatabdrucken Pflichtexemplare an die hiesige Kgl. Bibliothek und die Bibliothek der Provinzial-Universität abzuliefern, ist unbedingt zu bejahen, sobald die Separatabdrucke als besondere Verlagsartikel erscheinen und gesondert für sich durch den Buchhandel vertrieben werden; diese Frage ist aber zu verneinen, sobald die Separatabdrucke nur für den Verfasser und zu privater Verteilung bestimmt sind.

Die zweite gestellte Frage, ob auch von neuen Auflagen eines Werkes ohne Veränderungen (§ 1011 I 11 ALR.) Pflichtexemplare eingereicht werden müssen, ist bereits unter dem 14. Dezember 1836 in einem speziellen Falle und allgemein in der durch Erlaß vom 25. Februar 1840 an sämtliche Kgl. Regierungen mitgeteilten Bekanntmachung des Oberbibliothekars Dr. Wilken vom 24. Dezember 1839 (3664) von dem damaligen Minister der geistlichen usw. Angelegenheiten bejahend beantwortet worden, und ich sehe mich nicht veranlaßt, von der damaligen Entscheidung abzugehen.

Einsendung der Programme und verwandten Veröffentlichungen an die Kgl. Bibliothek in Berlin auch seitens derjenigen Schulanstalten, welche nicht im Tauschverkehr stehen. Erlaß des Ministers der geistlichen usw. Angelegenheiten vom 16. Juli 1890 (UZBl. S. 651): Behufs Sicherung der Vollständigkeit in dem von der hiesigen Kgl. Bibliothek herausgegebenen Verzeichnisse der an den deutschen Schulanstalten erschienenen Abhandlungen weise ich das Kgl. Provinzialschulkollegium (die Kgl. Regierung) an, dahin Anordnung zu treffen, daß auch die nicht im Tauschverkehr stehenden Schulanstalten, welche wissenschaftliche Abhandlungen als Programmbeilagen oder sonst im Namen der Schule herausgegeben haben, ein Exemplar solcher Veröffentlichungen an die hiesige Kgl. Bibliothek einsenden.

Verleger sind gesetzlich verpflichtet, von ihren Verlagswerken ein Exemplar an die Kgl. Bibliothek in Berlin und ein zweites an die Provinzial- (Universitäts-) Bibliothek unentgeltlich einzusenden.

Gegen die auf Erfüllung der Einsendungspflicht abzielenden Anordnungen der forderungsberechtigten Bibliothek, daher auch gegen die Androhung eines Zwangsmittels, zu der auf Ansuchen die Ortspolizeibehörde geschritten ist, findet das Verwaltungsstreitverfahren nicht statt. Die Verpflichtung der Verleger zur Abgabe der Freiexemplare kann unbedenklich als auch gegenwärtig noch bestehend anerkannt werden; sie wird als eine auf gesetzlichem Titel beruhende öffentliche Abgabe zur Unterhaltung öffentlicher Anstalten im Sinne des § 1 Nr. 6 der Verordnung wegen exekutivischer Beitreibung der ...... öffentlichen Abgaben vom 30. Juli 1853 (GS. S. 909) zu kennzeichnen sein. Eben deshalb ist zur Herbeiführung der Erfüllung der Verpflichtung das Verwaltungszwangsverfahren für anwendbar zu erachten, da eine zu erzwingende Handlung in Frage steht, die gegenwärtig (vgl. § 1 Abs. 2 der zuletzt bezeichneten Verordnung) im § 132 des LVG. geregelt ist. Die hiergegen gerichtete Klage (nämlich gegen die Polizeiverwaltung, die befugt war, dem an sie gerichteten Ersuchen um Vollstreckung der „Administrativexekution“ zur Durchführung jenes Ersuchens zu entsprechen) war unzulässig und unterlag deshalb der Abweisung OG. vom 15. Dezember 1899, Bd. 36 S 434.

In der Provinz Schleswig-Holstein besteht keine gesetzliche Verpflichtung der Drucker, ein Stück der von ihnen hergestellten Druckschriften unentgeltlich an die preußische Staatsbibliothek in Berlin abzuliefern.

Der angezogene § 6 des preußischen Preßgesetzes will nichts Besonderes besagen, als daß die über die Abgabe von Pflichtexemplaren geltenden Vorschriften nicht durch das Preßgesetz berührt werden sollen. Es soll nicht durch den § 6 irgendwelches neues Recht über Pflichtexemplare geschaffen und etwa festgestellt werden, daß Verleger belastet und Drucker entlastet sind. Die Einführung des preußischen Preßgesetzes in Schleswig-Holstein kann demzufolge niemals die Änderung der in dieser Provinz geltenden Bestimmungen über die Abgabe von Pflichtexemplaren an Bibliotheken zur Folge haben, denn das Gesetz will ausdrücklich derartige Bestimmungen von den im Gesetz gegebenen Vorschriften ausnehmen.

Die Abgabe von Freiexemplaren nach § 6 des preußischen Preßgesetzes betrifft nur „Verleger“.

§ 56 des preußischen Preßgesetzes ist von der Einführung

in Schleswig-Holstein ausgenommen (vgl. Kgl. Verordnung vom 25. Juni 1867, Art. II B). OG. vom 5. April 1928, Bd. 83 S. 199.

Einsendung der von den Behörden veröffentlichten, im Buchhandel nicht erschienenen Drucksachen an die Kgl. Bibliothek in Berlin pp. Erlaß des Ministers der geistlichen usw. Angelegenheiten vom 21. Juni 1907 (UZBl. S. 546): In dem Erlaß vom 6. Mai 1882 (UZBl. S. 537) ist angeordnet, daß die von den Behörden veröffentlichten, im Buchhandel nicht erschienenen Drucksachen an die Kgl. Bibliothek in Berlin einzusenden sind. Dieser Erlaß wird erneut in Erinnerung gebracht. pp.

Der Erlaß des Ministers der geistlichen usw. Angelegenheiten vom 2. März 1908 (UZBl. S. 430) nimmt Bezug auf den Erlaß vom 21. Juni 1907 (UZBl. S. 546) und ordnet weiter an, daß die Bestätigung jedes Einganges bei der Kgl. Bibliothek in Berlin, wie es bisher geschehen ist, unterbleiben kann, falls nicht die einsendende Behörde durch Beilegung eines Empfangscheinformulars zu erkennen gibt, daß sie auf eine Quittung Wert legt.

Verordnung über Abgabe amtlicher Druckschriften des Reiches an die öffentlichen Büchereien der Länder, vom 11. April 1927 (RMBl. S. 129) in der durch die zweite Verordnung vom 31. Mai 1929 (RMBl. S. 363) gegebenen Fassung.

Für die Abgabe amtlicher Druckschriften des Reiches an die öffentlichen Büchereien der Länder gelten folgende Grundsätze:

§ 1. 1. Unmittelbar nach dem Erscheinen einer von ihnen amtlich herausgegebenen Druckschrift haben kostenlos zu liefern:

a) alle Reichsbehörden und Reichsstellen je ein Stück an die deutsche Bücherei in Leipzig und an die preußische Staatsbibliothek in Berlin;

b) die Reichsbehörden und Reichsstellen, die in Württemberg, Baden oder Hessen ihren Sitz haben, ein Stück an die Staatsbibliothek in München;

c) die Reichsbehörden und Reichsstellen, die in den übrigen Ländern — außer in Preußen und in Bayern — ihren Sitz haben, ein Stück an die Staatsbibliothek in Berlin;

d) alle Reichsbehörden und Reichsstellen außerdem ein Stück an die von der Landesregierung bezeichnete Bibliothek des Landes, in dem sie ihren Sitz haben, sofern nicht schon der Verleger oder der Drucker der Schrift dieser Bibliothek ein Stück zu liefern hat, wie dies zur Zeit der Fall ist in Preußen, ausgenommen die Provinzen Hannover und Hessen-Nassau, ferner in Bayern, Württemberg, Hessen, Hamburg, Anhalt und Lübeck.

...... (Es werden die empfangsberechtigten Bibliotheken von den Landesregierungen bezeichnet.)

2. Von der Ablieferung ausgeschlossen sind: a) Formblätter aller Art für den Dienstgebrauch der Beamten wie für den Gebrauch des Publikums; b) Druckschriften, die ausschließlich für den amtlichen Verkehr oder den inneren Dienstgebrauch bestimmt sind; c) Sonderabdrucke aus amtlichen Verordnungsblättern.

3. Bestehen in besonderen Fällen Bedenken gegen die Abgabe einer Druckschrift, so berichtet die herausgebende Behörde oder Stelle dem vorgesetzten Reichsministerium, das im Benehmen mit dem Reichsminister des Innern entscheidet.

4. Jede Reichsbehörde und Reichsstelle ist gehalten, je ein Stück ihrer amtlichen Druckschriften ihrer Bücherei oder ihrem sonstigen Bücherbestande dauernd einzuverleiben, ferner ein Stück der Bücherei des vorgesetzten Ministeriums einzureichen.

§ 2. Weitergehende gesetzliche Verpflichtungen bleiben unberührt.

§ 3. Diese Verordnung tritt mit Wirkung vom 1. Januar 1927 in Kraft.

Der Stellvertreter des Reichskanzlers.
Der Reichsminister der Justiz. Der Reichsminister des Innern.

Für Bayern gilt Art. 68 des Gesetzes v. 28. Juni 1865, betreffend den Schutz des Urheberrechtes an literarischen Erzeugnissen und Werken der Kunst in Verbindung mit § 11 des RG. v. 22. April 1871, betreffend die Einführung norddeutscher Bundesgesetze in Bayern (RGBl. S. 87—90): „Jeder Inländer, der ein literarisches Erzeugnis, eine musikalische Komposition oder ein Werk der zeichnenden Kunst im Inlande verlegt, ist verbunden, bei der Herausgabe zwei Exemplare an das Königliche Staatsministerium des Innern für Kirchen- und Schulangelegenheiten abzuliefern und die Ablieferung bei jeder neuen verbesserten Auflage zu wiederholen."

Zu Abs. 4 des § 30 des Reichspreßgesetzes.

Abs. 4 § 30 RPrG. ist, soweit er den neuen Reichssteuergesetzen entgegensteht, aufgehoben. Nach seiner Bestimmung konnte, solange die Befugnis, direkte Steuern zu erheben, dem ausschließlichen Hoheitsrechte der Einzelstaaten des Deutschen Reiches angehörte, eine besondere Besteuerung der Presse und der einzelnen Preßerzeugnisse, abgesehen von der auf dem Betriebe des Preßgewerbes als solchen ruhenden Gewerbesteuer, von den Einzelstaaten nicht vorgenommen werden. Auch reichsgesetzlich war bisher durch Abs. 4 eine besondere Besteuerung der Presse usw. ausgeschlossen. Erst als die Reichsregierung das Gebiet der direkten Steuern für ihr Steuerrecht in Anspruch nahm und diese Art der Steuern, mit wenigen Ausnahmen, reichsgesetzlich ausschließlich dem Reiche als Einkünfte zuwies, so daß dadurch die Einzelstaaten und Gemeinden, soweit ihnen aus diesen Einkünften Einnahmen zugewiesen werden, Kostgänger des Reiches geworden sind, ist auch eine besondere Besteuerung der Presse und der einzelnen Preßerzeugnisse, insbesondere auch eine Inseratensteuer, durch das Reichsumsatzsteuergesetz v. 24. Dezember 1919 (RGBl. S. 2157) als Einnahmequelle für das Reich eingeführt worden, aus der auch den Ländern und Gemeinden nach Maßgabe der entsprechenden reichsgesetzlichen Bestimmungen Einkünfte zufließen. Es sei hierbei auf §§ 1, 23, 25, 26, 27, 40 des Umsatzsteuergesetzes hingewiesen, das übrigens verschiedenfach geändert worden ist, so zuletzt durch die 1. und 2. Steuernotverordnung vom 7. Dezember 1923 (RGBl. I S. 1177) bzw. 19. Dezember 1923 (RGBl. I S. 1205). Der einfache Steuersatz ist wiederholt erhöht (bis auf $2^{1}/_{2}\,^{0}/_{0}$), zuletzt wieder auf $2\,^{0}/_{0}$ ermäßigt worden. Für Inserate beträgt die Steuer $10\,^{0}/_{0}$.

§ 31 des Reichspreßgesetzes: „Dieses Gesetz tritt am 1. Juli 1874 in Kraft. Seine Ausführung in Elsaß-Lothringen bleibt einem besonderen Gesetze vorbehalten."

Der zweite Satz ist infolge Abtretung von Elsaß-Lothringen an Frankreich auf Grund des Friedensvertrages von Versailles vom 28. Juni 1919 hinfällig geworden. Für Helgoland gilt das Reichspreßgesetz auf Grund der Allerhöchsten Verordnung vom 22. März 1891.

Anhang.

I. Verfügung des Ministers des Innern vom 22. März 1922 (MBl. S. 853) spricht von der Mitteilung von Nachrichten an die Tagespresse bei der Verfolgung strafbarer Handlungen, insbesondere solcher Verbrechen, die geeignet sind, ein besonderes Aufsehen in der Öffentlichkeit zu erregen. Die Tagespresse ist mit solchen Nachrichten nur insoweit zu versehen, als diese geeignet sind, die notwendige Mitwirkung des Publikums bei den Nachforschungen anzuregen und dadurch die amtliche Tätigkeit der Polizei zu unterstützen. Von der Wiedergabe aller Einzelheiten, die für diesen Zweck entbehrlich sind, ist abzusehen.

Verfügung des Ministers des Innern vom 31. Oktober 1922 (MBl. S. 1073), betreffend die Pressestelle des preußischen Staatsministeriums: Es wird in Erinnerung gebracht, daß daselbst eine Pressestelle besteht, deren Zweck die schnelle und richtige Information der Berliner und der Provinzpresse in allen Angelegenheiten ist, die die preußische Politik oder innere Angelegenheiten der Provinzen berühren.

Ministerialerlaß vom 9. Februar 1927 (MBl. S. 167): Es ist sorgfältig zu vermeiden, daß die polzeiliche und gerichtliche Untersuchung durch vorzeitige und unzweckmäßige Mitteilungen seitens der Polizeibehörde gefährdet wird. Es ist auch Sorge zu tragen, daß durch Angaben, welche den Beschuldigten einseitig belasten, in der Öffentlichkeit keine Voreingenommenheit erzeugt wird.

Vgl. dazu Runderlaß vom 10. Januar 1931 (MBl. S. 71), der den Ministerialerlaß vom 9. Februar 1927 (vorstehend) in Erinnerung bringt.

Allgemeine Verfügung des Justizministers vom 16. März 1928 (JMBl. S. 169) über Richtlinien für die Beziehungen zwischen Justiz und Presse.

Der Erlaß handelt von der Einrichtung einer Justizpressestelle für den Bezirk des Oberlandesgerichts, dem räumlichen und sachlichen Arbeitsgebiet, Pressedezernenten bei den Landgerichten und Amtsgerichten.

Mitteilungen des Justizministers über Justizpressestellen (JMBl. S. 309) darüber, wo Pressestellen eingerichtet worden sind: desgl. vom 2. Februar 1929 (JMBl. S. 36) und vom 8. April 1929 (JMBl. S. 112).

II. 1. Es sei hier auf das Münzgesetz vom 30. August 1924 (RGBl. II S. 254), die Verordnung zur Durchführung des Münzgesetzes vom 12. Dezember 1924 (RGBl. S. 775) sowie die Verordnung vom 2. Juli 1926 (preuß. GS. S. 192), betreffend die Überleitung preußischen Landesrechts aus den bisherigen Währungsverhältnissen in die neuen Währungsverhältnisse, hingewiesen.

2. Bezüglich der Strafen vgl. Verordnung über Vermögensstrafen und Bußen vom 6. Februar 1924 (RGBl. I S. 44).

III. Das Polizeiverwaltungsgesetz vom 1. Juni 1931 (GS. S. 77), das am 1. Oktober 1931 in Kraft tritt, ist an Stelle des Gesetzes über die Polizeiverwaltung vom 11. März 1850 getreten. Durch § 79 des neuen Gesetzes ist der § 10 II 17 ALR. aufgehoben. An seine Stelle ist § 14 des neuen Gesetzes getreten, welcher lautet:

(1) Die Polizeibehörden haben im Rahmen der geltenden Gesetze die nach pflichtmäßigem Ermessen notwendigen Maßnahmen zu treffen, um von der Allgemeinheit oder dem Einzelnen Gefahren abzuwenden, durch die die öffentliche Sicherheit oder Ordnung bedroht wird.

(2) Daneben haben die Polizeibehörden diejenigen Aufgaben zu erfüllen, die ihnen durch Gesetz besonders übertragen sind.

Vgl. auch §§ 19 und 21 des neuen Polizeiverwalrungsgesetzes.

IV. Vorlage von Plakaten und Flugblättern politischen Inhalts gemäß § 10 Abs. 2 der Verordnung des Reichspräsidenten zur Bekämpfung politischer Ausschreitungen vom 28. März 1931. Runderlaß des Ministers des Innern vom 31. Juli 1931 (MBl. S. 770).

In Ergänzung und Erweiterung der Runderlasse vom 1. April 1931 (MBl. S. 349) und vom 17. April 1931 (MBl. S. 413) bestimme ich gemäß § 13 Abs. 1 der Verordnung vom 28. März 1931 (RGBl. I S. 79), daß bei Plakaten und Flugblättern politischen Inhalts, die im ganzen Staatsgebiet oder auch nur über den Bereich einer Provinz hinaus an oder auf öffentlichen Wegen, Straßen oder Plätzen angeschlagen, ausgestellt, verbreitet oder sonst der Öffentlichkeit zugänglich gemacht werden sollen, der Vorlagepflicht nach § 10 Abs. 2 Satz 1 der Verordnung vom 28. März 1931 durch Vorlage beim Polizeipräsidenten in Berlin genügt wird, ohne daß es noch der Vorlage bei anderen Polizeibehörden bedarf. Bei der Vorlage muß zum Ausdruck gebracht werden, daß das Plakat oder Flugblatt im ganzen Staatsgebiet oder über den Bereich einer Provinz hinaus verbreitet werden soll.

Der Polizeipräsident in Berlin hat, wenn gegen die Verbreitung keine Bedenken bestehen, die anderen Landespolizeibehörden von der fristgerechten Vorlage gemäß § 10 Abs. 2 Satz 1 der Verordnung vom 28. März 1931 auf schnellstem Wege zu unterrichten. Glaubt er Anlaß zur Beanstandung zu haben, so gibt ihm die Ausführungsverordnung vom 24. April 1931 (GS. S. 63) die Möglichkeit zur Beschlagnahme des Plakats oder Flugblatts gemäß § 12 Abs. 1 der Verordnung vom 28. März 1931 mit Wirkung für das ganze Staatsgebiet. Die Zuständigkeit des Polizeipräsidenten in Berlin nach der Ausführungsverordnung vom 24. April 1931 gilt auch für Maßnahmen nach § 2 Abs. 1 der Zweiten Verordnung des Reichspräsidenten zur Bekämpfung politischer Ausschreitungen vom 17. Juli 1931 (RGBl. I S. 371).

V. Die die Zweite Verordnung des Reichspräsidenten zur Bekämpfung politischer Ausschreitungen vom 17. Juli 1931 ändernde Verordnung vom 10. August 1931 (RGBl. I S. 435) lautet:

Auf Grund des Art. 48 Abs. 2 der Reichsverfassung wird für das Reichsgebiet verordnet:

Art. 1. Der § 1 der Zweiten Verordnung zur Bekämpfung politischer Ausschreitungen vom 17. Juli 1931 (RGBl. I S. 371) wird wie folgt geändert:

1. Abs. 1 erhält die Fassung:

Der verantwortliche Schriftleiter und der Verleger einer periodischen Druckschrift sind verpflichtet, auf Verlangen einer obersten Reichs- oder Landesbehörde amtliche Kundgebungen und amtliche Entgegnungen auf die in der periodischen Druckschrift mitgeteilten Tatsachen ohne Einschaltung oder Weglassung unentgeltlich aufzunehmen. Die oberste Landesbehörde kann die Aufnahme einer Kundgebung nur im Einvernehmen mit dem Reichsminister des Innern verlangen.

2. Abs. 2 Satz 2 wird durch die Vorschrift ersetzt:

Über die Art und Weise des Abdrucks erläßt der Reichsminister des Innern allgemeine Bestimmungen; er kann die Zahlung einer Vergütung vorschreiben, soweit der Abdruck einen bestimmten Umfang übersteigt.

Art. 2. Wird gegen das Verbot einer periodischen Druckschrift, das auf Grund des Gesetzes zum Schutze der Republik oder auf Grund der Verordnungen zur Bekämpfung politischer Ausschreitungen erlassen ist, Beschwerde eingelegt, so ist, wenn die Beschwerde nicht spätestens am fünften Tage nach ihrer Einlegung der Stelle zugeleitet ist, die sie dem Reichsgerichte vorzulegen hat, das Verbot ohne sachliche Nachprüfung sofort aufzuheben.

Art. 3. Diese Verordnung tritt mit dem Tage ihrer Verkündung in Kraft.

Der Reichsminister des Inneren wird ermächtigt, die Zweite Verordnung zur Bekämpfung politischer Ausschreitungen in der sich aus Artikel 1 ergebenden Fassung unter dem heutigen Datum bekanntzumachen.

Die Verordnung des Reichspräsidenten zur Änderung der Zweiten Verordnung zur Bekämpfung politischer Ausschreitungen vom 10. August 1931 (RGBl. I S. 435) enthält verschiedene Änderungen der zweiten Verordnung vom 17. Juli 1931 (RGBl. I S. 371), so daß diese letztere auf Grund des Artikel 2 der Abänderungsverordnung mit neuem Datum versehen — 10. August

1931 — als Zweite Verordnung des Reichspräsidenten zur Bekämpfung politischer Ausschreitungen vom 10. August 1931 (RGBl. I S. 436) erschienen ist.

Diese Zweite Verordnung des Reichspräsidenten vom 10. August 1931 (RGBl. I S. 435) hat nunmehr folgenden, abgeänderten Wortlaut:

Auf Grund des Art. 48 Abs. 2 der Reichsverfassung wird für das Reichsgebiet verordnet:

§ 1. Der verantwortliche Schriftleiter und der Verleger einer periodischen Druckschrift sind verpflichtet, auf Verlangen einer obersten Reichs- oder Landesbehörde amtliche Kundgebungen und amtliche Entgegnungen auf die in der periodischen Druckschrift mitgeteilten Tatsachen ohne Einschaltung oder Weglassung unentgeltlich aufzunehmen. Die oberste Landesbehörde kann die Aufnahme einer Kundgebung nur im Einvernehmen mit dem Reichsminister des Innern verlangen.

Der Abdruck hat unverzüglich, bei Tageszeitungen spätestens in der nach Eingang der Kundgebung oder Entgegnung nächstfolgenden, für den Druck nicht bereits abgeschlossenen Nummer zu erfolgen. Über die Art und Weise des Abdrucks erläßt der Reichsminister des Innern allgemeine Bestimmungen; er kann die Zahlung einer Vergütung vorschreiben, soweit der Abdruck einen bestimmten Umfang übersteigt. Eine Stellungnahme zu einer Entgegnung in der gleichen Nummer ist unzulässig.

§ 2. Druckschriften, durch deren Inhalt die öffentliche Sicherheit und Ordnung gefährdet wird, können polizeilich beschlagnahmt und eingezogen werden.

Periodische Druckschriften können verboten werden,

1. wenn der Vorschrift des § 13 zuwidergehandelt wird, oder
2. wenn durch ihren Inhalt die öffentliche Sicherheit und Ordnung gefährdet wird.

Die Vorschriften des § 12 Abs. 2, 3, § 13, § 15 Abs. 1 der Verordnung zur Bekämpfung politischer Ausschreitungen vom 28. März 1931 (RGBl. I S. 79) gelten entsprechend.

§ 3. Diese Verordnung tritt mit dem Tage ihrer Verkündung in Kraft.

Ausführungsbestimmungen und Richtlinien für die Handhabung der Verordnungen des Reichspräsidenten zur Bekämpfung politischer Ausschreitungen vom 28. März 1931 (RGBl. I S. 79), vom 17. Juli 1931 (RGBl. I S. 371) und vom 10. August 1931 (RGBl. I S. 435). Vom 10. August 1931 (RGBl. I S. 436).

Auf Grund der Verordnungen des Reichspräsidenten zur Bekämpfung politischer Ausschreitungen wird folgendes bestimmt:

§ 1. Kundgebungen und Entgegnungen, deren Aufnahme auf Grund von § 1 der Zweiten Verordnung des Reichspräsidenten zur Bekämpfung politischer Ausschreitungen verlangt wird, sollen nicht mehr als 500 Worte umfassen. Für die überschießenden Zeilen sind die üblichen Einrückungsgebühren zu ersetzen.

Die Kundgebung oder Entgegnung ist an der vom Einsender bestimmten Stelle mit der von ihm bestimmten Überschrift, in der von ihm bestimmten Schriftgröße und in dem von ihm bestimmten Schriftgrad zum Abdruck zu bringen.

Der Einsender soll darauf Bedacht nehmen, nur solche Anforderungen bezüglich des Abdrucks zu stellen, die sich im Rahmen der der periodischen Druckschrift zur Verfügung stehenden technischen Möglichkeiten halten.

§ 2. Vor dem Erlasse jedes Verbots einer periodischen Druckschrift ist zu prüfen, ob der erstrebte Zweck nicht schon durch eine Verwarnung und eine amtliche Entgegnung erreicht werden kann. In leichteren Fällen, bei denen der angerichtete Schaden gering ist und anzunehmen ist, daß lediglich fahrlässiges Handeln vorliegt, ist statt eines Verbots zunächst eine Verwarnung auszusprechen, sofern der Verlag sich sofort bereit erklärt, durch unverzügliche Veröffentlichung einer den verletzten oder gefährdeten Interessen Rechnung tragenden Erklärung den Schaden wieder gut zu machen.

Der Reichsminister des Innern.

Durchführung der Verordnung des Reichspräsidenten zur Änderung der Zweiten Verordnung zur Bekämpfung politischer Ausschreitungen vom 10. August 1931 (RGBl. I S. 435). Runderlaß des Ministers des Innern vom 15. August 1931 (MBl. S. 825).

1. ...... (Unter 1 wird nur auf die zweite Verordnung vom 10. August in der vom Reichsminister des Innern veröffentlichten, endgültigen Zweiten Notverordnung des Reichspräsidenten vom 17. Juli / 10. August 1931 (RGBl. I S. 436) hingewiesen, ebenso auf die vom Reichsminister des Innern erlassenen Ausführungsbestimmungen und Richtlinien für die Handhabung der Verordnungen vom 28. März 1931 (RGBl. I S. 79) und vom 17. Juli/10. August 1931 (RGBl. I S. 371 bzw. 435).

2. Nach § 1 Abs. 1 Satz 1 der Verordnung vom 17. Juli 1931 (RGBl. I S. 371) in der Fassung vom 10. August 1931 (RGBl. I S. 435) kann das Verlangen auf Aufnahme einer Kundgebung oder Entgegnung in einer periodischen Druckschrift nur noch von einer obersten Reichs- oder Landesbehörde gestellt werden. Damit entfällt der gesetzliche Vorbehalt für die Übertragung dieser Befugnis auf die nachgeordneten Behörden. Abschnitt I meiner Ausführungsordnung vom 18. Juli 1931 (MBl. S. 729/30) wird daher hiermit außer Kraft gesetzt. Soweit in Zukunft Kundgebungen oder Entgegnungen für notwendig erachtet werden, sind entsprechende Anregungen sofort, gegebenenfalls telegraphisch oder fernmündlich, an mich zu richten.

3. Nach Artikel 2 der Verordnung vom 10. August 1931 (RGBl. I S. 435) muß bei allen Zeitungsverboten, sei es, daß sie auf Grund des Gesetzes zum Schutze der Republik vom 25. März 1930 (RGBl. I S. 91), sei es, daß sie auf Grund der Verordnungen zur Bekämpfung politischer Ausschreitungen vom 28. März 1931 (RGBl. I S. 79) oder vom 17. Juli 1931 (RGBl. I S. 371) ergehen, eine etwa eingelegte Beschwerde spätestens am fünften Tage nach ihrer Einlegung bei derjenigen Stelle eingegangen sein, die die Beschwerde dem Reichsgericht vorzulegen hat, d. i. bei Verboten auf Grund des Republikschutzgesetzes die oberste Landesbehörde, also ich, der Minister des Innern, bei Verboten auf Grund der Verordnungen vom 28. März 1931, 17. Juli und 10. August 1931 der Reichsminister des Innern. Ist die Beschwerde nicht spätestens am fünften Tage nach der Einlegung diesen Stellen zugeleitet, so muß das Verbot, auch wenn es gerecht-

fertigt wäre, ohne sachliche Nachprüfung sofort aufgehoben werden. Um die Innehaltung dieser Frist zu gewährleisten, ersuche ich die für das Verbot periodischer Druckschriften zuständigen nachgeordneten Behörden, also die Oberpräsidenten, den Regierungspräsidenten in Sigmaringen und den Polizeipräsidenten in Berlin, den Zeitpunkt des Eingangs auf der Urschrift der Beschwerdeschrift, die mir vorgelegt wird, zweifelsfrei vermerken zu lassen und die Beschwerde mit der angeordneten Stellungnahme so rechtzeitig zur Absendung zu bringen, daß sie spätestens am dritten Tage nach der Einlegung bei mir eingeht. Zur brieflichen Übermittlung ist Eilbotensendung zu benutzen. Der Vorlagebericht selbst ist zur Kennzeichnung der Eilbedürftigkeit als Schnellbrief (roter Rand) zu fassen und außerdem auf der ersten Seite mit dem Vermerk „Presseverbotssache!" in rot zu versehen.

4. Im Hinblick auf die Bestimmung des § 2 der Ausführungsbestimmungen und Richtlinien des Reichsministers des Innern vom 10. August 1931 für die Handhabung der Verordnungen vom 28. März, 17. Juli und 10. August 1931 (RGBl. I S. 436) ist vor dem Erlaß jedes Verbots einer periodischen Druckschrift, das auf Grund der Verordnungen vom 28. März und 17. Juli/10. August 1931 (nicht des Republikschutzgesetzes) ergeht, zu prüfen, ob der erstrebte Zweck nicht schon durch eine Verwarnung und eine amtliche Entgegnung erreicht werden kann. In leichteren Fällen, bei denen der angerichtete Schaden gering ist und anzunehmen ist, daß lediglich fahrlässiges Handeln vorliegt, ist statt eines Verbots zunächst eine Verwarnung auszusprechen, sofern der Verlag sich sofort bereit erklärt, durch unverzügliche Veröffentlichung einer den verletzten oder gefährdeten Interessen Rechnung tragenden Erklärung den Schaden wieder gut zu machen. Dabei bemerke ich erläuternd, daß sich lediglich auf die Zukunft beziehende allgemeine Versicherungen, die gesetzlichen Bestimmungen künftig zu beachten, als Voraussetzung für die Abstandnahme von einem Verbot allein nicht genügen können; es muß vielmehr, soweit überhaupt die Voraussetzungen für die Verwarnung vorliegen, stets auf diejenigen Ausführungen, die Anlaß zur Beanstandung gegeben haben, selbst eingegangen werden.

VI. Da es für den eine Haussuchung und Beschlagnahme ausführenden Polizeibeamten gerade im Hinblick auf die bei Beschlagnahme von Druckschriften kurz gesetzten Fristen eine wesentliche Erleichterung ist, sich eines Formulars als Berichtsform zu bedienen, zumal dasselbe zugleich die bei der Beschlagnahme zu beobachtenden Formalitäten angibt, so sollen nachstehend zwei solcher Formulare angeführt werden.

Formular A.

(Nichtzutreffendes ist zu durchstreichen.)

Auf Anordnung des Amtsgerichts zu ...., vom ...... der Staatsanwaltschaft zu ...... vom ......, des Hilfsbeamten der Staatsanwaltschaft ...... zu ...... vom ......, von deren Inhalt der ...... (Name) Einsicht genommen hat, hat der Unterzeichnete in der Wohnung (in den Geschäftsräumen, in dem befriedeten Besitztum) des ...... (Name) auf Grund des § 102 — 103 — der Reichsstrafprozeßordnung Durchsuchung gehalten.

Es wurden daraufhin in Anwesenheit des von der Beschlagnahme Betroffenen ...... in Abwesenheit des von der Beschlagnahme Betroffenen, nachdem der ...... (Name) als Vertreter — als erwachsener Angehöriger — als Hausgenosse — als Nachbar — zur Durchsuchung zugezogen worden war (da die Zuziehung eines Dritten zur Beschlagnahme nicht möglich war), folgende Schriften beschlagnahmt:

....

....

....

Zu der polizeilich angeordneten Durchsuchung ist der Gemeindebeamte ......, sind die ...... als Gemeindemitglieder zugezogen worden.

Die Zuziehung eines Gemeindebeamten bzw. zweier Gemeindemitglieder zu der polizeilich angeordneten Durchsuchung war nicht möglich.

Die trennbaren Teile ...... (folgt nähere Bezeichnung) der Druckschrift wurden nicht beschlagnahmt, da sie nichts Strafbares enthalten.

Formular B.

Auf Anordnung des Amtsgerichts zu ...... vom ......, der Staatsanwaltschaft zu ...... vom ......, des Hilfsbeamten der Staatsanwaltschaft zu ...... vom ......, von deren Inhalt der ...... (Name) Einsicht genommen hat, hat der Unterzeichnete in der Wohnung (in den Geschäftsräumen, in dem befriedeten Besitztum) des ...... (Name) Durchsuchung gehalten, da derselbe verdächtigt ist, Gegenstände, die als Beweismittel für ...... (folgt Angabe der strafbaren Handlung) dienen (auf deren Einziehung voraussichtlich zu erkennen sein wird), in seinem Gewahrsam zu haben, nachdem vorher dem Verdächtigten ...... in Abwesenheit des Verdächtigten dem ...... als Vertreter — als erwachsener Angehöriger — als Hausgenossen — als Nachbar — der Zweck der Durchsuchung bekanntgegeben worden war ...... In Abwesenheit des Verdächtigten einen Dritten zur Durchsuchung zuzuziehen, war nicht möglich. Es wurden daraufhin folgende Schriften beschlagnahmt:

....

....

....

Zu der polizeilich angeordneten Durchsuchung ist der Gemeindebeamte ......, sind die ...... als Gemeindemitglieder zugezogen worden.

Die Zuziehung eines Gemeindebeamten bzw. zweier Gemeindemitglieder war nicht möglich.

Die trennbaren Teile ...... (folgt nähere Bezeichnung) der Druckschrift wurden nicht beschlagnahmt, da sie nichts Strafbares enthalten.

Sachregister.

(Die Zahlen verweisen auf die Seiten.)

A.

H.

J.

K.

L.

M.

N.

O.

P.

R.

S.

T.

U.

V.

W.

Gedruckt bei A. W. Hayn's Erben, Potsdam.

Nachweis wichtiger Gesetzesausgaben

mit und ohne Erläuterungen, größere und kleinere Kommentare, Lehrbücher, Sammelwerke, Entscheidungssammlungen, Zeitschriften

Verlag Walter de Gruyter & Co., Berlin W 10 Genthiner Str. 38

Frühjahr 1931

Inhaltsübersicht

I. Allgemeines, Sammelwerke.

Handwörterbuch der Rechtswissenschaft. Unter Mitberatung von Reichsgerichtspräsident Dr. Dr. E. Bumke, Reichsgerichtsrat L. Busch, Oberreichsanwalt Prof. Dr. L. Ebermayer, Geh. Justizrat Professor Dr. Dr. Fr. Endemann, Geh. Justizrat Professor Dr. Dr. E. Heymann, Senatspräsident am Reichsgericht Dr. O. Strecker, Präsident des Bayerischen Obersten Landesgerichts Staatsrat Dr. K. v. Unzner †, herausgegeben von Dr. jur. **Fritz Stier-Somlo,** o. Professor an der Universität Köln, und Dr. jur. **Alexander Elster,** Berlin. 6 Bände. Lexikon-Oktav. 1926/29. In Halbleder geb. RM. 304.—

Ein Ergänzungsband, der das Handwörterbuch bis auf den letzten Stand von Wissenschaft und Praxis fortführt, befindet sich im Druck.

„Es zeigt sich doch jetzt immer mehr, daß Ihr Handwörterbuch ein ganz großer Wurf war. Wie ich höre, wird es auch in der Praxis in steigendem Maße benutzt." Professor Dr. Nipperdey, Köln.

Die Reichsgerichtspraxis im deutschen Rechtsleben. Festgabe der juristischen Fakultäten zum 50 jährigen Bestehen des Reichsgerichts (1. Oktober 1929), unter Mitwirkung der Professoren Gerhard Anschütz, Heidelberg, Ernst Heymann, Berlin, Theodor Kipp, Berlin, Wilhelm Kisch, München, Alfred Schultze, Leipzig, Heinrich Siber, Leipzig, herausgegeben von Otto Schreiber, weiland Professor in Königsberg i. Pr. 6 Bde. Groß-Oktav. 1929.

Geh. RM. 110.—, in Halbfranz geb. RM. 134.—

I. Band: Öffentliches Recht. II. Band: Zivil- und Handelsrecht. III. Band: Zivil- und Handelsrecht (Fortsetzung). IV. Band: Handels- und Wirtschaftsrecht. V. Band: Strafrecht und Strafprozeß. VI. Band: Zivilprozeßrecht.

Die Bände werden einzeln abgegeben.

Mit dieser umfangreichen Festgabe wird eine große, systematisch geordnete Reihe hervorragender Monographien veröffentlicht, die durchweg besonders wichtige und schwierige Fragen aus allen Teilen des Rechts behandeln.

Fünfzig Jahre Reichsgericht am 1. Oktober 1929. Von Dr. Adolf **Lobe,** Senatspräsident am Reichsgericht i. R., M. d. R. unter Mitarbeit von Mitgliedern und Beamten des Reichsgerichts, der Reichsanwaltschaft und der Rechtsanwaltschaft am Reichsgericht. Mit 14 Porträts und 15 Abbildungen. Lexikon-Oktav. VI, 436 Seiten. 1929.

RM. 20.—, in Halbfranz RM. 24.—

Von den beiden Festschriften „Lobe, Fünfzig Jahre Reichsgericht" und der Festgabe der juristischen Fakultäten gibt die vorliegende ein Bild der organisatorischen Gestaltung des Reichsgerichts und seiner Einrichtungen, in deren Schutz sich seine Aufgaben und seine Arbeit gestalten. Ausführlicher Prospekt mit Inhaltsverzeichnis kostenlos.

Bürgerliches Rechtslexikon. (Nach dem Bürgerlichen Gesetzbuch, dem Handelsgesetzbuch und sonstigen Reichs- und Landesgesetzen.) Von E. **Christiani,** weil. Amtsgerichtsrat. Vierte, durchgearbeitete und verbesserte Auflage von Dr. Alexander **Elster,** Rechtsanwalt Dr. Hugo **Hoormann,** Amtsgerichtsrat Georg **Krause,** Lexikon-Oktav. IV, 474 Seiten. 1930 . . . . Geb. RM. 15.—

„Wir kennen kein zweites Werk, das das gleiche Material in so kurzer, trefflicher und verständlicher Weise enthält und das so brauchbar wäre wie das hiermit warm empfohlene Buch."

Zeitschrift für das gesamte Gebiet der direkten Steuern.

Hedemann, J. W., **Einführung in die Rechtswissenschaft.** Zweite, erweiterte und umgestaltete Auflage. Oktav. XXII, 566 Seiten. 1927. (Lehrbücher und Grundrisse der Rechtswissenschaft Bd. IX.)
RM. 14.—, geb. RM. 16.—

„... Das Buch Hedemanns, welches die Aufgabe einer Einführung am reichsten und umfassendsten auffaßt und löst ...“
Juristische Wochenschrift.

Sternberg, Theodor, **Einführung in die Rechtswissenschaft.**
I. Teil: Methoden- und Quellenlehre. Zweite, neugestaltete Auflage. Verbesserter Neudruck. 190 Seiten. 1927. (Sammlung Göschen Bd. 169.)
Geb. RM. 1.80
II. Teil: Das Rechtssystem. Erste Hälfte: Grundbegriffe und Privatrecht. Zweite, vermehrte Auflage. 133 Seiten. 1922. (Sammlung Göschen Bd. 170.) . . . . Geb. RM. 1.80

Eine in ihrer Knappheit ganz ausgezeichnete Darstellung der juristischen Begriffe und Probleme.

Schröder, Richard, und **Künßberg,** F., Lehrbuch der deutschen Rechtsgeschichte. Sechste, verbesserte Auflage. Groß-Oktav. Mit einer Abbildung im Text, fünf Tafeln und einem Bildnis. 1124 Seiten. 1922.
RM. 26.—, in Halbleder geb. RM. 30.—

Dieses bekannte Lehrbuch hat sich seit langen Jahren bestens bewährt.

Fehr, Hans, **Deutsche Rechtsgeschichte.** Zweite, verbesserte und ergänzte Auflage. Oktav. 416 Seiten. 1925. (Lehrbücher und Grundrisse der Rechtswissenschaft Bd. X.) RM. 13.—, geb. RM. 14.50

Das Buch gibt eine plastische Darstellung der deutschen Rechtsgeschichte, die eine Anhäufung von Stoff ausdrücklich vermeidet, vielmehr das Schwergewicht auf eine mehr ideengeschichtliche Behandlung des Gegenstandes legt.

Schröder, Richard, und **Glitsch,** Heinrich, **Deutsche Rechtsgeschichte.** Zweite Auflage. Neudruck.
I. Bis zum Ende des Mittelalters. 160 Seiten. 1929. (Sammlung Göschen Bd. 621.) . . . . Geb. RM. 1.80
II. Die Neuzeit. 90 Seiten. 1929. (Sammlung Göschen Bd. 664.)
Geb. RM. 1.80

Eine gemeinverständliche kurze Darstellung der deutschen Rechtsgeschichte.

Giese, Friedrich, **Preußische Rechtsgeschichte.** Übersicht über die Rechtsentwicklung der preußischen Monarchie und ihrer Landesteile. Ein Lehrbuch für Studierende. Groß-Oktav. 256 Seiten. 1920.
RM. 5.—, geb. RM. 6.50

„Das Buch ist nicht ein, sondern das (bisher fehlende) Lehrbuch der preußischen Rechtsgeschichte.“
Dr. Karl Strupp im „Verwaltungsarchiv“.

von Mayr, Robert, **Römische Rechtsgeschichte.** I. Buch. Die Zeit des Volksrechtes. 1. Hälfte: Das öffentliche Recht. 150 Seiten. 1912. (Sammlung Göschen Bd. 577.) . . . . Geb. RM. 1.80
2. Hälfte: Das Privatrecht. 117 Seiten. 1912. (Sammlung Göschen Bd. 578.) . . . . Geb. RM. 1.80
II. Buch: Die Zeit des Amts- und Verkehrsrechtes. 1. Hälfte: Das öffentliche Recht. 158 Seiten. 1912. (Sammlung Göschen Bd. 645.)
Geb. RM. 1.80
2. Hälfte: Das Privatrecht I. 122 Seiten. 1913. (Sammlung Göschen Bd. 646.) . . . . Geb. RM. 1.80
Das Privatrecht II. 150 Seiten. 1913. (Sammlung Göschen Bd. 647.)
Geb. RM. 1.80

III. Buch. Die Zeit des Reichs- und Volksrechtes. 111 Seiten. 1913. (Sammlung Göschen Bd. 648.) . . . . Geb. RM. 1.80
IV. Buch. Die Zeit der Orientalisierung des römischen Rechtes. 155 Seiten. 1913. (Sammlung Göschen Bd. 697.) . . . . Geb. RM. 1.80

Stammler, Rudolf, **Lehrbuch der Rechtsphilosophie.** Dritte, vermehrte Auflage. Groß-Oktav. XVI, 396 Seiten. 1928.
RM. 13.—, geb. RM. 15.—

„. . . Ein Werk aus einem Gusse, ein herbes Werk von größter wissenschaftlicher Strenge, eine Schule, durch die jeder gehen muß, der mit den rechtsphilosophischen Problemen der Gegenwart ringt."
Schweizerische Juristenzeitung.

Stammler, Rudolf, **Rechts- und Staatstheorien der Neuzeit.** Leitsätze zu Vorlesungen. Zweite, vermehrte und verbesserte Auflage. Oktav. IV, 116 Seiten. 1925. . . . . RM. 3.50, geb. RM. 4.50

Ein unentbehrlicher Führer durch die Rechts- und Staatstheorien der Neuzeit.

Stammler, Rudolf, **Wirtschaft und Recht** nach der materialistischen Geschichtsauffassung. Eine sozialphilosophische Untersuchung. Fünfte, durch einen Nachtrag ergänzte Auflage. Oktav. VIII, 704 Seiten. 1924. . . . . RM. 14.—, geb. RM. 16.—

„Das Werk Stammlers darf den Ruhm in Anspruch nehmen, unter allen Büchern, die in der letzten Zeit auf dem hier in Betracht kommenden Gebiet erschienen sind, die stärkste Wirkung hervorgebracht zu haben." *Historische Zeitschrift.*

Friedrichs, Karl, **Der Allgemeine Teil des Rechts.** Eine Darstellung der gemeinsamen Lehren des öffentlichen und des privaten Rechts. Groß-Oktav. X, 306 Seiten. 1927. . . . . . . RM. 12.—, geb. RM. 13.50

„Eine solche Arbeit fehlte bisher in der juristischen Literatur. Friedrichs ist wie kein anderer berufen, eine grundlegende Arbeit über dieses Gebiet zu schreiben." *Mitteilungen des Preuß. Richtervereins.*

Maas, Georg, und **Magnus**, Julius, **Abkürzungsverzeichnis der Rechtssprache.** Abkürzungen der Bezeichnungen von Rechtsquellen, Behörden, Entscheidungen usw. des deutschen und österreichischen Rechts. Oktav. IV, 140 Seiten. 1929. . . . . RM. 4.—

„Bis jetzt fehlte eine Zusammenstellung, die in zuverlässiger Weise die gebräuchlichsten Abkürzungen wiedergab. Diese Lücke füllt das neue Buch in glücklicher Weise aus." *Der junge Rechtsgelehrte.*

Endemann, Friedrich, **Grundriß des römischen Privatrechts.** Oktav. X, 256 und 30 Seiten. 1925. (Lehrbücher und Grundrisse der Rechtswissenschaft Bd. XII.) . . . . RM. 9.—, geb. RM. 10.50

„. . . ein nach jeder Richtung hochstehendes Werk."
Der junge Rechtsgelehrte.

Stammler, Rudolf, **Aufgaben aus dem römischen Recht.** Der „Institutionenübungen für Anfänger" vierte Auflage. Oktav. IV, 92 Seiten. Mit Figuren im Text. 1919 . . . . Geb. RM. 5.—

Zum selbständigen Einarbeiten in das System des römischen Privatrechts.

II. Bürgerliches Recht

1. Bürgerliches Gesetzbuch

Lehmann, Heinrich, **Allgemeiner Teil des Bürgerlichen Gesetzbuches.** Dritte, vermehrte und verbesserte Auflage (9. bis 12. Tausend). Oktav. XIV, 439 Seiten. 1928. (Lehrbücher und Grundrisse der Rechtswissenschaft Bd. I.) . . . . RM. 12.—, geb. RM. 13.50

„Es liegt ein großer pädagogischer Wert in diesem Buch. Es wird sich unter den Studenten rasch großer Beliebtheit erfreuen."
Das Recht.

Leonhard, R., **Der Allgemeine Teil des Bürgerlichen Gesetzbuches** in seinem Einflusse auf die Fortentwicklung der Rechtswissenschaft. Groß-Oktav. XVI, 537 Seiten. 1900. (Recht des Bürgerlichen Gesetzbuches in Einzeldarstellungen Nr. X.) . . . . RM. 10.—

Die Sammlung „Recht des Bürgerlichen Gesetzbuches" umfaßt systematische Darstellungen des BGB. aus der Feder erster Juristen der Wissenschaft und Praxis.

Oertmann, Paul, **Allgemeiner Teil des Bürgerlichen Gesetzbuches.**
I. Einleitung. Lehre von den Personen und von den Sachen. Dritte, verbesserte Auflage. 136 Seiten. 1926. (Sammlung Göschen Bd. 447.) Geb. RM. 1.80
II. Erwerb und Verlust, Geltendmachung und Schutz der Rechte. Dritte, verbesserte Auflage. 147 Seiten. 1928. (Sammlung Göschen Bd. 448.) . . . . Geb. RM. 1.80

Nach der die Vorgeschichte des BGB. und einzelne für seine Bedeutung und Anwendung wichtige Hauptfragen behandelnden Einleitung bespricht der Verfasser die Lehre von den Personen und von den Sachen. Er verarbeitet den Inhalt der einzelnen Gesetzesparagraphen wissenschaftlich und erörtert dabei auch mehrfach Fragen, die im BGB. selbst nicht geregelt, höchstens gestreift werden.

Plancks Kommentar zum Bürgerlichen Gesetzbuch nebst Einführungsgesetz. Bisher herausgegeben von E. Strohal. Bearbeitet von E. Brodmann, L. Busch, J. Ebbecke, F. Flad, M. Greiff, K. Gunkel, P. Knoke, M. Landois, A. Lobe, Fr. Oegg, H. Siber, O. Strecker, K. von Unzner. Vierte, völlig neubearbeitete Auflage. Lexikon-Oktav. Bisher sind erschienen:
I. Band: Allgemeiner Teil. 606 Seiten. 1913. RM. 15.—, geb. RM. 17.—
II. Band, 1. Hälfte: Recht der Schuldverhältnisse. (Allgemeiner Teil.) 640 Seiten. 1914 . . . . RM. 15.—, geb. RM. 17.—
II. Band, 2. Hälfte: Recht der Schuldverhältnisse. (Besonderer Teil.) 1296 Seiten. 1928 . . . . RM. 49.—, geb. RM. 52.—
III. Band: Sachenrecht. 1464 Seiten. 1920. RM. 30.—, geb. RM. 33.—
IV. Band: Familienrecht. 1. Hälfte §§ 1297—1588. 701 Seiten. 1928. RM. 26.—, geb. RM. 28.—
V. Band: Erbrecht. Vierte, völlig neubearbeitete Auflage. Groß-Oktav. XII, 1136 Seiten. 1930 . . . RM. 51.—, geb. RM. 54.—

„Für jeden Praktiker, der tiefer in den Rechtsstoff eindringen muß, um die zur Entscheidung stehende Frage zu prüfen, ist Plancks Kommentar immer ein zuverlässiger Ratgeber und seine Erläuterung und Meinung von hohem Wert und Gewicht, stets sorgfältiger Beachtung wert." *Zentralblatt für freiwillige Gerichtsbarkeit.*

Das Bürgerliche Gesetzbuch mit besonderer Berücksichtigung der Rechtsprechung des Reichsgerichts. Erläutert von Dr. Busch, Erler, Dr. Lobe, Michaelis, Oegg, Sayn, Schliewen und Seyffarth, Reichsgerichtsräten und Senatspräsidenten am Reichsgericht. Siebente, unveränderte Auflage. 5 Bände. §§ 1—2385. Lexikon-Oktav. 3182 Seiten. 1928 . . . . RM. 125.—, in Halbleder geb. RM. 150.—
I. Band: Allgemeiner Teil. Recht der Schuldverhältnisse I. (Allgemeiner Teil.) — II. Band: Recht der Schuldverhältnisse II. (Einzelne Schuldverhältnisse.) — III. Band: Sachenrecht. — IV. Band: Familienrecht. — V. Band: Erbrecht. Alphabetisches Sachverzeichnis.
(Das Werk wird nur komplett abgegeben.)

„Eine neue Auflage dieses für die Praxis wertvollsten Kommentars ist ein Ereignis für die Juristenwelt."
Blätter für Rechtspflege im Bezirk des Kammergerichts.

Achilles-Greiff, Bürgerliches Gesetzbuch nebst Einführungsgesetz. Mit Einleitung, Anmerkungen und Sachregister. Nach dem Tode des ersten Herausgebers Dr. A. Achilles in Verbindung mit J. Altstötter, Oberamtsrichter in Sonthofen, O. Meyer, Oberlandesgerichtspräsident in Celle, Dr. J. Kieckebusch, Land- und Amtsgerichtsrat in Kassel, Dr. O. Strecker, Senatspräsident am Reichsgericht i. R. in Leipzig, herausgegeben von Dr. M. Greiff, Wirkl. Geh. Oberjustizrat, Oberlandesgerichtspräsident i. R. in Berlin. Dreizehnte, vermehrte und verbesserte Auflage. Mit Erläuterungen der Verordnung über das Erbbaurecht, des Gesetzes über die religiöse Kindererziehung und des Gesetzes für Jugendwohlfahrt. Groß-Oktav. XXIII, 1304 Seiten. 1930. (Guttentagsche Sammlung Deutscher Reichsgesetze Bd. 38/39.) . . . . . . Geb. RM. 24.—, in Halbleder geb. RM. 26.—

„Das ausgezeichnete Buch, das einer weiteren Empfehlung kaum bedarf, wird seine führende Stellung unter den Handausgaben ohne Zweifel behaupten." Juristische Rundschau.

Bürgerliches Gesetzbuch nebst Einführungsgesetz. Vom 18. August 1896 mit Berücksichtigung der bis zum 1. Januar 1928 ergangenen Abänderungen. Textausgabe mit ausführlichem Sachregister. Sechzehnte Auflage. (61. bis 66. Tausend). Taschenformat. 758 Seiten. 1928. (Guttentagsche Sammlung von Textausgaben ohne Anmerkungen mit Sachregister.) . . . . Geb. RM. 2.80

Die vorliegende Ausgabe zeichnet sich durch Vollständigkeit und besondere Ausführlichkeit des Sachregisters aus.

Lindemann, Otto, Ausführungsgesetz zum Bürgerlichen Gesetzbuche vom 20. September 1899 nebst einem Anhang: Verordnung zur Ausführung des Bürgerlichen Gesetzbuchs vom 16. November 1899. Nach dem Tode des früheren Herausgebers Kammergerichtsrat Dr. P. Siméon, erläutert von Geh. Oberjustizrat Otto Lindemann, Ministerialdirektor im Pr. Justizministerium. Vierte Auflage. Taschenformat. 208 Seiten. 1930. (Guttentagsche Sammlung Preußischer Gesetze Bd. 23.) Geb. RM. 5.—

Die neue Auflage kommt im richtigen Augenblick, um dem fühlbaren Mangel an neuen Bearbeitungen der Ausführungsgesetze zum Bürgerlichen Gesetzbuch abzuhelfen. Sie ist völlig neu bearbeitet und nach den Ergebnissen von Gesetzgebung und Rechtsprechung bis in die jüngste Zeit ergänzt.

Schulz, F. H., Bürgerliches Gesetzbuch. Taschenformat. XI, 682 Seiten. 1930 . . . . Geb. RM. 8.— (Lehrausgaben Deutscher Gesetze, Bd. I.)

Dieser Band bringt auch die Bezeichnung der entsprechenden römisch-rechtlichen bzw. gemeinrechtlichen Institute und verwirklicht damit einen Gedanken, der eigentlich wohl schon vor dreißig Jahren hätte ausgeführt werden sollen.

Schück, Richard, **Zivilrechtspraktikum.** Zum Selbststudium und zum Lehrgebrauch. Vierte, vermehrte Auflage. Herausgegeben von Gustav Schreiber. Groß-Oktav. 160 Seiten. 1930. Geb. RM. 6.—

Das „Schücksche Zivilrechtspraktikum" bringt in einem billigen Band über 600 Fälle aus allen fünf Büchern des BGB. und dem Einführungsgesetz. Es hat sich seit seinem Erscheinen durch seine praktische Auswahl überall durchgesetzt und durch drei hohe Auflagen hindurch bewährt. Die vorliegende vierte Auflage weist eine Anzahl Ergänzungen auf, die aber durch die besondere Art ihrer Einordnung den Gebrauch mehrerer Auflagen nebeneinander nicht stören.

von der Mosel, Heinrich, **Lösungen** zu dem von Kammergerichtsrat Dr. Richard Schück herausgegebenen Zivilrechtspraktikum. Nach dem Bürgerlichen Gesetzbuch bearbeitet für Studierende und Referendare. Vierte Auflage. Groß-Oktav. 148 Seiten. 1924. Geb. RM. 5.50

Die Lösungen behandeln fast alle in dem Praktikum enthaltenen Fälle.

v. Schwerin, Cl., Frhr., **Grundzüge des deutschen Privatrechts.** Zweite Auflage. Oktav. XII, 342 Seiten. 1928. (Lehrbücher und Grundrisse der Rechtswissenschaft Bd. XIII.) RM. 9.50, geb. RM. 11.—

„Was dem Studenten not tut, ist ein kurzgefaßtes Handbuch. ... Ein ausgezeichnetes Hilfsmittel dieser Art ist das vorliegende Buch.“ Zeitschrift für Rechtspflege in Bayern.

Wegner, Arthur, **Jugendrecht.** Ein Lehrbuch zur Einführung. Oktav. IX, 219 Seiten. 1929 . . . . RM. 6.—, geb. RM. 7.50

„Ein gleichartiges und gleichwertiges Werk über das Jugendgericht gibt es noch nicht.“ Breslauer Zeitung.

Schuldverhältnisse insbesondere

Hedemann, Justus Wilh., **Schuldrecht des Bürgerlichen Gesetzbuches.** Oktav. Zweite Auflage in Bearbeitung. (Lehrbücher und Grundrisse der Rechtswissenschaft Bd. II.)

„Die Schrift bietet die beste mir bekannte Einführung in das schwierige Recht der Schuldverhältnisse.“ Staats- und Selbstverwaltung.

Oertmann, Paul, **Schuldrecht.** (BGB. II.)
I. Allgemeine Lehren. Dritte, verbesserte Auflage. 142 Seiten. 1927. (Sammlung Göschen Bd. 323.) . . . . Geb. RM. 1.80
II. Die einzelnen Schuldverhältnisse. Dritte, verbesserte Auflage. 159 Seiten. 1929. (Sammlung Göschen Bd. 324.) . . Geb. RM. 1.80

„In knapper Form und gemeinverständlicher Ausdrucksweise ist ein vorzüglicher Überblick über den Stoff gegeben.“ Leipziger Zeitschrift für deutsches Recht.

Meyer, Georg, **Das Recht der Beschlagnahme von Lohn, Gehalt und Diensteinkommen.** Auf Grund des Reichsgesetzes vom 21. Juni 1869, der Verordnung über Lohnpfändung vom 25. Juni 1919 nebst Abänderungen und der Zivilprozeßordnung dargestellt. Siebente, vermehrte Auflage. Taschenformat. 174 Seiten. 1930. (Guttentagsche Sammlung Deutscher Reichsgesetze Bd. 55.) . . Geb. RM. 4.50

„Das Lohnbeschlagnahmegesetz wird hier in mustergültiger Weise erläutert. Die zahlreichen Zweifelsfragen werden gründlich erörtert.“ Hessische Rechtsprechung.

Seligsohn, Franz, **Kommentar zum Haftpflichtgesetz.** Zweite Auflage. Groß-Oktav. 300 Seiten. 1930 . . . . . . RM. 12.—, geb. RM. 13.50

„Das reiche Material hat der Verfasser mit logischer Schärfe und in knapper Form bearbeitet und damit ein mustergültiges Werk geschaffen, das für die meist veralteten Kommentare zum Reichshaftpflichtgesetz einen wertvollen Ersatz bietet.“ Blätter für Rechtspflege im Bezirk des Kammergerichts.

Krieg, O., **Mietrecht und Wohnungsmangelgesetzgebung** im Reiche, in Preußen und in Berlin, einschließlich Hauszinssteuer, Kostenwesen und Rechtsentscheiden des Kammergerichts und des Obersten Landesgerichts. Zusammengestellt und mit ausführlichem Schlagwortregister versehen. Vierte Auflage. Taschenformat. XII, 594 Seiten. 1928. (Guttentagsche Sammlung Deutscher Reichsgesetze Bd. 156.) Geb. RM. 10.—

„Eine solche Ausgabe zu besitzen, ist wertvoll. Diese Ausgabe verdient schon wegen ihrer Vollständigkeit besondere Beachtung. Ein vortreffliches Sachregister ist beigegeben.“ Juristische Wochenschrift

Stölzle, Hans, **Viehkauf** nach Bürgerlichem Gesetzbuch und ausländischem Recht. Verordnung, betreffend die Hauptmängel und Gewährfristen beim Viehhandel. Von Eugen Fröhner. Sechste, vermehrte und wesentlich verbesserte Auflage. Taschenformat. 699 Seiten. 1926. (Guttentagsche Sammlung Deutscher Reichsgesetze Bd. 50.)

Geb. RM. 15.—

„Das Buch ist Juristen wie Laien als lichtvoller Ratgeber in allen Fragen nur auf das wärmste zu empfehlen."

Deutsche Juristen-Zeitung.

Hoffmann, J., **Abzahlungsgeschäfte.** Vierte Auflage, besorgt von K.-A. Crisolli. Taschenformat. Im Druck. (Guttentagsche Sammlung Deutscher Reichsgesetze Bd. 34.)

„Jeder, der mit Abzahlungsgeschäften zu tun hat, kann sich bestens aus dem Büchlein informieren. Der Kommentar ermöglicht es auch dem Laien, sich mit allen einschlägigen Fragen vertraut zu machen."

Berliner Intelligenz-Blatt.

Göppert, H., **Gesetz, betreffend die gemeinsamen Rechte der Besitzer von Schuldverschreibungen.** Zweite Auflage, bearbeitet von E. Trendelenburg. Taschenformat. 156 Seiten. 1915. (Guttentagsche Sammlung Deutscher Reichsgesetze Bd. 52.) . . . . . . Geb. RM. 1.50

Beiträge zum ausländischen und internationalen Privatrecht, herausgegeben vom Institut für ausländisches und internationales Privatrecht.

Heft 1:

Nußbaum, Arthur, **Vertraglicher Schutz gegen Schwankungen des Geldwertes.** Goldklauseln und andere Abreden zur Minderung des Valutarisikos. Groß-Oktav. 95 Seiten. 1928 . . . . RM. 5.—

Heft 2:

Wolff, John, **Die Haftung des Verkäufers einer fremden beweglichen Sache** in den Vereinigten Staaten von Amerika in Vergleichung mit dem deutschen bürgerlichen Recht. Groß-Oktav. 84 Seiten. 1930.

RM. 4.—

Heft 3:

Friedmann, Wolfgang, **Die Bereicherungshaftung** im anglo-amerikanischen Rechtskreis in Vergleichung mit dem deutschen bürgerlichen Recht. Groß-Oktav. 148 Seiten. 1930 . . . . RM. 7.—

Heft 4:

Raiser, Ludwig, **Die Wirkungen der Wechselerklärungen im internationalen Privatrecht.** Groß-Oktav. 124 Seiten. 1931 . . RM. 9.—

Sachenrecht insbesondere

Hedemann, Justus Wilh., **Sachenrecht des Bürgerlichen Gesetzbuches.** Oktav. XXXII, 507 Seiten. 1924. (Lehrbücher und Grundrisse der Rechtswissenschaft Bd. III.) . . . . . RM. 12.—, geb. RM. 13.50

„Ein trotz seiner Kürze ausgezeichnetes und inhaltreiches Lehrbuch, nicht nur für den Studierenden, sondern auch für ältere Juristen. Die Arbeit ist wissenschaftlich tiefgründig und doch gemeinverständlich geschrieben." Zeitschrift des Deutschen Notarvereins.

Kretzschmar, F., **Sachenrecht.**

I. Allgemeine Lehren. Besitz und Eigentum. Zweite, verbesserte Auflage. 142 Seiten. 1922. (Sammlung Göschen Bd. 480.) Geb. RM. 1.80

II. Begrenzte Rechte. 144 Seiten. 1923. (Sammlung Göschen Bd. 481.)

Geb. RM. 1.80

Diese Bändchen bieten die Grundzüge des Sachenrechts in gedrängter und klarer Form.

Lenzen, Georg, **Das Deutsche Pfandleihrecht.** Kommentar zum preußischen Pfandleihgesetz unter Berücksichtigung der außerpreußischen Gesetze. Oktav. XXVI, 266 Seiten. 1929 . . . . Geb. RM. 20.—

„Diese zusammenfassende Darstellung ist die erste ihrer Art und sehr verdienstlich. Das Buch regt zu allerhand Fragen an."
Juristische Wochenschrift.

Günther, Hermann, **Erbbaurecht.** Taschenformat. 167 Seiten. 1919. (Guttentagsche Sammlung Deutscher Reichsgesetze Bd. 135.)
Geb. RM. 2.—

„Günther ist ausführlich, ohne weitschweifig zu sein; ausgezeichnete Vorbemerkungen geben vorzügliche Übersicht und wahren den Zusammenhang. Überall ist der bisherige Rechtszustand, der ja für absehbare Zeit seine Bedeutung behält, mit in das Bereich der Betrachtungen gezogen. Der Praxis wird das Werk von hervorragendem Nutzen sein." Beiträge zur Erläuterung des deutschen Rechts.

Arnheim, Hugo, **Grundbuchordnung.** Kommentar zur Grundbuchordnung für das Deutsche Reich nebst den für Preußen erlassenen Ausführungsbestimmungen. Zweite, völlig neubearbeitete Auflage. Lexikon-Oktav. 959 Seiten. 1913 . . . . RM. 15.—

„Der Band weist außerordentliche Gründlichkeit, Klarheit und Übersichtlichkeit auf. Man kann wohl sagen, daß kaum eine Frage auftauchen wird, die nicht wenigstens berührt wäre; die bisher zutage getretenen Fragen aber sind sämtlich in der eingehendsten Weise erörtert." Zentralblatt für freiwillige Gerichtsbarkeit.

Fischer, Otto, und **Fischer,** Norbert, **Grundbuchordnung für das Deutsche Reich** nebst den preußischen Ausführungsbestimmungen. Neunte, durchgearbeitete und ergänzte Auflage. Taschenformat. 322 Seiten. 1927. (Guttentagsche Sammlung Deutscher Reichsgesetze Bd. 42.)
Geb. RM. 5.—

„Eine der vortrefflichen alteingeführten Handausgaben der Guttentagschen Sammlung, bei der schon die Auflagenziffer für die Brauchbarkeit in der Praxis spricht. Nach wie vor ist das Buch ein vortrefflicher Wegweiser und Berater." Juristische Wochenschrift.

Ricks, Gerhard, **Die Grundbuchpraxis.** Ein Handbuch für den täglichen Gebrauch in Grundbuchsachen. Achte Auflage. Groß-Oktav. XII, 412 Seiten. 1929 . . . . RM. 12.—, geb. RM. 14.—

„Das Buch hat einen Anspruch darauf, in der Praxis geradezu verschlungen zu werden. Es ist aus der täglichen Praxis heraus für die Praxis lebensfrisch und unterhaltend geschrieben."
Mitteilg. a. d. Württemb. Notariats-Praxis.

Friedlaender, Martin, **Hypothekenbeschaffung für Wohn- und Geschäftshäuser.** Handbuch für die Praxis der Grundstückswirtschaft. Groß-Oktav. VIII, 151 Seiten. 1929 . . . . . RM. 6.—, geb. RM. 7.50

„Das Buch gibt einen außerordentlich praktischen Überblick über alle Fragen der Hypothekenbeschaffung. Die anschauliche Art der Zergliederung und die gründliche Darlegung des Statuts sichern dem Buch eine weite Verbreitung." Deutsche Sparkassen-Zeitung.

Familienrecht, Erbrecht

Lehmann, Heinrich, **Familienrecht** des Bürgerlichen Gesetzbuches einschließlich Jugendfürsorgerecht. Oktav. XII, 352 Seiten. 1926. (Lehrbücher und Grundrisse der Rechtswissenschaft Bd. IV.)
RM. 11.—, geb. RM. 12.50

„Die Schilderung Lehmanns ist überall anregend und fesselnd. Das Werk kann allen Rechtsstudenten und Referendaren zur Anschaffung dringend empfohlen werden." Der junge Rechtsgelehrte.

Titze, Heinrich, **Familienrecht.** (BGB. IV.) 169 Seiten. Neudruck. 1924. (Sammlung Göschen Bd. 305.) . . . . Geb. RM. 1.80

Endemann, Fr., Erbrecht. Oktav. XII, 166 Seiten. 1923. (Lehrbücher und Grundrisse der Rechtswissenschaft Bd. V.) RM. 3.—, geb. RM. 4.50

„Dieser Leitfaden behandelt den spröden Stoff des schwierigen Erbrechts in meisterhafter, fesselnder Darstellung."
Zeitschrift des Bundes Deutscher Justizamtmänner.

v. **Blume**, Wilh., **Erbrecht.** (BGB. V.)
I. Einleitung. Die Grundlagen des Erbrechts. 75 Seiten. 1913. (Sammlung Göschen Bd. 659.) . . . . Geb. RM. 1.80
II. Die Nachlaßbeteiligten. Mit 23 Figuren. 131 Seiten. 1913. (Sammlung Göschen Bd. 660.) . . . . Geb. RM. 1.80

Riesenfeld, S., **Die Erbenhaftung nach dem Bürgerlichen Gesetzbuch.** Groß-Oktav. 2 Bände. 1916 . . . . . RM. 15.—, geb. RM. 18 —
I. Band: Die Grundsätze der Haftung. XII, 461 Seiten.
II. Band: Das Inventar und die Mittel der Haftungsbeschränkung. VIII, 455 Seiten.

„Ein hervorragendes Werk, das in allen Teilen die vollständige Beherrschung des schwierigen Stoffes erkennen läßt und sich dabei durch klare und gemeinverständliche Darstellung auszeichnet."
Sächsisches Archiv für Rechtspflege.

Aufwertung

Michaelis, Richard, **Das Aufwertungsrecht** nach den Aufwertungsgesetzen und nach allgemeinem bürgerlichem Rechte. Kommentar zu den Gesetzen vom 16. Juli 1925 über die Aufwertung von Hypotheken und anderen Ansprüchen und über die Ablösung öffentlicher Anleihen sowie systematische Darstellung des Aufwertungsrechts außerhalb dieser Gesetze. Zweite, gänzlich umgearbeitete Auflage des Kommentars zur Dritten Steuernotverordnung vom 14. Februar 1924 (Aufwertung). Mit einer Fristentabelle von H. Hoormann. Groß-Oktav. X, 516 Seiten. 1926. Mit Nachtrag 1927. (de Gruytersche Sammlung Deutscher Gesetze. Handkommentare.) . . . . Geb. RM. 16.—

„Es handelt sich um ein ganz erstklassiges Werk, das sich für jeden Aufwertungsinteressenten als unentbehrlich erweisen wird."
Deutsche Allgemeine Zeitung.

Michaelis, Richard, Die beiden **Aufwertungsnovellen** vom 18. Juli 1930. (Hypotheken-Fälligkeits- und Verzinsungsgesetz; Grundbuchbereinigungsgesetz.) Taschenformat. VI, 202 Seiten. 1930. (Guttentagsche Sammlung Deutscher Reichsgesetze Bd. 178.) . . . . Geb. RM. 4.—

Reichsgerichtsrat Michaelis, der im „Kommentar über das Bürgerliche Gesetzbuch von Reichsgerichtsräten" den Abschnitt „Aufwertung" bearbeitet hat, erläutert in der gleichen autoritativen Art auch die neuen Gesetze, die die Aufwertungsgesetzgebung ändern und abschließen. Die Erläuterung der zuverlässig abgedruckten Gesetzestexte ist übersichtlich und in der Sprache leicht verständlich, wie überhaupt in ihrer ganzen Anlage, nicht zuletzt aber wegen ihres niedrigen Preises, auf die Praxis zugeschnitten.

Berliner, Ludwig, und **Pfaffenberger,** Ernst, **Aufwertung von Versicherungsansprüchen** mit Durchführungsbestimmungen.
I. Teil. Oktav. 235 Seiten. 1925. (Guttentagsche Sammlung Deutscher Reichsgesetze Bd. 164.) . . . . Geb. RM. 6.50
II. Teil: Sach- und Transportversicherung; Unfall- und Haftpflichtversicherung. Oktav. 112 Seiten. 1926. Mit Nachtrag. (Guttentagsche Sammlung Deutscher Reichsgesetze Bd. 164a.) . . Geb. RM. 3.50

„Eine ganz ausgezeichnete, wohldurchdachte Darstellung und Erläuterung des Aufwertungsrechtes des gesamten Versicherungswesens, eine unentbehrliche Ergänzung zu jedem Gesamtkommentar über das Aufwertungsgesetz." *Zentralblatt für Handelsrecht.*

2. Handelsrecht.

v. Gierke, Jul., Handelsrecht und Schiffahrtsrecht. Dritte, ergänzte Auflage. Groß-Oktav. XIV, 744 Seiten. 1929. (Lehrbücher und Grundrisse der Rechtswissenschaft Bd. VI.) RM. 21.—, geb. RM. 22.50

„... *ein außerordentlich hochstehendes, immer den neuesten Stand der Lehre und der Rechtsprechung widerspiegelndes Lehrbuch des Handelsrechts im weitesten Sinn.*" *Der junge Rechtsgelehrte.*

v. Gierke, Jul., Handelsrecht. Mit Wechselordnung und Scheckgesetz. Im Druck.
(Lehrausgaben Deutscher Gesetze, Bd. IV.)

Lehmann, K., und Hoeniger, H., Lehrbuch des Handelsrechts. Dritte Auflage. Erster Halbband, enthaltend die Lehre vom Handelsstand und von den Handelsgesellschaften. Groß-Oktav. 432 Seiten. 1921 RM. 10.—

Ein großangelegtes Lehrbuch des Handels- und Schiffahrtsrechts.

Lehmann, K., und Hoeniger, H., Deutsches Handelsrecht.
I. Einleitung. Der Kaufmann und seine Hilfspersonen. Offene Handelsgesellschaft, Kommandit- und stille Gesellschaft. 117 Seiten. 1921. (Sammlung Göschen Bd. 457.) . . . . Geb. RM. 1.80
II. Aktiengesellschaften, Gesellschaften mit beschränkter Haftung, eingetragene Genossenschaften. Handelsgeschäft, 126 Seiten. 1924. (Sammlung Göschen Bd. 458.) . . . . Geb. RM. 1.80

Eine gemeinverständliche Darstellung in gedrängter Form.

Hein, Joh., Die Zusammenhänge zwischen Steuerrecht und Handelsrecht und ihre Entwicklung, untersucht an dem Gewinn und an der Bewertung. Eine bilanzrechtliche und bilanzkritische Darstellung mit praktischen Beispielen. Groß-Oktav. X, 280 Seiten. 1928. RM. 10.—, geb. RM. 12.—

„*Das Buch führt in klarer Gestaltung in die Probleme des Bilanzrechts ein. Eine übersichtliche Gliederung ermöglicht eine schnelle und doch gründliche Einführung. Darüber hinaus stellt das Buch eine wesentliche Förderung für die dringend notwendige wissenschaftliche Behandlung des Steuerbilanzrechts und seiner Zusammenhänge mit den verwandten Rechtsmaterien dar.*" *Zeitschrift für Handelsrecht.*

Staubs Kommentar zum Handelsgesetzbuch. Zwölfte und dreizehnte Auflage. Bearbeitet von Heinrich Koenige, Albert Pinner, Felix Bondi. Vier Bände und ein Registerband. Groß-Oktav. 4000 Seiten. 1927 . . . . . Zusammen RM. 157.—, in Halbleder RM. 183.60

„*Der Staubsche Kommentar ist das klassische Hilfswerk zum Deutschen Handelsgesetzbuch und für die Beurteilung der zahlreichen schwierigen Fragen dieses Gesetzes maßgebend geworden; es stellt ein unentbehrliches Mittel zur Erfassung und zur Anwendung des Gesetzes dar.*" *Frankfurter Zeitung.*

Mosse, Albert, und Heymann, Ernst, Handelsgesetzbuch (ohne Seerecht). Mit den ergänzenden Vorschriften des Bürgerlichen Gesetzbuchs und einem Anhang, enthaltend das Einführungsgesetz, das Depotgesetz, die Bestimmungen über Börsentermin- und Differenzgeschäfte u. a. Nebst Erläuterungen. Im Anschluß an die Textausgabe von F. Litthauer. Siebzehnte Auflage. Unter Mitwirkung von Karl August Crisolli. Oktav. VIII, 693 Seiten. 1926 (Guttentagsche Sammlung Deutscher Reichsgesetze Bd. 4.) . . . . .Geb. RM. 14.—

„*Die Litthauer-Mossesche Ausgabe des Handelsgesetzbuches hat bei allen Praktikern seit langem den wohlbegründeten Ruf größter Zuverlässigkeit und übersichtlicher Anordnung, die mit möglichster Knappheit des Ausdrucks gepaart sind. Das Buch ist ein zuverlässiger Führer durch das immer schwieriger werdende Gebiet des Handelsrechts.*" *Vossische Zeitung.*

Handelsgesetzbuch nebst Einführungsgesetz vom 10. Mai 1897, unter Berücksichtigung der bis 15. Juni 1930 ergangenen Novellen. Textausgabe mit Sachregister. Zwölfte Auflage. 370 Seiten. 1930. (Guttentagsche Sammlung von Textausgaben ohne Anmerkungen mit Sachregister.) . . . . Geb. RM. 3.50

Die handliche Ausgabe enthält den genauen Gesetzestext mit einem das Zurechtfinden sehr erleichternden Sachregister.

Baum, G., **Das vertragliche Wettbewerbsverbot** (Konkurrenzklausel). Nebst Kommentar zum Gesetze vom 10. Juni 1914. Taschenformat. XII, 231 Seiten. 1914. (Guttentagsche Sammlung Deutscher Reichsgesetze Bd. 115.) . . . . Geb. RM. 3.—

Gesellschaften

Brodmann, Erich, **Aktienrecht.** Kommentar. Groß-Oktav. XII, 580 Seiten. 1928. (Gewerbe- und Industrie-Kommentar Bd. IV.)
RM. 28.—, geb. RM. 30.—

„Mit unvergleichlichem Geschick hat der Verfasser Großartiges geleistet — Brodmann ist Trumpf!" Zeitschrift für Aktiengesellschaften.

Brodmann, Erich, **Die Sanierung** unseres Aktienwesens. Groß-Oktav. 46 Seiten. 1931 . . . . RM. 3.—

Entwurf eines Gesetzes über Aktiengesellschaften und Kommanditgesellschaften auf Aktien sowie Entwurf eines Einführungsgesetzes nebst erläuternden Bemerkungen. Veröffentlicht durch das **Reichsjustizministerium.** Lexikon-Oktav. 132 Seiten. 1930 . . . . . RM. 3.—

Hachenburg, Max, **Kommentar zum Gesetz, betr. die Gesellschaften mit beschränkter Haftung.** (Früher **Staub-Hachenburg.**) Fünfte Auflage unter Mitarbeit von Fritz Bing und Walter Schmidt. 2 Bände . . . . RM. 43.—, geb. RM. 47.—
I. Band: §§ 1—34. Groß-Oktav. VI, 527 Seiten. 1926.
II. Band: §§ 35—84. Groß-Oktav. II, 452 Seiten. 1927.

„Was Hachenburg in seinen Neubearbeitungen aus diesem Buche gemacht hat, ist erstaunlich. Sein reiches juristisches Wissen, sein überlegener und kritischer Verstand, seine vorzügliche Gestaltungskraft und seine nur wenigen Juristen eigene vielseitige Auslegungskunst haben etwas Großes, Unvergleichliches geschaffen. Man findet selten ein literarisches Werk, in welchem Rechtsgelehrsamkeit und praktisches Können vereint einem Spezialgesetz so zugute kamen wie hier."
Zeitschrift für Aktiengesellschaften.

Brodmann, Erich, **Gesetz, betr. die Gesellschaften mit beschränkter Haftung.** Kommentar. Zweite Auflage. Groß-Oktav. VIII, 304 Seiten. 1930. (Gewerbe- und Industrie-Kommentar Bd. I.)
RM. 16.—, geb. RM. 18.—

„Übersichtliche, klare Anordnung der Erläuterungen, tiefes Eindringen in die Einzelheiten des Gesetzes unter steter Berücksichtigung des Wirtschaftslebens, erschöpfende Wiedergabe der Rechtsprechung, namentlich des Reichsgerichts, sind die besonderen Vorzüge des Werkes, das damit ein unentbehrliches Rüstzeug werden wird." *Badische Rechtspraxis.*

Parisius, Ludolf, und **Crüger**, Hans, **Das Reichsgesetz, betr. die Gesellschaften mit beschränkter Haftung.** Textausgabe mit Anmerkungen und Sachregister. Achtzehnte Auflage, bearbeitet von Adolf Crecelius und Fritz Citron. Taschenformat. 244 Seiten. 1929. (Guttentagsche Sammlung Deutscher Reichsgesetze **Bd. 32.**)
Geb. RM. 3.50

„Die äußerst sachkundig erläuterte Ausgabe wird von den interessierten Kreisen freudig begrüßt werden. Wir können das Bändchen der bekannten Sammlung bestens empfehlen."
Badische Wirtschafts-Zeitung.

Starke, Arthur, **Offene Handelsgesellschaften, Kommanditgesellschaften und stille Gesellschaften** von der Errichtung bis zur Auflösung. Nebst Vertrags- und Anmeldeformularen und mit Berücksichtigung des Steuerrechts. Oktav. XIV, 167 Seiten. 1928 . . . . RM. 5.—
Eine systematische Darstellung für Studium und Praxis.

Wechselordnung und Scheckrecht

Staubs Kommentar zur Wechselordnung. Fortgesetzt von J. Stranz und M. Stranz. Zwölfte Auflage, bearbeitet von M. Stranz und Martin Stranz. Groß-Oktav. 432 Seiten. 1929.
RM. 16.—, geb. RM. 18.—
„Staub-Stranz ist der Kommentar zur Wechselordnung. Auch die jüngste Auflage des Kommentars gibt einen echten Staub-Stranz. Weiterer Kommentar dazu ist überflüssig.“ Juristische Wochenschrift.

Stranz, J., und Stranz, M., Wechselordnung in der Fassung der Bekanntmachung vom 3. Juni 1908. Kommentar. Dreizehnte, der Neubearbeitung sechste Auflage. Taschenformat. 419 Seiten. 1930. (Guttentagsche Sammlung Deutscher Reichsgesetze Bd. 5.)
Geb. RM. 7.—
Diese Ausgabe enthält nicht etwa nur Hinweise und kurze Erläuterungen, sondern ist ihrer ganzen Anlage nach ein verkürzter Kommentar; außer der Wechselordnung bringt sie auch die bekannten Nebengesetze: sie umfaßt also das gesamte Wechselrecht.

Wechselordnung in der Fassung der Bekanntmachung vom 3. Juni 1908 (RGBl. S. 326ff.). Mit einem Anhang, enthaltend den Wechselprozeß und Nebengesetze. Textausgabe mit Einleitung und Sachregister. Taschenformat. 102 Seiten. 1928. (Guttentagsche Sammlung von Textausgaben ohne Anmerkungen.) . . . . Geb. RM. 1.50
Vorteilhafte Anordnung, ein zuverlässiges Sachregister, das das Gesetz erschließt, Handlichkeit und sauberer Druck zeichnen auch die neue Auflage der Wechselordnung aus, deren Einleitung den letzten Stand dieser Materie erfaßt und deren Anhang „Nebengesetze“ bis auf die letzte Zeit ergänzt ist.

Michaelis, Richard, **Scheckgesetz mit allen einschlägigen Nebengesetzen, den ausländischen Gesetzen und dem Deutschen Postscheckgesetz mit Postscheckordnung.** Kommentar. Groß-Oktav. VII, 339 Seiten. 1927. (Gewerbe- und Industrie-Kommentar Bd. II.) RM. 16.—, geb. RM. 18.—
„Wenn irgendein Buch, so entspricht dieses einem Bedürfnis.“
Berliner Tageblatt.

Der Eigentumsvorbehalt in Wirtschaft und Recht. Herausgegeben von der Industrie- und Handelskammer zu Berlin. Oktav. 280 Seiten. 1931 . . . . RM. 4.—, geb. RM. 5.—
Die Industrie- und Handelskammer zu Berlin bringt in diesem Buche zum Thema „Kreditsicherung durch Eigentumsvorbehalt“ eine geschlossene Reihe von Kapiteln erster Autoritäten bei, in denen diese zum Eigentumsvorbehalt von allen Gesichtspunkten (z.B. seiner Bedeutung in der Industrie, im Großhandel, im Einzelhandel, im Bankverkehr, im internationalen Verkehr, im Konkursverfahren, im Steuerrecht, im Strafrecht, seiner zweckmäßigsten Formulierung usw.) ausführlich Stellung nehmen. Seiner Zweckbestimmung nach ist dieses Buch gleicherweise nach der praktischen wie nach der wissenschaftlichen Seite hin orientiert.

Schiffahrtsrecht

Schaps, Georg, **Das deutsche Seerecht.** Kommentar zum vierten Buche des Handelsgesetzbuches (als Ergänzung zu Staub's Kommentar) nebst Erläuterungen zu den seerechtlichen Nebengesetzen. Zweite, vollständig umgearbeitete Auflage herausgegeben von Max Mittelstein † und Julius Sebba.

I. Band. (Handelsgesetzbuch: Viertes Buch.) Groß-Oktav. VIII, 1041 Seiten. 1921 . . . . RM. 25.—, geb. RM. 28.—
II. Band. (Seerechtliche Nebengesetze mit Nachtrag zur Ergänzung des I. Bandes nach dem Stand von 1929.) Bearbeitet von J. Sebba. XVI, 1108 Seiten. 1929 . . . . RM. 52.—, geb. RM. 55.—

„Die alte, auf der Staubschen Kommentierungsmethode beruhende Auflage erfreute sich mit Recht schon großen Ansehens. In diesen bewährten Bahnen leistet die zweite Auflage an Vollständigkeit, Übersichtlichkeit und Genauigkeit das Höchste, was Wissenschaft und Praxis nur wünschen können.“ Juristische Wochenschrift.

Brandis, Otto, **Das deutsche Seerecht** (mit Ausschluß des Seeversicherungsrechts.) I. Allgem. Lehren: Personen und Sachen des Seerechts. 130 Seiten. 1908. II. Die einzelnen seerechtlichen Schuldverhältnisse: Verträge des Seerechts und außervertragliche Haftung. 156 Seiten. 1908. (Sammlung Göschen Bd. 386/87.) . . . . . Geb. je RM. 1.80

Sieveking, Gustav, **Das deutsche Seeversicherungsrecht.** Kommentar zum zehnten Abschnitt des vierten Buches des Handelsgesetzbuches. Lexikon-Oktav. 218 Seiten. 1912 . . . . . . RM. 5.—, geb. RM. 6.80

„Der Kommentar ruht auf einer vortrefflichen Grundlage und zeigt sich auch in seinem Inhalte dieser Grundlage durchaus würdig. Er ersetzt ein Lehrbuch und kann daher auch zur Einführung in das Seeversicherungsrecht empfohlen werden.“
Leipziger Zeitschrift für deutsches Recht.

Allgemeine Deutsche Seeversicherungs-Bedingungen. Im Jahre 1919 herausgegeben von den deutschen Seeversicherern nach Beratung mit deutschen Handelskammern und Fachverbänden unter Vorsitz der Handelskammer Hamburg. 16.—20. Tausend. 50 Seiten. 1925 . RM. 2.—

General Rules of Marine. Insurance 1919 adopted by the German Underwriters. Authorised Translation by Dr. Alfred Sieveking, larger in Hamburg. 64 Seiten. 1920 . . . . RM. 3.—

Materialien zu den Allgemeinen Deutschen Seeversicherungs-Bedingungen. Im Auftrag der vereinigten Handelskammern herausgegeben von Prof. Dr. E. Bruck. Groß-Oktav. 2 Bände. 678 Seiten. 1920 . . RM. 10.—

v. **Liebig,** Eugen, **Die Transportversicherung.** Teil I: Die Seeversicherung. Systematische Darstellung des Seeversicherungswesens. Groß-Oktav. VIII, 226 Seiten. 1914 . . . . RM. 5.—

Bene, F., **Der Begriff des Versicherungsfalles in der Seeversicherung.** (Hamburger Rechtsstudien, herausgegeben von Mitgliedern der Rechts- und Staatswissenschaftlichen Fakultät der Hamburgischen Universität, Heft 1.) Groß-Oktav. 75 Seiten. 1928 . . . . RM. 4.50

Elkan, H. H., **Die Bedeutung des Interesses für die Veräußerung der versicherten Sache.** (Hamburger Rechtsstudien, herausgegeben von Mitgliedern der Rechts- und Staatswissenschaftlichen Fakultät der Hamburgischen Universität, Heft 2.) Oktav. 58 Seiten. 1928 . . RM. 4.—

Makower, H., **Gesetze, betreffend die privatrechtlichen Verhältnisse der Binnenschiffahrt und der Flößerei.** Nach den Materialien erläutert. Sechste, vermehrte Auflage, bearbeitet von E. Loewe. Taschenformat. 458 Seiten. 1923. (Guttentagsche Sammlung Deutscher Reichsgesetze Bd. 36.) . . . . Geb. RM. 4.—

„Das vorzüglich bearbeitete Buch dürfte mit seinen klaren und verständlichen Erläuterungen für jeden, der in irgendeiner Weise mit der Binnenschiffahrt und der Flößerei zu tun hat, ein nie versagender Ratgeber sein.“ Schiffbau.

Sebba, Jul., **Seewasserstraßenordnung.** (Polizeiverordnung zur Regelung des Verkehrs auf den deutschen Seewasserstraßen vom 31. März 1927.) Mit Nachtrag, enthaltend die Änderungen vom 31. März 1928 und vom 20. März 1930. Taschenformat. 493 Seiten. 1928. (Guttentagsche Sammlung Deutscher Reichsgesetze Nr. 171.) . . Geb. RM. 8.50

Die vorliegende Ausgabe ist für die an dem neuen Gesetz interessierten beiden Fachgruppen, die der Nautiker und der Juristen, von gleich großer Bedeutung. Diese Verbindung zweier Kenntnisgebiete gibt dem vorliegenden Kommentar seine besondere Note und seinen großen Wert.

Genossenschaften

Parisius, Ludolf, **Crüger,** Hans, **Crecelius,** Adolf, und **Citron,** Fritz, **Reichsgesetz, betreffend die Erwerbs- und Wirtschaftsgenossenschaften.** Kommentar zum praktischen Gebrauch für Juristen und Genossenschaften. Elfte, neubearbeitete Auflage. Groß-Oktav. XV, 598 Seiten. 1928 . . . . RM. 28.—, geb. RM. 30.—

„Crüger beherrscht wie kein anderer Theorie und Praxis des Genossenschaftswesens, auch nach der wissenschaftlichen Seite hin."

Juristische Wochenschrift.

Parisius, Ludolf, und **Crüger,** Hans, **Das Reichsgesetz, betreffend die Erwerbs- und Wirtschaftsgenossenschaften.** Textausgabe mit Anmerkungen und Sachregister. Zwanzigste, neubearbeitete und erweiterte Auflage von Hans Crüger, Adolf Crecelius und Fritz Citron. Taschenformat. 297 Seiten 1930. (Guttentagsche Sammlung Deutscher Reichsgesetze Bd. 29.) . . . . Geb. RM. 4.—

„In knapper und klarer Form werden die gesetzlichen Bestimmungen abgehandelt und alles zum Verständnis unbedingt Erforderliche in den Anmerkungen beigebracht. Das Werk kann nur empfohlen werden." Ministerialblatt f. d. Preuß. innere Verwaltung.

Verschiedenes

Schreiber, Otto, **Handelsrechtliche Nebengesetze.** Taschenformat. VIII, 1002 Seiten. 1926. (Guttentagsche Sammlung Deutscher Reichsgesetze Bd. 162.) . . . . Geb. RM. 14.—

„Die Sammlung ist ein unentbehrliches Hilfsmittel für den Praktiker. Die Zusammenstellung ist sehr zuverlässig; auch das Sachregister von Kleffel verdient volle Anerkennung."

Zentralblatt für Handelsrecht.

Staffel, W., **Verordnung gegen Mißbrauch wirtschaftlicher Machtstellungen** vom 2. November 1923. Kommentar. Oktav. 108 Seiten. 1927. (Guttentagsche Sammlung Deutscher Reichsgesetze Bd. 167.) Geb. RM. 3.50

„Die für das Wirtschaftsrecht so wichtige Kartellverordnung findet hier eine eingehende Kommentierung. Die Erläuterungen werden daher um so unentbehrlicher für die wirtschaftliche Praxis auf diesem Gebiete sein." Industrie- und Handelszeitung.

Lusensky, F., **Gesetz über die Handelskammern.** Taschenformat. (Guttentagsche Sammlung Preußischer Gesetze Bd. 21.)

Neue Auflage in Vorbereitung.

„Das Buch ist ein vortrefflicher Berater aller derer, die in der Handelskammerorganisation sind, oder zu ihr in Beziehung stehen. Es kann warm empfohlen werden."

Zeitschrift für Polizei- und Verwaltungsbeamte.

Göppert-Seydel, Hypothekenbankgesetz vom 13. Juli 1899 (mit den Änderungen durch die Gesetze vom 14. Juli 1923, vom 26. Januar 1926 und 21. Dezember 1927). Textausgabe mit Einleitung, Anmerkungen und Sachregister. Dritte Auflage bearbeitet von Dr. **Martin Friedlaender.** Taschenformat. VIII, 202 Seiten. 1929. (Guttentagsche Sammlung Deutscher Reichsgesetze Nr. 51.) . . . . RM. 5.—

Die vorliegende Auflage des bekannten „Göppert-Seydel" ist den veränderten Verhältnissen entsprechend vollkommen umgearbeitet worden; sie berücksichtigt sowohl die nach dem Kriege erfolgten Änderungen und Ergänzungen des Gesetzes und des Aufwertungsrechtes wie auch die Judikatur und das Schrifttum bis auf die letzte Zeit. Damit kommen die Vorzüge des „Göppert-Seydel" der Praxis und Wissenschaft wieder in ihrem ganzen Umfange zugute.

Behlert, Heinz, **Der Konnossement-Teilschein.** Groß-Oktav. 79 Seiten. 1930.
(Hamburger Rechtsstudien, Heft 5.) RM. 5.—

Die Schrift löst die Frage, ob ein Konnossement-Teilschein dem Konnossement gleichzusetezn ist, unter Zugrundelegung der Hamburger Verhältnisse und unter Berücksichtigung der Rechtsprechung, der Lehre und des ausländischen Rechtes.

Lion, Robert, **Reine Konnossemente gegen Revers.** Groß-Oktav. 78 Seiten. 1930.
(Hamburger Rechtsstudien, Heft 7.) RM. 5.—

Die Abhandlung beginnt mit einer ausführlichen Darstellung der Entwicklung, Anwendung und Funktion des Konnossementsreverses. Es folgt eine Untersuchung der rechtlichen Probleme, die sich bemüht, die wirtschaftlichen Interessen aller Beteiligten gegeneinander abzuwägen; eine eingehende Übersicht über die Rechtsprechung ist mit ihr verbunden. Den Abschluß bildet eine Darstellung und Würdigung der zahlreichen Reformvorschläge. Wirtschaft und Recht des Auslandes sind in weitestgehendem Umfange berücksichtigt.

Bank und Börse

Koch, R., und **Schacht,** Hjalmar, **Die Reichsgesetzgebung über das Münz- und Notenbankwesen.** Textausgabe mit Anmerkungen und Sachregister. Siebente, völlig neubearbeitete Auflage. Taschenformat. XVIII, 617 Seiten. 1925. (Guttentagsche Sammlung Deutscher Reichsgesetze Bd. 26.) . . . . Geb. RM. 14.—

„Dieser Kommentar zeichnet sich durch Vollständigkeit und Reichhaltigkeit aus und bietet außerdem in der Einleitung einen vortrefflichen Überblick über die Entwicklung des deutschen Noten- und Geldwesens während der letzten Jahrzehnte."

Monatsschrift für Handelsrecht und Bankwesen.

Nußbaum, Arthur, **Bank- und Börsenrecht.** Eine Sammlung von Gesetzen und Geschäftsbedingungen. Taschenformat. XII, 622 Seiten. 1927. (Guttentagsche Sammlung Deutscher Reichsgesetze Bd. 169)
Geb. RM. 11.—

Die vorliegende Sammlung der verstreuten bank- und börsenrechtlichen Vorschriften fehlte bisher in der kaufmännischen und juristischen Bankpraxis ebenso wie im handelsrechtlichen und betriebswirtschaftlichen Unterricht. Ihr Erscheinen wurde daher vielseitig begrüßt. Die Sammlung berücksichtigt auch die dem freien Verkehr entstammenden Rechtsbildungen.

Kommentar zum Börsengesetz. Im Auftrage des Centralverbandes des Deutschen Bank- und Bankiergewerbes (E. V.) bearbeitet von H. Rehm, H. Trumpler, Heinrich Dove, Ernst Neukamp, R. Schmidt-Ernsthausen, James Breit. Mit einem Vorwort von J. Rießer. Lexikon-Oktav. VIII, 464 Seiten. 1909.
RM. 12.—, geb. RM. 13.50

„Einen so guten Kommentar zum Börsengesetz hat es noch nie gegeben. Wer sich darein vertieft, wird reiche Belehrung daraus schöpfen über das Börsenwesen im allgemeinen und über seine Rechtsübung und Rechtsprechung im besonderen."

Sächsisches Archiv für Rechtspflege.

Hemptenmacher, Th., **Börsengesetz.** Dritte Auflage von O. Meyer. Taschenformat. XXIII, 373 Seiten. 1915. (Guttentagsche Sammlung Deutscher Reichsgesetze Bd. 41.) . . . . Geb. RM. 3.50

„Das Bändchen bringt neben einem kurzen Überblick und einem vorteilhaft erweiterten Anhang das Börsengesetz nebst Ausführungsbestimmungen. Alles in allem schließt sich auch dieses Bändchen wieder den übrigen Textausgaben der wegen ihrer unbedingten und erschöpfenden Sachlichkeit bekannten Guttentagschen Sammlung Deutscher Reichsgesetze würdig an." Bayrische Handelszeitung.

Lusensky, F., **Gesetz, betreffend die Pflichten der Kaufleute bei Aufbewahrung fremder Wertpapiere (Depotgesetz).** Neue Auflage in Bearbeitung. (Guttentagsche Sammlung Deutscher Reichsgesetze Bd. 40.)

„Die beste Bearbeitung des sogenannten Depotgesetzes." Zeitschrift für Aktiengesellschaften.

Frohner, G., **Aktiensonderdepot und Legitimationsübertragung.** (Hamburger Rechtsstudien, herausgegeben von Mitgliedern der Rechts- und Staatswissenschaftlichen Fakultät der Hamburgischen Universität, Heft 3.) Groß-Oktav. VII, 114 Seiten. 1929 . . . . RM. 7.—

Schwerin, Frh. Cl. von, **Recht der Wertpapiere** (einschließlich Wechsel- und Scheckverkehr). Oktav. X, 234 Seiten. 1924. (Lehrbücher und Grundrisse der Rechtswissenschaft Bd. 7.) RM. 7.—, geb. RM. 8.50

„Das Buch löst seine Aufgabe, den Studierenden eine Einführung in die Materie des Wertpapierrechts zu geben, ausgezeichnet, vor allem deshalb, weil es eine gute theoretische Fundierung mit einer dem Lehrzweck entsprechenden Darstellung des praktischen Rechts und der Rechtstatsachen verbindet." Deutsche Juristenzeitung.

Zeitgemäße Bankrechtsfragen. Festgabe der Rechtsabteilung der Disconto-Gesellschaft zum 70. Geburtstage des Herrn Dr. jur. Arthur Salomonsohn. Quart. 126 Seiten. 1929 . . . RM. 8.—, geb. RM. 10.—

„Der Band enthält 8 vorzügliche Aufsätze. Die Verfasser befassen sich mit Problemen, die in der Rechtsabteilung einer Großbank oft zur Debatte stehen und deren endgültige Klärung ein praktisches Bedürfnis ist." Wirtschaftl. Nachrichten.

Verhandlungen des VII. allgemeinen deutschen Bankiertages. Köln 9.—11. September 1928 auf Grund stenographischer Berichte. Groß-Oktav. 436 Seiten. 1928 . . . . RM. 10.—

III. Grenzgebiete des Bürgerlichen Rechts

1. Privat- und Sozialversicherung

Koenige, Heinrich, und **Petersen**, A., **Gesetz über die privaten Versicherungsunternehmungen** vom 12. Mai 1901. Textausgabe mit Anmerkungen und Sachregister. Dritte, umgearbeitete Auflage. Taschenformat. 856 Seiten. 1927. (Guttentagsche Sammlung Deutscher Reichsgesetze Bd. 62.) . . . . Geb. RM. 20.—

„Der Verfasser hat es meisterhaft verstanden, reiche Literatur und Judikatur zu dem wichtigen Grundgesetz der Privatversicherung mit seiner eigenen selbständigen Auffassung von der Bedeutung der Gesetzesbestimmungen in Verbindung zu bringen. Für Theorie und Praxis der Privatversicherung wird das Werk dadurch zu einem unentbehrlichen Hilfsmittel." Deutsche Versicherten-Zeitung.

Bruck, E., **Reichsgesetz über den Versicherungsvertrag** nebst dem zugehörigen Einführungsgesetz vom 30. Mai 1908. Sechste, vollkommen neubearbeitete Auflage. Taschenformat. 708 Seiten. 1929. (Guttentagsche Sammlung Deutscher Reichsgesetze Bd. 83.) Geb. RM. 14.—

„. . . Obwohl ich mit dem Worte „unentbehrlich" sparsam umgehe, muß ich anerkennen, daß niemand, der in irgendwelcher Art mit Versicherungsgeschäften zu tun hat, den Bruck'schen Kommentar entbehren könnte." Reichsgerichtsrat Schliewen i. d. Jurist. Rundschau.

Moldenhauer, Paul, **Das Versicherungswesen.**
I. Allgemeine Versicherungslehre. Vierte Auflage. 152 Seiten. 1925. (Sammlung Göschen Bd. 262.) . . . . Geb. RM. 1.80
II. Die einzelnen Versicherungszweige. Zweite Auflage. 130 Seiten. 1923. (Sammlung Göschen Bd. 636.) . . . . Geb. RM. 1.80

„Das Buch ist für jeden, der sich mit dem Versicherungswesen und seinen Zweigen vertraut machen will, ein trefflicher Führer."
Versicherungspost.

Veröffentlichungen des Reichs-Aufsichtsamts für Privatversicherung. Groß-Oktav. 29. Jahrgang. Pro Band RM. 40.—, bis RM. 50.—

Versicherungsstatistik für 1902 über die unter Reichsaufsicht stehenden Unternehmungen. Herausgegeben vom Reichsaufsichtsamt für Privatversicherung. Lexikon-Oktav. LXXVII, 384 Seiten. 1905. RM. 10.—
— für 1903 bis 1917 . . . . Je Jahrgang RM. 10.—
— für 1928 bis 1929, 1930 . . . . RM. 24.—

v. **Liebig,** Eugen, **Das deutsche Feuerversicherungswesen.** Groß-Oktav. 211 Seiten. 1911 . . . . RM. 5.—

„In einer außerordentlich klaren Darstellung gibt der Verfasser einen geschichtlichen Überblick von den Gilden an bis zum gegenwärtigen Stand der Feuerversicherung in Deutschland. Das Buch ist in so flüssiger, schöner Sprache geschrieben, daß auch der Anfänger und selbst der Laie durch die fesselnde Darstellung leicht einen tiefen Einblick in das Wesen der Feuerversicherung gewinnen wird." *Archiv für Versicherungswirtschaft.*

Weygand, J., **Die Grundzüge der Kundenversicherung.** (Generalversicherung der Speditions- und Lagergüter.) Mit einer Einleitung über das Interesse als Element der Sachversicherung. Groß-Oktav. 162 Seiten. 1914 . . . . RM. 4.—

„Das interessante Werk bietet namentlich für Juristen wertvolle Hinweise zur Rechtsbehandlung der Kundenversicherungsfrage."
Archiv für Gewerbepolitik und Volkswirtschaft.

Berliner, Ludwig, und **Pfaffenberger,** Ernst, **Aufwertung von Versicherungsansprüchen** mit Durchführungsbestimmungen.
I. Teil. Oktav. 235 Seiten. 1926. Mit Nachtrag. (Guttentagsche Sammlung Deutscher Reichsgesetze Bd. 164.) . . . . Geb. RM. 6.50
II. Teil: Sach- und Transportversicherung; Unfall- und Haftpflichtversicherung. Oktav. 112 Seiten. 1926. (Guttentagsche Sammlung Deutscher Reichsgesetze Bd. 164a.) . . . . Geb. RM. 3.50

„Ein bedeutsamer Kommentar, durch den die gesetzlichen Bestimmungen von der juristischen und versicherungstechnischen Seite aus eingehend erläutert werden. In seinem straffen, systematischen Aufbau, der Geschlossenheit der Darstellung muß man das Buch als ein Standardwerk für das gesamte versicherungsrechtliche Aufwertungsgebiet bezeichnen.
Ein unentbehrlicher Ratgeber in allen interessierten Kreisen."
Versicherungs-Post, Berlin.

Tsirintanis, Alexander, **Die Order-Polize.** Groß-Oktav. 95 Seiten. 1930. (Hamburger Rechtsstudien, Heft 6.) RM. 6.—

Der Verfasser behandelt die Frage, inwieweit das Versicherungsrecht, um den heutigen Verkehrsbedürfnissen zu entsprechen, die Orderklausel und das Indossament verwerten kann. Nach einer Darstellung und kritischen Würdigung der Ergebnisse aus der Anorderstellung des Versicherungsscheins in anderen Ländern, insbesondere in Frankreich, versucht der Verfasser die rechtlichen und wirtschaftlichen Folgen aus der Ausstellung von Order-Polizen darzulegen. In einem besonderen Teil wird die Order-Polize mit anderen, auf denselben wirtschaftlichen Erfolg gerichteten Rechtsinstituten, namentlich der Versicherung für Rechnung wen es angeht, verglichen und die vorhandenen Unterschiede gestreift.

Lippmann, Karl, Die **Reichsversicherungsordnung** in der Fassung der Bekanntmachung vom 15. Dezember 1924 und des Gesetzes über das Reichsschiedsamt vom 22. Januar 1925 nebst dem Einführungsgesetze, den wichtigsten Ausführungsvorschriften, den ergänzenden Gesetzen und Verordnungen sowie den Verordnungen über das Verfahren. Oktav. XV, 589 Seiten. 1925. (Guttentagsche Sammlung Deutscher Reichsgesetze Bd. 161.) . . . . Geb. RM. 11.—

Ergänzungsband, enthaltend den vollständigen Wortlaut der neuen Fassung des Unfallversicherungsgesetzes sowie die Ergänzungen der übrigen Bücher der RVO. Oktav. 224 Seiten. 1926. (Guttentagsche Sammlung Deutscher Reichsgesetze Bd. 161a.) . . . Geb. RM. 4.—

Zweiter Ergänzungsband, enthaltend weitere Änderungen und Ergänzungen durch die in der Zeit von Anfang 1926 bis Mitte 1928 erlassenen Gesetze und Verordnungen. Zweite, vermehrte Ausgabe, Stand vom 1. Juli 1928. Oktav. 71 Seiten. 1928. (Guttentagsche Sammlung Deutscher Reichsgesetze Bd. 161b.) . . . . . RM. —.80

Dritter Ergänzungsband, enthaltend weitere Änderungen und Ergänzungen durch die bis Mitte 1929 erlassenen Gesetze und Verordnungen. Oktav. 81 Seiten. 1929. (Guttentagsche Sammlung Deutscher Reichsgesetze Bd. 161c.) . . . . RM. 1.—

„Das Buch dürfte sich in der Bibliothek eines jeden finden, der sich mit der Reichsversicherungsordnung befaßt. Es gehört zu den praktisch wertvollsten." *Deutsche Allgemeine Zeitung.*

Reuß, Max, und **Hense,** Fritz. **Das Reichsknappschaftsgesetz** vom 1. Juli 1926 nebst Einführungsgesetz. 2. Aufl. Taschenformat. XVI, 640 Seiten. 1926. (Guttentagsche Sammlung Deutscher Reichsgesetze Bd. 155.) . . . . Geb. RM. 12.—

„Die Herausgabe des Gesetzes bedarf keiner besonderen Empfehlung. Das Buch kann allen, die auf dem Gebiete des Knappschaftswesens tätig sind, aufs wärmste empfohlen werden."

Zeitschrift für Bergrecht.

Embden, Helmuth, **Versicherung für Rechnung wen es angeht.** Groß-Oktav. VIII, 39 Seiten. 1930 . . . . RM. 3.—
(Hamburger Rechtsstudien, Heft 8.)

Im ersten Teil wird der versicherungsrechtliche Interessenbegriff im streng individualistischen Sinne präzisiert. Im Hauptteil versucht dann der Verfasser, die universelle Vertragsform der Versicherung für Rechnung wen es angeht in Einklang mit einer so engen Auffassung des Interessenbegriffs zu bringen.

Angestelltenversicherungsgesetz vom 28. Mai 1924. Zweite Auflage. Taschenformat. 143 Seiten. 1927. Mit Nachtrag. (Guttentagsche Sammlung Deutscher Reichsgesetze. Textausgaben ohne Anmerkungen.) Geb. RM. 2.50

Diese neue Ausgabe entspricht der neuesten Fassung des Gesetzes unter Berücksichtigung der letzten Änderungen und Verordnungen. Das beigefügte Sachregister erleichtert das rasche Zurechtfinden in den einzelnen Bestimmungen des Gesetzes.

Manes, Alfred, **Sozialversicherung.** 7., ergänzte Aufl. 1928. Kl.-Oktav. 139 Seiten. (Sammlung Göschen Bd. 267.) . . . . Geb. RM. 1.80

„Es gibt keine andere Darstellung der geltenden Sozialversicherung, die in solch erfreulicher Kürze und Sachlichkeit durch die annähernd 2400 Paragraphen führt."

Hanseatische Rechts- und Gerichts-Zeitschrift.

Schmeißer, Herbert, **Das Gesetz über Arbeitsvermittlung und Arbeitslosenversicherung** in der Fassung der Notverordnung vom 1. Dezember 1930. 2 Bände. Taschenformat. Band I: XVI, 639 Seiten. 1931. Band II erscheint voraussichtlich im Sommer 1931. (Guttentagsche Sammlung Deutscher Reichsgesetze Bd. 165.) . . . . Geb. RM. 15.—

Der bekannte Verfasser bringt mit diesem Werk einen Kommentar zum gesamten Arbeitsvermittlungs- und Arbeitslosenrecht, das im Laufe der Jahre umfangreichen Änderungen unterworfen war und so unübersichtlich geworden ist, daß eine straffe, übersichtliche und allgemeinverständliche Kommentierung für den Fach- und Nichtfachmann immer dringlicher wird. Der Verfasser berücksichtigt das gesamte einschlägige Material: Rechtsprechung der Arbeitsgerichte, der Spruchbehörden, der Arbeitslosenversicherung und der Beschluß- und Spruchbehörden der RVO. Die grundsätzlichen Entscheidungen des Spruchsenats für die Arbeitslosenversicherung sind bis Ende Januar 1931 verarbeitet, ferner die Begründung zu den Gesetzentwürfen und die Verhandlungen der gesetzgebenden Körperschaften. — Auch die vielen Ausführungsbestimmungen sind erläutert.

2. Arbeitsrecht

Depène, Hans, **Das Arbeitsgerichtsgesetz.** Taschenformat. (Guttentagsche Sammlung Deutscher Reichsgesetze Bd. 168.) 2. Auflage im Druck.

Arbeitsrechtliche Spruchsammlung. Beiträge zum Deutschen Handwerksblatt . . . . Pro Quartal RM. 0.90

Günther, Adolf, und **Schneider,** Richard, **Arbeiterschutz und Arbeitsrecht.** Zweite Auflage. Taschenformat.
I. Teil: **Arbeitszeitschutz.** Das Arbeitszeitnotgesetz und die übrige arbeitszeitrechtliche Gesetzgebung des Reichs seit dem 9. November 1918. 386 Seiten. 1927 . . . . Geb. RM. 7.50
„Der Kommentar umfaßt die gesamte arbeitszeitrechtliche Gesetzgebung von der Staatsumwälzung bis zur Gegenwart. Er ist ein Führer durch das weite und unübersichtliche Gebiet der arbeitszeitrechtlichen Gesetzgebung. Ein ausführliches Sachregister soll die praktische Benutzung erleichtern." Die Wirtschaftsgenossenschaft.
II. Teil: Gesetz über die **Beschäftigung Schwerbeschädigter** nebst den einschlägigen gesetzlichen Bestimmungen. 404 Seiten. 1928. (Guttentagsche Sammlung Deutscher Reichsgesetze Bd. 138a/138c.) Geb. RM. 8.—
„Das Buch stellt nicht nur beim Studium des Gesetzes ein wertvolles Hilfsmittel dar, sondern ist auch für den Handgebrauch des Arbeitsrechtspraktikers unentbehrlich." Berliner Wohlfahrtsblatt.
IV. Teil: **Betriebsstillegungsverordnung.** 240 Seiten. 1929. (Guttentagsche Sammlung Deutscher Reichsgesetze. Bd. 138d.) Geb. RM. 6.50

Warneyer, Otto, **Betriebsrätegesetz** vom 4. Februar 1920 nebst der Wahlordnung zum Betriebsrätegesetz, dem Aufsichtsratsgesetz samt Wahlordnung und den Ausführungsverordnungen des Reichs und der Länder. Auf der Grundlage der Güntherschen Textausgabe mit Anmerkungen erläutert unter besonderer Berücksichtigung der Rechtsprechung des Reichsgerichts und des Reichsarbeitsgerichts. Zweite Auflage. Taschenformat. 235 Seiten. 1931. (Guttentagsche Sammlung Deutscher Reichsgesetze Bd. 138b.) . . . . . . Geb. RM. 5.—
Diese Handausgabe ist ihrer Anlage nach ein verkürzter Kommentar, der die Entwicklung des Gesetzes, der Rechtsprechung — vor allem des Reichsarbeitsgerichts! — und der einschlägigen Literatur bis Ende 1930 berücksichtigt. Die übersichtliche Anordnung sowie die Prägnanz und Leichtigkeit der Sprache ermöglichen allen Interessenten bequemste Auswertung.

Tilly, Dr. Helmuth Tczerclas von, **Internationales Arbeitsrecht.** Unter besonderer Berücksichtigung der Internationalen Arbeitsorganisation. 120 Seiten. 1924. (Sammlung Göschen Bd. 882.) . . . . Geb. RM. 1.80
Es ist das erste Werk, das in klarer, kurzer und allen leicht verständlicher Weise das gesamte grundlegende Tatsachenmaterial — und

zwar nur dieses — auf dem umfassenden Gebiete des internationalen Arbeiterschutzes von dessen ersten Anfängen bis in die neueste Zeit bietet.

3. Gewerberecht

Hiller, Fr., und **Luppe,** H., **Gewerbeordnung für das Deutsche Reich** nebst **Kinderschutzgesetz und Hausarbeitsgesetz** sowie den für das Reich und Preußen erlassenen Ausführungsbestimmungen. Einundzwanzigste, veränderte Auflage. (143. bis 148. Tausend.) Taschenformat. 931 Seiten. 1928. Mit Nachtrag vom 11. 2. 1929. (Guttentagsche Sammlung Deutscher Reichsgesetze Bd. 6.) . . . . Geb. RM. 11.—

„Ein Wort der Empfehlung für dieses Buch zu sagen, erübrigt sich. Hervorgehoben sei, daß diese Auflage alle Vorzüge der früheren Auflagen in sich schließt. Die zahlreichen neuen Gesetze sind erschöpfend berücksichtigt.“ Zeitschrift des Deutschen Notarvereins.

Brassert, H., **Allgemeines Berggesetz** für die preußischen Staaten mit Kommentar. Zweite Auflage, bearbeitet von Hans Gottschalk. Groß-Oktav. XXIX, 1291 Seiten. 1914. RM. 27.—, geb. RM. 30.—

Sonnenfeld, Hugo, **Die reichsrechtlichen Bestimmungen, betreffend den Handel mit Drogen und Giften.** Dritte, veränderte Auflage. Taschenformat. 435 Seiten. 1926. (Guttentagsche Sammlung Deutscher Reichsgesetze Bd. 64.) . . . . Geb. RM. 12.—

„Die Arbeit gehört einem Spezialgebiet an, mit dem nicht jeder Jurist zu tun hat. Wird er einmal genötigt, sich auf dieses Gebiet zu begeben, so ist er um so dankbarer für eine Arbeit, die sofort den Eindruck größter Sachkunde und vollständiger Materialsammlung macht, und deren Führung man sich unbedenklich anvertrauen kann.“
Vossische Zeitung.

Friedrichs, Karl, **Gaststättengesetz** vom 28. April 1930 mit den Durchführungs- und Ausführungsverordnungen des Reichs und Preußens. Taschenformat. VIII, 144 Seiten. 1930. (Guttentagsche Sammlung Deutscher Reichsgesetze, Textausgabe mit Erläuterungen und Sachregister, Band 176.) . . . . RM. 3.50

Der Verlag legt hiermit auch das Gaststättengesetz in seiner neuen Fassung mit ausführlichen Erläuterungen von Justizrat Dr. Karl Friedrichs vor, der als Kommentator von Verwaltungsgesetzen einen besonderen Namen hat. Der Verfasser hat zur vollständigen und zuverlässigen Erläuterung alles herangezogen, was aus der bisherigen Rechtsprechung und den einschlägigen Reichstagsdrucksachen verwertbar ist; die Durch- und Ausführungsverordnungen für das Reich und Preußen sind wörtlich abgedruckt und, soweit notwendig, erläutert.

Lebbin, Georg, **Nahrungsmittelgesetze** mit Erläuterungen. Zweite, stark vermehrte Auflage in zwei Bänden.

I. Band: Das Lebensmittelgesetz vom 5. Juli 1927 mit Nebengesetzen (Margarine, Fleisch, Milch, Süßstoff, Essigsäure usw.). Erläutert von G. Lebbin und R. Gießner. Taschenformat. XVI, 419 Seiten. 1928. Geb. RM. 8.50

II. Band: Getränkegesetze und Getränkesteuergesetze (Wein, Bier, Branntwein, Mineralwasser). Unter Mitarbeit von Rechtsanwalt Dr. Kniebe. Taschenformat. XII, 400 Seiten. 1926. (Guttentagsche Sammlung Deutscher Reichsgesetze Bd. 54b.) . . . . Geb. RM. 10.—

„Das Werk ist für unsere Leser und überhaupt die ganze Fachwelt der Getränkeindustrie unentbehrlich, muß doch jedermann mit den einschlägigen Gesetzesbestimmungen sich soweit wie irgend möglich vertraut machen, wenn er nicht in Nachteile geraten will. Die Anschaffung des Buches kann bestens empfohlen werden.“
Branntweinmonopol.

Voß, Werner, **Die reichs- und landesrechtlichen Bestimmungen auf dem Gebiete des Gesundheitswesens.** Taschenformat. 608 Seiten. 1929. (Guttentagsche Sammlung Deutscher Reichsgesetze Bd. 172.) Geb. RM. 11.—

„Das Buch wird seiner Aufgabe, fast den gesamten Gesetzesstoff in einem einzigen kleinen Bande in die Hand zu geben, gewiß gerecht und wird sich schnell als unentbehrliches Hilfsmittel für jeden erweisen, der öfter mit dem Gesundheitswesen zu tun hat." Reichsverwaltungsblatt.

4. Geistig-gewerblicher Rechtsschutz.

Elster, Alexander, **Urheber- und Erfinder-, Warenzeichen- und Wettbewerbsrecht.** (Gewerblicher Rechtsschutz.) Zweite, stark erweiterte und völlig umgearbeitete Auflage. Mit Abdruck der Gesetzestexte. Oktav. XII, 611 Seiten. 1928. (Lehrbücher und Grundrisse der Rechtswissenschaft Bd. VIII.) . . . . RM. 18.—, geb. RM. 19.50

„Seit Kohler und Osterrieth endlich wieder das lang entbehrte Lehrbuch. Hier unternimmt ein wahrhaft selbständiger und ideenreicher Kopf den Versuch, eine wirkliche Synthese zu schaffen." Juristische Rundschau.

Neuberg, J., **Der internationale gewerbliche Rechtsschutz.** 2. Auflage. 128 Seiten. 1923. (Sammlung Göschen Bd. 271.) . . . Geb. RM. 1.80

Daude, Paul, **Die Reichsgesetze über das Urheberrecht an Werken der Literatur und der Tonkunst und das Verlagsrecht** vom 19. Juni 1901 in der Fassung des Gesetzes vom 22. Mai 1910 zur Ausführung der revidierten Berner Übereinkunft. Oktav. VIII, 293 Seiten. 1910. RM. 6.—

„Der Zusammenhang der erläuterten Gesetze mit dem Strafgesetzbuch, dem Bürgerlichen Gesetzbuch und anderen Gesetzen ist in leichtverständlicher Weise praktisch dargestellt. Es wird vorzügliche Dienste leisten." Deutsche Literatur-Zeitung.

Lindemann, O., **Gesetz, betr. das Urheberrecht** an Werken der Literatur und der Tonkunst. Vierte Auflage. Taschenformat. 171 Seiten. 1921. (Guttentagsche Sammlung Deutscher Reichsgesetze Bd. 60.) Geb. RM. 1.80

„Die Arbeit ist nicht bloß eine Gesetzesausgabe, sondern ein wertvoller Kommentar des Gesetzes. Das Werk sei jedermann auf das beste empfohlen." Juristische Wochenschrift.

Fuld, Ludwig, **Gesetz, betr. das Urheberrecht an Werken der bildenden Künste und der Photographie.** Zweite Auflage. Taschenformat. 192 Seiten. 1925. (Guttentagsche Sammlung Deutscher Reichsgesetze Bd. 81.) . . . . Geb. RM. 6.—

„Der zwar kleine, aber inhaltreiche und daher sehr beliebte Kommentar von Fuld erscheint in zweiter, völlig neubearbeiteter Auflage. Überall ist dem Stande der heutigen Rechtsprechung und wissenschaftlichen Auffassungen Rechnung getragen. In einem Anhang sind die einschlägigen internationalen Übereinkommen abgedruckt. Alle Interessenten werden mit Freuden die neue Auflage begrüßen." Danziger Juristische Monatsschrift.

Reininger, G., **Der Schutz des Urheberrechts im deutschen Rundfunk.** Oktav. 88 Seiten. 1929 . . . . RM. 4.—

„Eine interessante, zeitgemäße, namentlich auch für geistige Neuschöpfer wichtige Studie." Badische Rechtspraxis.

Andritzky, Christoph, **Die Rechtsstellung des Drehbuchautors.** Oktav. XI, 80 Seiten. 1931 . . . . RM. 3.50

Andritzky äußert sich zu den Streitfragen um die Urheberschaft am Film. Er trennt scharf zwischen künstlerischer Leistung und künstlerisch-urheberischer Schöpfung und kommt zu der These: Der Filmurheber ist der Urheber des kurbelfertigen Drehbuches. — Die

Verhältnisse beim Tonfilm sind, soweit dies möglich erschien, berücksichtigt.

Heinitz, Ernst, und **Marwitz**, Bruno, **Das Reichsgesetz über das Verlagsrecht.** Textausgabe mit Einleitung, Anmerkungen und Sachregister. Dritte Auflage. Taschenformat. 136 Seiten. 1922. (Guttentagsche Sammlung Deutscher Reichsgesetze Bd. 61.) . . . . Geb. RM. 1.60

„Dieser kurze Kommentar ist durch seine knappen, das Wichtige klar vortragenden Darlegungen dazu berufen, eine Lücke auszufüllen, die sich für den Praktiker des Verlagsrechts seit Jahren ergab. Man darf deshalb das Erscheinen dieser neuen Auflage aus der Feder des Spezialisten des Verlagsrechts mit größter Freude begrüßen."
Börsenblatt für den Deutschen Buchhandel.

Elster, A., **Das deutsche Urheber- und Verlagsrecht.** 128 Seiten. 1923. (Sammlung Göschen Bd. 863.) . . . . Geb. RM. 1.80

„Erstaunlich ist, wie Elster diese beiden so viel umstrittenen Gesetze auf so engem Raum in vortrefflicher Weise zur Darstellung gebracht hat." Deutscher Journalistenspiegel.

Heymann, E., **Die zeitliche Begrenzung des Urheberrechts.** Oktav. 74 Seiten. 1927. (Sitzungsberichte der Preußischen Akademie der Wissenschaften zu Berlin.) . . . . RM. 5.—

Pietzcker, Eduard, **Patentgesetz und Gebrauchsmusterschutzgesetz.** Kommentar unter Berücksichtigung der vorgeschlagenen und weiter beantragten Abänderungen des Patentgesetzes. Erster Halbband: §§ 1—12 PatG. Groß-Oktav. 427 Seiten. 1929. (Gewerbe- und Industrie-Kommentar Bd. V, 1.) . . . . . RM. 26.—, geb. RM. 28.—

„Die überall zutage tretende geistige Leistung macht Pietzckers Kommentar für jeden, der sich mit diesem Rechtsgebiet zu beschäftigen hat, zum unentbehrlichen Rüstzeug."
Markenschutz und Wettbewerb.

Seligsohn, Arnold, **Patentgesetz und Gesetz, betr. den Schutz von Gebrauchsmustern.** Siebente Auflage. Oktav. 1930. In Bearbeitung.

„Die Vorzüge des Buches sind bekannt. Klare, leichtfaßliche Sprache, wissenschaftliche Vertiefung, dabei starke Betonung der Praxis, lückenlose Behandlung aller Probleme sind die Vorzüge, die den Seligsohnschen Kommentar zum unentbehrlichen Rüstzeug jedes im gewerblichen Rechtsschutz Tätigen gemacht haben."
Mitteilungen vom Verband Deutscher Patentanwälte.

Lutter, R., **Patentgesetz.** Nebst Ausführungsbestimmungen, völkerrechtlichen Verträgen und Patentanwaltsgesetz, unter eingehender Berücksichtigung der Rechtsprechung des Reichsgerichts und der Praxis des Reichspatentamts. Neunte Auflage. Taschenformat. XV, 467 Seiten. 1928. (Guttentagsche Sammlung Deutscher Reichsgesetze Bd. 22.)
Geb. RM. 10.—

„Der jetzige Verfasser hat einen völlig neuen Kommentar geschaffen, der in seiner Knappheit und Sparsamkeit dem ursprünglichen Zweck gerecht wird, aber an wissenschaftlicher Durcharbeitung und Gründlichkeit die vorangegangenen Auflagen weit überragt."
Gewerblicher Rechtsschutz und Urheberrecht.

Elster, A., **Das deutsche Erfinderrecht.** (Patent- und Musterschutzrecht). 118 Seiten. 1924. (Sammlung Göschen Bd. 891.) . . Geb. RM. 1.80

„Die Aufgabe, einen Überblick über das deutsche Erfinderrecht zu geben, ist im Rahmen der kurzen Erörterungen mit viel Geschick gelöst. Deshalb wird das Büchlein auch bei allen Gruppen der am Patentrecht interessierten Personen seine Freunde finden."
Gewerblicher Rechtsschutz und Urheberrecht.

Seligsohn, Jul., **Geheimnis und Erfindungsbesitz.** Groß-Oktav. 147 Seiten. 1921 . . . . RM. 3.—

Pinner-Elster, Gesetz gegen den unlauteren Wettbewerb. Achte, sehr vermehrte und umgestaltete Auflage. Taschenformat. 254 Seiten. 1927. (Guttentagsche Sammlung Deutscher Reichsgesetze Bd. 37.) Geb. RM. 5.—

„Das Buch ist mehr als eine bloße ‚Textausgabe mit Anmerkungen', nämlich ein richtiger Kommentar, und wird in der Praxis ausgezeichnete Dienste tun."

Senatspräsident am Reichsgericht Dr. Lobe, Leipzig, i. d. Jurist. Wochenschrift.

Wassermann, Martin, **Der unlautere Wettbewerb** nach deutschem Recht. I. Generalklausel, Reklameauswüchse, Ausverkaufswesen, Angestelltenbestechung. 160 Seiten. 1911. II. Kreditschädigung, Firmen- und Namenmißbrauch, Verrat von Geheimnissen, Ausländerschutz. 151 Seiten. 1911. (Sammlung Göschen Bd. 339 u. 535.) . . . Geb. je RM. 1.80

Wolff, F., und **Crisolli,** K.-A., **Das Recht der Reklame.** Lexikon-Oktav. 424 Seiten. 1929 . . . . RM. 20.—, geb. RM. 22.—

„. . . Mit großer Umsicht ist ein umfänglicher Stoff gesammelt und in gründlicher Arbeit juristisch durchdrungen und dargestellt. Das Buch ist wohl in erster Reihe für Juristen bestimmt, aber auch für wirtschaftliche Kreise und Reklamefachleute wertvoll und jedenfalls für die Beschäftigung mit diesem Sondergebiet ein zuverlässiges Hilfsmittel." *Juristische Rundschau.*

Hagens, Alfred, **Warenzeichenrecht.** Kommentar. Groß-Oktav. VIII, 408 Seiten. 1927. (Gewerbe- und Industrie-Kommentar Bd. III.) RM. 22.—, geb. RM. 24.—

„Eine ausführliche Darstellung, die zeigt, daß der Verfasser das gesamte Fachschrifttum und die reichhaltige Rechtsprechung restlos beherrscht. Ich habe gefunden, daß nicht ein einziger Fall von Bedeutung fehlt." *Markenschutz und Wettbewerb.*

Seligsohn, Arnold, **Gesetz zum Schutz der Warenbezeichnungen.** Dritte Auflage, bearbeitet in Gemeinschaft mit Martin Seligsohn in Berlin. Groß-Oktav. IV, 416 Seiten. 1925. RM. 15.—, geb. RM. 16.50

„Der Kommentar zeigt alle Vorzüge des in der Wissenschaft und Praxis des gewerblichen Rechtsschutzes gleich ausgezeichneten Juristen: volle theoretische und praktische Beherrschung des Stoffes, klare Darstellungsgabe, sorgsame Behandlung und treffsicheres Urteil."

Badische Rechtspraxis.

Freund, G. S., **Magnus,** Julius, und **Jüngel,** Friedrich, **Das deutsche Warenzeichenrecht.** Sechste, neubearbeitete Auflage. Teil I: Die internationalen Verträge. VI, 247 Seiten. Mit 4 Tafeln. 1924. (Guttentagsche Sammlung Deutscher Reichsgesetze Bd. 87a.) Geb. RM. 9.—

„Das ganze Werk mit seiner Fülle von Gesetzen, Verordnungen, Verträgen, Bekanntmachungen bildet eine Quellensammlung für das internationale deutsche Zeichenrecht, ohne die man fortan nicht mehr auskommen kann." *Gewerblicher Rechtsschutz und Urheberrecht.*

Born, A., **Reichspreßgesetz** vom 7. Mai 1874 nebst den einschlägigen Bestimmungen der Reichsverfassung, des Reichsstrafgesetzbuches, der Gewerbeordnung usw. Mit Kommentar und Sachregister. Dritte Auflage. Taschenformat. 176 Seiten. 1924. (Guttentagsche Sammlung Deutscher Reichsgesetze Bd. 53.) . . . . Geb. RM. 4.—

„Das Werk bringt eine sehr reichhaltige Kommentierung des Stoffes, die um so wertvoller ist, als den Entscheidungen der Wortlaut der Urteilsbegründungen beigefügt ist. Sämtliche einschlägigen Bestimmungen der das Pressewesen berührenden Gesetze sind aufgeführt, eingehend besprochen und in Beziehung zueinander gebracht worden. Als Nachschlagewerk in Zweifelsfällen wird das Buch von großem Nutzen sein." *Ministerialblatt für die preußische innere Verwaltung.*

IV. Zivilprozeß

Fischer, Otto, **Lehrbuch des deutschen Zivilprozeß- und Konkursrechts.** Groß-Oktav. XII, 488 Seiten. 1918 . . . RM. 8.—, geb. RM. 10.—

Kisch, Wilh., **Deutsches Zivilprozeßrecht.**
I. Band. Vierte, verbesserte Auflage. 115 Seiten. 1929. (Sammlung Göschen Bd. 428.) . . . . Geb. RM. 1.80
II. Band. Vierte, verbesserte Auflage. 168 Seiten. 1929. (Sammlung Göschen Bd. 430.) . . . . Geb. RM. 1.80
III. Band. Vierte, verbesserte Auflage. 148 Seiten. 1929 (Sammlung Göschen Bd. 430.) . . . . Geb. RM. 1.80

Diese Auflage wird jedem, der sich auf gemeinverständliche Weise über unser geltendes Zivilgerichtswesen unterrichten will, gute Dienste leisten, und kann namentlich den Studierenden des Rechts als Einführung bestens empfohlen werden.

Sydow, R., **Busch**, L., und **Krantz**, W., **Zivilprozeßordnung und Gerichtsverfassungsgesetz** nebst Anhang, enthaltend Entlastungsgesetze und die Notverordnung vom 1. Dezember 1930. Handkommentar unter besonderer Berücksichtigung der Entscheidungen oberster Gerichte. Neubearbeitete, zwanzigste Auflage. Zwei Bände. Groß-Oktav. VIII, VIII und 1540 Seiten. 1930 . . . . . . Geb. RM. 33.— (de Gruytersche Sammlung Deutscher Gesetze, Handkommentare.)

„Auch innerlich ist der ausgezeichnete Handkommentar von Sydow-Busch-Krantz verändert. Es sind viele veraltete Entscheidungen ausgemerzt und dafür die Erläuterungen durch eingehendere Darlegungen zweckmäßig erweitert worden. An der Grundanlage des Buches wurde nichts geändert, die Druckanordnung ist noch übersichtlicher als bisher. So wird das Buch seine alten Freunde behalten und ohne Zweifel viele neue hinzuerwerben.“
Leipziger Zeitschrift für deutsches Recht.

Rosenberg, L., **Zivilprozeßgesetzgebung.** Taschenformat. 580 Seiten. 1930. Geb. RM. 8.—
(Lehrausgaben Deutscher Gesetze, Bd. II.)

„Die Besonderheiten dieser handlichen und erschöpfenden Ausgabe der Zivilprozeßgesetzgebung bestehen in der sachlichen Ordnung des umfassenden Stoffes, in der Hervorhebung von besonders Wesentlichem durch Sperrdruck, und vor allem aber darin, daß den einzelnen Paragraphen in systematischer Weise Überschriften vorausgeschickt sind, die die hier besonders wichtige Aufgabe erfüllen, den Aufbau des Gesetzes und den Zusammenhang der einzelnen Vorschriften klar erkennen zu lassen.“ Juristische Wochenschrift.

Zivilprozeßordnung mit Gerichtsverfassungsgesetz und Einführungsgesetzen in der Fassung der Bekanntmachung vom 13. Mai 1924 mit den bis 1. April 1929 ergangenen Abänderungen. Textausgabe mit Sachregister. Taschenformat. 440 Seiten. 1929. (Guttentagsche Sammlung von Textausgaben ohne Anmerkungen.) . . . Geb. RM. 3.50

Die handliche Ausgabe enthält den genannten Gesetzestext mit einem das Zurechtfinden sehr erleichternden Sachregister.

Sydow, R., **Busch**, L., und **Krantz**, W., **Gerichtsverfassungsgesetz** mit Einführungsgesetz. Unter besonderer Berücksichtigung der Entscheidungen des Reichsgerichts. Zehnte Auflage. Taschenformat. 347 Seiten. 1925. (Guttentagsche Sammlung Deutscher Reichsgesetze Bd. 14.) Geb. RM. 6.—

„Das Buch bedarf keiner Empfehlung, es empfiehlt sich selbst durch die Fülle dessen, was es bietet. Gesetzgebung und Rechtsprechung sind bis in die neueste Zeit berücksichtigt.“
Leipziger Zeitschrift für Deutsches Recht.

Rausnitz, Julius, **Gebührenordnung für Notare** vom 28. Oktober 1922 (GS. 404) nebst den einschlägigen Vorschriften des Preußischen Gerichtskostengesetzes vom 28. Oktober 1922 (GS. 363), beide in der Fassung der Gesetze vom 12. April 1923 (GS. 107), 18. Dezember 1923 (GS. 556) und der Verordnung vom 28. Juni 1924 (GS. 573). Sechste, umgearbeitete Auflage. Oktav. 158 Seiten. 1925. (Guttentagsche Sammlung Preußischer Gesetze Bd. 4.) . . . Geb. RM. 7.—

„Der in seiner äußeren Form sehr handlich und gut ausgestaltete Kommentar kann nur auf das wärmste empfohlen werden. Er wird sehr bald ein unentbehrlicher, weil nie versagender Ratgeber werden, der die Berufsarbeit sehr erleichtern wird." Juristische Wochenschrift.

Sydow, R., **Busch,** L., und **Krieg,** O., **Die Deutsche Gebührenordnung für Rechtsanwälte,** das Gesetz, betreffend die Erstattung von Rechtsanwaltsgebühren in Armensachen, und die Preußische Landesgebührenordnung mit Erläuterungen. Auf der Grundlage der Sydow-Busch'schen Textausgabe mit Anmerkungen in dreizehnter Auflage unter Mitaufnahme des Gesetzes über die Erstattung in Armensachen neubearbeitet. Taschenformat 496 Seiten. 1929. (Guttentagsche Sammlung Deutscher Reichsgesetze Bd. 17.) . . . . Geb. RM. 9.—

„Die Erläuterung der Gebührenordnung bietet besonders Wertvolles. Sie steht schon lange unter den Anmerkungsausgaben mit an erster Stelle. Und das mit Recht."

Zeitschrift des Bundes Deutscher Justizamtmänner.

Sydow, R., **Busch,** L., und **Krieg,** O., **Deutsches Gerichtskostengesetz nebst Gebührenordnung** für Gerichtsvollzieher und für Zeugen und Sachverständige in den neuesten Fassungen. Auf der Grundlage der Sydow-Busch'schen Textausgabe mit Anmerkungen neubearbeitet in elfter Auflage. Taschenformat. XI, 433 Seiten. 1928. (Guttentagsche Sammlung Deutscher Reichsgesetze Bd. 15.) . . . . Geb. RM. 7.50

„Die neue Auflage bietet unter gründlicher Berücksichtigung der gesamten einschlägigen Rechtsprechung eine zeitgemäße, übersichtliche und erschöpfende Erläuterung des Gesetzes. Für den täglichen Gebrauch in der Praxis erscheint diese Textausgabe mit Anmerkungen als unentbehrlich."

Dr. Natter in der „Württembergischen Zeitschrift für Rechtspflege".

Lindemann, Otto, **Preußisches Gerichtskostengesetz** (neueste Fassung). Nach dem Tode des früheren Herausgebers P. Siméon erläutert. Achte, völlig umgearbeitete Auflage. Taschenformat. 439 Seiten. 1928. (Guttentagsche Sammlung Preußischer Gesetze Bd. 17.)
Geb. RM. 8.—

„Die achte Auflage dieser bekannten Ausgabe des Preußischen Gerichtskostengesetzes ist entsprechend den bedeutsamen Änderungen der letzten Jahre völlig umgearbeitet. Die gesamte Rechtsprechung wurde eingehend berücksichtigt, so daß hier eine Erläuterung vorliegt, die Zuverlässigkeit und Vollständigkeit in sich verbindet."

Mitteilungen des Preußischen Richtervereins.

Freiwillige Gerichtsbarkeit

Jastrow, Hermann, und **Günther,** Hermann, **Die Gesetze des Reiches und Preußens über die freiwillige Gerichtsbarkeit.** Textausgabe mit Einleitung, Anmerkungen und Sachregister. Siebente, vermehrte Auflage. Taschenformat. 548 Seiten. 1928. (Guttentagsche Sammlung Deutscher Reichsgesetze Bd. 46.) . . . . Geb. RM. 9.—

„Die Anmerkungen unterrichten in zuverlässiger Weise über die wichtigste Rechtsprechung des Reichsgerichts und der deutschen Oberlandesgerichte auf dem Gebiete der freiwilligen Gerichtsbarkeit. Ein ausführliches Sachregister erhöht die Brauchbarkeit des bewährten Buches, das auch in der neuen Auflage seinen Zweck auf das beste erfüllen wird." Juristische Wochenschrift.

Die Gesetze des Reiches und Preußens über die freiwillige Gerichtsbarkeit. Textausgabe mit Sachregister. Taschenformat. 168 Seiten. 1930. (Guttentagsche Sammlung von Textausgaben ohne Anmerkungen mit Sachregister.) . . . . RM. 3.—

Das Buch enthält in der bekannten Art der Guttentagschen Gesetzesausgaben außer dem „Gesetz über die Angelegenheiten der freiwilligen Gerichtsbarkeit" alle in dieses Gebiet fallenden sonstigen Gesetze, Ausführungsbestimmungen, Abkommen, Verordnungen usw. in absolut zuverlässigem Abdruck und ein das Zurechtfinden sehr erleichterndes Sachregister.

Szkolny, Felix, und **Kober,** Leopold, **Das Notariatsrecht,** unter besonderer Berücksichtigung des materiellen Rechts und des Steuer- und Stempelrechts erläutert. Oktav. 236 Seiten. 1926. (Guttentagsche Sammlung Deutscher Reichsgesetze Bd. 163.) . . . . Geb. RM. 8.50

„Die Darlegung des materiellen Rechts, soweit es in der täglichen Anwendung den Notar hauptsächlich beschäftigt. Es wird die Beurkundung einzelner Rechtsgeschäfte und anderer Rechtsvorgänge behandelt Die Ausführungen verwerten die neueste Lehre und Rechtsprechung eingehend, die Darstellung ist leicht faßlich und klar, einzelne Muster vervollkommnen das anschauliche Bild."
Zeitschrift des Deutschen Notarvereins.

Szkolny, Felix, **Die Belehrungspflicht des Notars.** Oktav. 52 Seiten. 1927. . . . . RM. 2.—

„Ein trotz seines geringen Umfanges sehr nützliches Buch, für das wir dem Verfasser Dank wissen müssen."
Zeitschrift des Deutschen Notarvereins.

Konkursordnung und Zwangsvollstreckung

Jaeger, Ernst, **Kommentar zur Konkursordnung** und den Einführungsgesetzen. Mit einem Anhang, enthaltend das Anfechtungsgesetz, die Vergleichsordnung, Auszüge aus den Kostengesetzen, Ausführungsgesetze und Geschäftsordnungen. Sechste und siebente, neubearbeitete Auflage. Lexikon-Oktav. Der Umfang des Gesamtwerkes umfaßt etwa 100 Bogen. Die Ausgabe erfolgt in Lieferungen.
Gesamtpreis etwa RM. 80.—
Erster Band: §§ 1—46. XXVIII, 828 Seiten. 1928—1931.
RM. 45.—, geb. RM. 54.—
(Der Kauf des ersten Bandes verpflichtet zum Bezug des ganzen Werkes.)

„. . . Kurz gesagt: das Buch ist das unübertreffliche Standardwerk, der Kommentar zur Konkursordnung." *Deutsche Richterzeitung.*

„Das Jaegersche Werk ist ohne Zweifel der beste von den mehreren guten Kommentaren zur Konkursordnung, die wir besitzen."
Zeitschrift für Deutschen Zivilprozeß.

Sydow, R., **Busch,** L., und **Krieg,** O., **Konkursordnung** und Anfechtungsgesetz mit Erläuterungen. Auf der Grundlage der Sydow-Buschschen Textausgabe mit Anmerkungen in fünfzehnter Auflage unter Mitaufnahme der Vergleichsordnung neubearbeitet. Taschenformat. 816 Seiten. 1929. (Guttentagsche Sammlung Deutscher Reichsgesetze Bd. 13.) . . . . Geb. RM. 12.—

„Die Erläuterungsbücher von Sydow-Busch sind als Kommentare mittleren Umfanges seit vielen Jahren in der Juristenwelt rühmlichst bekannt." *Juristische Rundschau.*

Fischer, K., und **Schäfer,** L., **Die Gesetzgebung, betr. die Zwangsvollstreckung in das unbewegliche Vermögen** im Reiche und in Preußen. Bearbeitet von J. Krech und O. Fischer. Zweite Auflage. Lexikon-Oktav. XVI, 728 Seiten. 1910 . . . RM. 15.—, geb. RM. 18.—

„Unter den zahlreichen Bearbeitungen des Zwangsvollstreckungsgesetzes ist der Kommentar von Fischer und Schäfer wohl der wissenschaftlich bedeutendste. Überall sind die Erläuterungen systematisch, manchmal geradezu lehrbuchartig aufgebaut, die leitenden Gedanken treten trotz der Fülle der behandelten Einzelfragen klar und deutlich hervor."

Zeitschrift für Rechtspflege in Bayern.

Krech, J., und **Fischer,** O., **Die Gesetzgebung, betr. die Zwangsvollstreckung in das unbewegliche Vermögen** im Reiche und in Preußen. Textausgabe mit Einleitung, Anmerkungen und Sachregister. Zehnte Auflage, bearbeitet von O. Fischer. Taschenformat. 266 Seiten. 1929. (Guttentagsche Sammlung Deutscher Reichsgesetze Bd. 43.)

Geb. RM. 5.—

„Einer besonderen Empfehlung dieser handlichen Ausgabe, deren Hauptteil das Gesetz über die Zwangsversteigerung und Zwangsverwaltung bildet, bedarf es nicht, Gesetzgebung, Rechtsprechung und Rechtslehre sind bis zur Gegenwart berücksichtigt."

Sächsisches Archiv für Rechtspflege.

Kretzschmar, F., Die Zwangsversteigerung und die Zwangsverwaltung. 110 Seiten. 1911. (Sammlung Göschen Bd. 523.) . . Geb. RM. 1.80

Huyke, W., Offenbarungseid und Haft im Zivilprozeß. Taschenformat. 1930. (Guttentagsche Sammlung Deutscher Reichsgesetze, Bd. 177.) RM. 4.—

Dieser Band bietet eine ganz auf die Praxis zugeschnittene Erläuterung der das Offenbarungseidsverfahren betreffenden Paragraphen der ZPO. und gibt in einem allgemeinen Teil zuverlässig Auskunft über die sich auf diesem Gebiete ergebenden Streit- und Zweifelsfragen. Die Rechtsprechung der höheren Gerichte und die Literatur ist berücksichtigt worden.

V. Strafrecht und Strafprozeß

Strafgesetzbuch

Ebermayer, Ludwig, **Lobe,** Adolf und **Rosenberg,** Werner, **Das Reichsstrafgesetzbuch,** Leipziger Kommentar mit besonderer Berücksichtigung der Rechtsprechung des Reichsgerichts. Vierte, vermehrte und verbesserte Auflage. Lexikon-Oktav. X, 1282 Seiten. 1929.

RM. 56.—, in Halbleder geb. RM. 63.—

„Zusammenfassend wird man sagen müssen, daß der Kommentar nun wohl endgültig an die Spitze der großen Kommentare zum StGB. getreten ist." *Zeitschrift für Rechtspflege in Bayern.*

Kohlrausch, Eduard, **Strafgesetzbuch für das Deutsche Reich mit Nebengesetzen.** Textausgabe mit Anmerkungen und Sachregister. Früher von Dr. Fr. v. Liszt u. Dr. E. Delaquis. Neunundzwanzigste Auflage. Taschenformat. X, 562, *48 Seiten. 1930. (Guttentagsche Sammlung Deutscher Reichsgesetze Bd. 2.) . . . Geb. RM. 8.—

„Ein Buch, an Hand dessen eine schnelle und zuverlässige Orientierung über die wichtigsten Auslegungsfragen möglich ist. Es dient in gleicher Weise dem Studierenden zur Einführung in eine Lektüre des Gesetzes wie dem Praktiker zur schnellen Auffindung einer Entscheidung."

Rechtsanwalt Dr. Max Alsberg in der „Juristischen Wochenschrift".

Liszt, Fr. v., **Lehrbuch des deutschen Strafrechts.** Fünfundzwanzigste, vollkommen durchgearbeitete und zum Teil umgestaltete Auflage, besorgt von Dr. E. Schmidt, Professor an der Universität Breslau. Groß-Oktav. XXXIV, 976 Seiten. 1927.

RM. 27.50, geb. RM. 30.—

„Das Lisztsche Lehrbuch wird auch in dieser neuen Bearbeitung seinen ersten Platz und seinen Weltruf sich bewahren."

Zeitschrift des Deutschen Notarvereins.

Gerland, H. B., **Das deutsche Reichsstrafrecht.** Oktav. 600 Seiten. 1922. (Lehrbücher und Grundrisse der Rechtswissenschaft Bd. XVI.)
RM. 10.—, geb. RM. 11.50

„Durch knappe, geradezu klassische Kürze zeigende Darstellung gelang es Gerland, auf engem Raume eine ungeheure Fülle des Stoffes zu bieten und auf jede Frage Antwort zu geben."
Juristische Wochenschrift.

Gerland, H., **Der Entwurf 1925.** Allgemeiner Teil. Kritische Bemerkungen. Oktav. 96 Seiten. 1925 . . . . RM. 5.—

„Eine außerordentlich interessante Abhandlung. Die Schrift stellt ein fast unentbehrliches Hilfsmittel für jeden dar, der sich mit den einschlägigen Fragen zu beschäftigen hat."
Mitteilungen des Preußischen Richtervereins.

Aschrott, P. F., u. **Kohlrausch,** Ed., **Reform des Strafrechts.** Kritische Besprechung des Amtlichen Entwurfs eines Allgemeinen Deutschen Strafgesetzbuchs. Auf Veranlassung der Deutschen Landesgruppe der Internationalen Kriminalistischen Vereinigung unter Mitwirkung erster Fachgenossen herausgegeben. Gr.-Oktav. V, 415 S. 1926. RM. 18.—

„Die gestellte Aufgabe ist glänzend gelöst. Kaum ein Punkt ist übersehen worden, der die Kritik herausfordert. — Niemand, der an der endgültigen Gestaltung unseres Strafrechts Anteil nimmt, darf an dieser Sammelkritik achtlos vorübergehen."
Geh. Hofrat Prof. Dr. v. Lilienthal in der „Deutschen Juristen-Zeitung".

Sammlung außerdeutscher Strafgesetzbücher in deutscher Übersetzung. Herausgegeben von den Schriftleitungen der Zeitschrift für die ges. Strafrechtswissenschaft u. d. Mitteilungen der Internationalen Kriminalistischen Vereinigung. Nr. 1—43. 1881—1914 . . . Preise auf Anfrage.

Nr. 44:
Japanische Strafgesetze. I. Schwurgerichtsordnung vom 18. April 1923 und strafrechtliche Nebengesetze. Übersetzt von Hyoichiro Kusano, Reichsgerichtsrat in Tokio, Tadao Sugiura, Oberlandesgerichtsrat in Sapporo, und Dr. jur. Fritz Bartelt in Berlin. II. Strafvollzugsgesetz vom 28. März 1908 nebst Ausführungsverordnung vom 16. Juni 1908. Übersetzt von Dr. jur. Toshita Tokiwa, Gerichtsassessor in Tokio, und Dr. jur. Werner Gentz, Justizrat beim Strafvollzugsamt in Kiel. Groß-Oktav. 55 Seiten. 1927. RM. 3.—

Nr. 45:
Die Auslieferungsgesetze Norwegens, Schwedens und Finnlands. Mit einer systematischen Darstellung der Grundzüge des nordischen Auslieferungsrechts im Hinblick auf den Erlaß eines deutschen Auslieferungsgesetzes Von Dr. jur. Ernst Wolgast, Privatdozent in Königsberg i. Pr. Groß-Oktav. VIII, 487 Seiten. 1928. . . RM. 20.—

Nr. 46:
Das Türkische Strafgesetzbuch vom 1. März 1926. Gesetz Nr. 765. (Türkisches Gesetzblatt Nr. 320 vom 13. März 1926.) Das Ausführungsgesetz zum Türkischen Strafgesetzbuch vom 26. April 1926. Deutsche Übersetzung von Dr. K. Ziemke. Groß-Oktav. 138 Seiten. 1927 . . . . RM. 5.—

Nr. 47:
Entwurf eines griechischen Strafgesetzbuches. Übersetzt und eingeleitet von Demetrius G. Venturas, Rechtsanwalt in Korfu, Griechenland. Groß-Oktav. 123 Seiten. 1928 . . . . RM. 7.—

Nr. 48:
Italienischer Vorentwurf zu einem neuen Strafgesetzbuch. (Progetto di un nuovo codice penale.) In deutscher Übersetzung von Dr. K. Bunge, Landgerichtsrat in Berlin. Groß-Oktav. XXXII, 244 Seiten. 1928 . . . . RM. 10.—

Nr. 49:
Strafgesetzbuch (Ugolownyj Kodex) **der Russischen Sozialistischen Föderativen Sowjet-Republik** (R.S.F.S.R.) vom 22. November 1926, übersetzt von Dr. Wilhelm Gallas, Gerichtsassessor in Berlin. Groß-Oktav. 68 Seiten. 1930 . . . . RM. 4.—

Lindemann, Otto, **Sammlung der wichtigsten preußischen Strafgesetze. Zweite Auflage. Taschenformat. 372 Seiten. 1912. (Guttentagsche Sammlung Preußischer Gesetze Bd. 34.)** . . . . . . Geb. RM. 3.50

„Die durch mehrere wichtige Gesetze erweiterte zweite Auflage dieses unentbehrlichen Ergänzungsbandes zu den in Einzelausgaben erschienenen Preußischen Gesetzen ist durch die Wiedergabe der noch geltenden vereinzelten alten Strafvorschriften nebst trefflich unterrichtenden Vorbemerkungen und Erläuterungen besonders wertvoll. Nur mittels einer solchen ausgezeichneten Sammlung ist es möglich, auch die zerstreuten Gebiete des Strafrechts völlig zu beherrschen."
Deutsche Juristen-Zeitung.

Fraustädter, Werner, **Deutsches Auslieferungsgesetz** vom 23. Dezember 1929 und andere neuere Vorschriften der Rechtshilfe in Strafsachen, einschließlich der Auslieferung. Textausgabe mit Einleitung, Erläuterungen und Sachregister. Taschenformat. 143 Seiten. 1930. (Guttentagsche Sammlung Deutscher Reichsgesetze Bd. 86.) . Geb. RM. 4.—

Das Auslieferungsgesetz hat durch die Neufassung vom 25. 12. 1929 eine starke Umgestaltung erfahren, die zur Hearusgabe der vorliegenden Neubearbeitung geführt hat. Diese enthält eine ausführliche Erläuterung der neuen Bestimmungen sowie einen Abdruck der wichtigsten Verträge und Vorschriften und ermöglicht einen vollständigen Überblick über den gegenwärtigen Stand des deutschen Auslieferungsrechtes.

Lindemann, Otto, **Polizeiverordnungen in Preußen.** Zweite Auflage. Taschenformat. 189 Seiten. 1912. (Guttentagsche Sammlung Preußischer Gesetze Bd. 36.) . . . . Geb. RM. 2.50

Abhandlungen des Kriminalistischen Instituts an der Universität Berlin. Herausgegeben von Dr. **Franz von Liszt,** o. Professor der Rechte. Sonderverzeichnis kostenlos. Vierte Folge. I. Band.

Heft 1:
Dannenberg, Herbert, **Liberalismus und Strafrecht im 19. Jahrhundert unter Zugrundelegung der Lehren Karl Georg von Waechters.** Oktav. IV, 66 Seiten. 1925 . . . . RM. 3.—

Heft 2:
Tarnowski, Hans, **Die systematische Bedeutung der adäquaten Kausalitätstheorie für den Aufbau des Verbrechensbegriffs.** Oxtav. X, 340 Seiten. 1927 . . . . RM. 18.—

Heft 3:
Ehrlich, Lore, **Der Verrat von Betriebsgeheimnissen nach englischem und nordamerikanischem Recht.** Oktav. VIII, 75 Seiten. 1930. RM. 4.—

Heindl, Robert, **System und Praxis der Daktyloskopie** und der sonstigen technischen Methoden der Kriminalpolizei. Dritte, neubearbeitete und vermehrte Auflage. 900 Abbildungen im Text und 21 Bildertafeln. 780 Seiten. Groß-Oktav. 1927 . . . . RM. 36.—, geb. RM. 40.—

„Ein Werk, mit dem wohl für geraume Zeit die Literatur dieses Gebiets ihren krönenden Abschluß gefunden haben dürfte. — Es darf erwartet werden, daß jeder Richter, Rechtsanwalt und Verteidiger sich dieses vorzüglichen Werkes bedient." *Deutsche Juristenzeitung.*

Kleine kriminalistische Bücherei.

Band 1:
Schneickert, Hans, Die strafrechtlichen Aufgaben der Polizei. Für den Polizeiunterricht und die Polizeipraxis. Taschenformat. 182 Seiten. 1921. RM. 2.—

Band 2:
Philipp, Lothar, Beobachtungs- und Ermittlungspraxis im Polizei- und Detektivdienst. Taschenformat. 180 Seiten. 1923 . . . RM. 2.—
„Alles in allem: ein Buch, für den Fachmann lesenswert, für den Anfänger ein guter Leitfaden, für den Laien interessant."
Zeitschrift für gerichtliche Schriftvergleichung.

Band 3:
Manteuffel, H. v., Falschspieler. Formen und Technik des Spielbetruges, nebst einem Anhange: Der Spielprofessor und sein angeblich sicheres System beim Spiele gegen eine öffentliche Roulettebank. Taschenformat 90 Seiten. 1923 . . . . RM. 2.—
Gerade heutzutage, wo die Spielleidenschaft so weite Kreise zieht, ist es von besonderem Reiz, diese klare, flüssige und lehrreiche Darstellung zu verfolgen.

Band 4:
Schneickert, Hans, Kriminalistische Spurensicherung. Sammlung dienstlicher Anweisungen und sachverständiger Ratschläge für den Dienstgebrauch und für Polizeischulen. Zweite, vermehrte und verbesserte Auflage. Taschenformat. 96 Seiten. Mit 2 Abbildungen. 1925. Geb. RM. 3.—
„Alle Einzelheiten werden hervorgehoben und als möglicherweise wichtige Beweismomente in einem vielarmigen System zusammengefaßt. In der Durchführung seiner Aufgabe hat der Verfasser tatsächlich alles berücksichtigt, was für das Beweisverfahren von Bedeutung ist und sein könnte." *Archiv für Kriminologie.*

Band 5:
Rehfeld, P., Gerichtsärztliche Tatbestandsfeststellungen im Dienste der Polizei. Ein Leitfaden für Polizei- und Kriminalbeamte. Taschenformat. 133 Seiten. 1927 . . . . Geb. RM. 3.50
„Die Bearbeitung gibt eine geschlossene, einheitliche Behandlung des Stoffgebietes durch einen Arzt, wie sie anderweitig in der kriminalistischen Literatur nicht vorhanden ist." Deutsches Polizeiarchiv.

Strafprozeßordnung

Kohlrausch, Eduard, Strafprozeßordnung und Gerichtsverfassungsgesetz. Textausgabe mit Einleitung, Anmerkungen und Nebengesetzen. In Verbindung mit Dr. Hermann Mannheim, Landgerichtsrat und Professor in Berlin, bearbeitet von Dr. Eduard Kohlrausch, Professor der Rechte in Berlin. Zweiundzwanzigste Auflage (101. bis 104. Tausend). Taschenformat. XI, 510 Seiten. 1930. (Guttentagsche Sammlung Deutscher Reichsgesetze Bd. 12.) RM. 7.50
„Das Buch ist nicht nur für den Praktiker, der sich rasch unterrichten will, sondern auch für den Studierenden, zumal wenn ihm die wirtschaftlichen Verhältnisse die Anschaffung umfangreicher Kommentare nicht ermöglichen, von größtem Wert."
Oberreichsanwalt Dr. Ebermayer in der „Juristischen Wochenschrift".

Feisenberger, Albert, Strafprozeßordnung und Gerichtsverfassungsgesetz. Handkommentar. Groß-Oktav. IX, 517 Seiten. 1926. Mit Nachtrag. 1927. (de Gruytersche Sammlung Deutscher Gesetze. Handkommentare.) . . . . Geb. RM. 17.—
„Eine glänzende Arbeit, die bald in der Hand jedes Strafrichters und Rechtsanwalts sein wird. Geradezu vorbildlich ist der Handkommentar für den Umfang der Heranziehung der Rechtsprechung. Alles Wesentliche ist berücksichtigt." Danziger Juristische Monatsschrift.

Beling, E., Deutsches Reichsstrafprozeßrecht mit Einschluß des Strafgerichtsverfassungsrechts. Oktav. XIV, 568 Seiten. 1928. (Lehrbücher und Grundrisse der Rechtswissenschaft Bd. XVII.)
RM. 15, geb. RM. 16.50

Die Eigenart des vorliegenden Lehrbuches des Reichsstrafprozeßrechts ist, daß es dem Verständnis der Gesetzestexte vorarbeiten und zu ihnen hinführen will. Gerade das, was nicht im Gesetz steht, ist die Hauptsache; die Gesetzesparagraphen sind Ziel, nicht Ausgangspunkt. Insbesondere aber stellt der Verfasser die Regelungsinhalte des geltenden Rechts in die heutige rechtspolitische Gedankenwelt hinein und gibt ein auch äußerlich scharf hervortretendes System, das den Lernenden befähigt, die Fülle der Einzelheiten unter allgemeinen Ordnungsgesichtspunkten zusammenzusetzen.

Rosenfeld, E. H., **Deutsches Strafprozeßrecht.** 2 Bände. 128 und 148 Seiten. 1926. (Sammlung Göschen Bd. 938/939.) Geb. je RM. 1.80

„Eine wissenschaftlich hochstehende, auf einem knappen Raum zusammengedrängte, klar und originell geschriebene Einführung in den deutschen Strafprozeß." *Schweizer. Zeitschrift für Strafrecht.*

Löwe, F., und **Rosenberg,** Werner, **Die Strafprozeßordnung für das Deutsche Reich** vom 22. März 1924 nebst dem Gerichtsverfassungsgesetz. Kommentar. Achtzehnte, neubearbeitete Auflage. Lexikon-Oktav. 1332 Seiten. 1929 . . . . RM. 44.—, in Halbleder geb. RM. 50.—

„Der Löwesche Kommentar hat sich in Wissenschaft und Rechtsprechung eine so hervorragende Stellung erworben, daß er zum unentbehrlichen Ratgeber für Theoretiker und Praktiker geworden ist. Der Kommentar steht nach wie vor an erster Stelle und ist ein Meisterwerk in der Kunst einer klaren, übersichtlichen und erschöpfenden Darstellung dieses außerordentlich spröden Stoffes." *Zeitschrift des deutschen Notarvereins.*

Feisenberger, Albert, **Strafprozeßordnung und Gerichtsverfassungsgesetz,** in alter und neuer Fassung synoptisch gegenübergestellt. Mit ausführlichem Sachregister. Taschenformat. 265 Seiten. 1924. Mit Nachtrag. 1927. (Guttentagsche Sammlung Deutscher Reichsgesetze Bd. 158.) . . . . Geb. RM. 4.50

„Die Ausgabe ist für die Praxis auf längere Zeit unentbehrlich. Die synoptische Darstellung erleichtert die Arbeit und schützt vor Gedächtnisfehlern." *Juristische Wochenschrift.*

Aschrott, P. F., **Die Reform des Strafprozesses.** Kritische Besprechungen der von der Kommission für die Reform des Strafprozesses gemachten Vorschläge. Auf Veranlassung der Internationalen Kriminalistischen Vereinigung, Gruppe Deutsches Reich. Groß-Oktav. XII, 120 und 784 Seiten. 1906 . . . . RM. 12.—

Beiträge zur Reform des Strafprozesses. Herausgegeben von Dr. Franz **Adickes,** Dr. P. F. **Aschrott,** Dr. K. **von Lilienthal,** Dr. Fr. **von Liszt.** 2 Bände. Groß-Oktav. I. Bd. Heft 1—6. 1908. RM. 9.70. — II. Bd. Heft 1—5. 1909. RM. 15.10.

Frede, L., u. **Grünhut,** M., **Reform des Strafvollzugs.** Kritische Beiträge zu dem Amtlichen Entwurf eines Strafvollzugsgesetzes. Oktav. VII, 264 Seiten. 1927 . . . . RM. 10.—

Die in dem vorliegenden Buch zusammengefaßten Beiträge üben nicht nur eine Einzelkritik an den Bestimmungen des Entwurfs, sondern dienen zugleich unter dem Gesichtspunkt der gegenwärtigen gesetzgeberischen Aufgabe der wissenschaftlichen Grundlegung des ganzen Strafvollzugsproblems.

VI. Öffentliches Recht.

1. Staats- und Völkerrecht.

Fischbach, O. G., **Allgemeine Staatslehre.** Zweite Auflage. 136 Seiten. 1928. (Sammlung Göschen Bd. 358.) . . . . . Geb. RM. 1.80

„Das Buch darf einer breiten Öffentlichkeit als ausgezeichnete Einführung, den Fachgenossen aber, jung und alt, als Musterbeispiel

wissenschaftlichen Bemühens um die denkbar beste Leistung anempfohlen werden, wie man ihm heute nicht allzu häufig mehr begegnet."
Reichsverwaltungsblatt.

Fischbach, O. G., Allgemeines Staatsrecht.
1. Teil. 139 Seiten. 1923. (Sammlung Göschen, Bd. 415.)
Geb. RM. 1.80
II. Teil. 151 Seiten. 1923. (Sammlung Göschen Bd. 416.)
Geb. RM. 1.80

Diese Bearbeitung bringt nicht bloß einen leicht faßlichen gemeinverständlichen Überblick über alle Zweige des Staatsrechtes, sondern auch in den einzelnen Partien viele gründliche wissenschaftliche Erörterungen der einschlagenden Probleme und kritischen Beleuchtung der verschiedenen Rechtsansichten.

Stier-Somlo, Fritz, **Deutsches Reichs- und Landesstaatsrecht I.** Oktav. XVI, 726 Seiten. 1924. (Lehrbücher und Grundrisse der Rechtswissenschaft Bd. XVIII.) . . . . RM. 16.50, geb. RM. 18.—

„. . . Von den zurzeit vorhandenen größeren Lehrbüchern des Reichsstaatsrechts das geeignetste." *Juristische Wochenschrift.*

Stier-Somlo, Fritz, **Reichsstaatsrecht.** I. Grundbegriffe des Staatsrechts. Verfassungsgeschichte vom Ende des 18. Jahrhunderts bis zur Reichsverfassung vom 11. August 1919. 108 Seiten. 1927. (Sammlung Göschen Bd. 967.) . . . . Geb. RM. 1.80
II. Das geltende Reichsstaatsrecht. 114 Seiten. 1927. (Sammlung Göschen Bd. 968.) . . . . Geb. RM. 1.80

Stier-Somlo, Fritz, **Preußisches Staatsrecht.** Zweite Auflage. 136 Seiten. 1927. (Sammlung Göschen Bd. 298.) . . . . Geb. RM. 1.80

„Die drei schmalen Bändchen werden nicht allein als wünschenswertes Orientierungsmittel für den Laien und den angehenden Juristen zu begrüßen sein, sondern auch dem im praktischen Berufsleben stehenden Juristen Anregung und Belehrung bieten."
Juristische Wochenschrift.

Die Verfassung des Deutschen Reichs vom 11. August 1919 mit den wichtigsten Nebengesetzen. Textausgabe mit Einleitung und Sachregister. Dritte Auflage. Taschenformat. 104 Seiten. 1931. (Guttentagsche Sammlung von Textausgaben ohne Anmerkungen mit Sachregister.) . . . . RM. 1.—

Die handliche Ausgabe enthält den genauen Gesetzestext mit einem das Zurechtfinden sehr erleichternden Sachregister. Soweit der Text nach der Veröffentlichung vom 14. August 1919 Änderungen oder Ergänzungen erfahren hat, ist dies berücksichtigt worden. Die Ausgabe entspricht dem letzten Stand.

Anschließend an den Text der Reichsverfassung sind einige besonders wichtige Nebengesetze abgedruckt.

Arndt, Adolf, **Die Verfassung des Deutschen Reiches.** Dritte Auflage. Taschenformat. 1927. (Guttentagsche Sammlung Deutscher Reichsgesetze Bd. 137.) . . . . RM. 8.—

„Für alle, die sich auf dem schwierigen Gebiet der Reichverfassung orientieren wollen, liegt hier ein vorzügliches Nachschlagewerk von gediegener Wissenschaftlichkeit vor."
Staats- und Selbstverwaltung.

Stier-Somlo, Fritz, **Kommentar zur Verfassung des Freistaates Preußen.** Groß-Oktav. 319 Seiten. 1921 . . . . Geb. RM. 3.—

„Die Darstellung ist flüssig und knapp und ist als treffliche Orientierung über das neue Verfassungswerk, eine Orientierung, die ihre notwendige Ergänzung in dem vorzüglichen Kommentar Stier-Somlos findet, sehr zu empfehlen." *Zeitschrift für öffentliches Recht.*

Arndt, Adolf, **Die Verfassung des Freistaats Preußen** vom 30. November 1920. Mit Einleitung, vollständigem Kommentar, Landeswahlgesetz und Sachregister. Taschenformat. 158 Seiten. 1921. (Guttentagsche Sammlung Preußischer Gesetze Bd. 1.)
Geb. RM. 2.—

„Die Einleitung ist eine vortreffliche staatsrechtliche Abhandlung, die unter Berücksichtigung und Verwertung der einschlägigen Literatur in die Entstehungsgeschichte und in die Bedeutung der Verfassungsurkunde einführt. Der Kommentar wird denjenigen, die sich mit den einzelnen Bestimmungen der Verfassung vertraut machen wollen, ein willkommener Ratgeber sein."
Zeitschrift für Polizei- und Verwaltungsbeamte.

Veröffentlichungen der Vereinigung deutscher Staatsrechtslehrer.
Heft 1: Der deutsche Föderalismus. Oktav. 1924 . . . RM. 5.—
Heft 2: Der Schutz des öffentlichen Rechts. Oktav. 1925. RM. 12.—
Heft 3: Die Gleichheit vor dem Gesetz. Der Einfluß des Steuerrechts auf die Begriffsbildung des öffentlichen Rechts. Oktav. 1927. RM. 7.—
Heft 4: Das Recht der freien Meinungsäußerung. — Der Begriff des Gesetzes in der Reichsverfassung. Oktav. 1928 . . . . . . RM. 10.—
Heft 5. Wesen und Entwicklung der Staatsgerichtsbarkeit. — Überprüfung von Verwaltungsakten durch die ordentlichen Gerichte. Oktav. 1929 . . . . RM. 12.—
Heft 6: Bundesstaatliche und gliedstaatliche Rechtsordnung. Verwaltungsrecht der öffentlichen Anstalt. Berichte von Fritz Fleiner, Josef Lukas, Lutz Richter und Arnold Köttgen. Verhandlungen der Tagung der deutschen Staatsrechtslehrer zu Frankfurt a. M. am 25. und 26. April 1929. Mit einem Auszug aus der Aussprache. Oktav. IV, 166 Seiten. 1929 . . . . RM. 9.—

Sehling, Emil, **Kirchenrecht.** Zweite Auflage.
I. Teil. Einleitung. Quellen, Verfassung und Verwaltung der katholischen Kirche. Anhang: Die griechisch-orthodoxe Kirche. 119 Seiten. 1922. (Sammlung Göschen Bd. 377.) . . . . Geb. RM. 1.80
II. Teil: Das evangelische Kirchenrecht. Die Stellung des Staates zur Kirche und das Verhältnis der Religionsgesellschaften zueinander. 87 Seiten. 1927. (Sammlung Göschen Bd. 954.) . . . Geb. RM. 1.80

Edler v. Hoffmann, H., **Deutsches Kolonialrecht.** 150 Seiten. 1907. (Sammlung Göschen Bd. 318.) . . . . Geb. RM. 1.80

Delius, H., **Die Beamtenhaftpflichtgesetze** des Reiches und der Länder. Vierte, vermehrte und vollkommen neubearbeitete Auflage. Taschenformat. 384 Seiten. 1929. (Guttentagsche Sammlung Deutscher Reichsgesetze Bd. 94.) . . . . Geb. RM. 10.—

Wörterbuch des Völkerrechts und der Diplomatie. Begonnen von Professor Dr. Julius **Hatschek** †. Fortgesetzt und herausgegeben von Dr. Karl **Strupp,** Professor an der Universität Frankfurt a. M., Associé de l'institut de droit international, membre de l'Academie Diplomatique Internationale. Lexikon-Oktav.
Band I: Aachen—Lynchfall. VI, 860 Seiten. 1924.
RM. 35.—, in Halbleder geb. RM. 40.—
Band II: Maas—Utschiali. 779 Seiten. 1925.
RM. 35.—, in Halbleder geb. RM. 40.—
Band III (Schluß): Vasallenstaaten—Zwangsverschickung. Ferner Anhang: Abessinien—Weltgerichtshof; Sachverzeichnis und Mitarbeiterregister. II, 1316 Seiten. 1929.
RM. 62.—, in Halbleder geb. RM. 67.—

„Der Vorsprung, den entsprechende Werke in französischem Sprachgewande bisher hatten, ist nunmehr in Deutschland eingeholt. Die Form der alphabetischen Zergliederung des Stoffes ermöglicht eine

breitere Behandlung der Einzelfälle, die im internationalen Rechtsleben nicht selten von größerer Bedeutung als vorzeitig aufgestellte Abstraktionen sind.“ *Zeitschrift für Völkerrecht.*

Anzilotti, D., **Lehrbuch des Völkerrechts.** Übersetzt und herausgegeben vom Institut für ausländisches öffentliches Recht und Völkerrecht, Berlin. I. Band. Groß-Oktav. 444 Seiten. 1929. RM. 19.—, geb. RM. 20.—

Mit der Herausgabe der Übersetzung dieses Lehrbuches des berühmten Völkerrechtlers ist das Institut für ausländisches öffentliches Recht und Völkerrecht einem in Deutschland außerordentlich fühlbaren Bedürfnis entgegengekommen. Das Buch ist nicht schlechthin eine Übersetzung der italienischen Originalausgabe, sondern berücksichtigt auch die gesamte Rechtsprechung und Literatur der letzten Zeit und stellt somit das zurzeit modernste Lehrbuch des Völkerrechts überhaupt dar.

Niemeyer, Theodor, **Völkerrecht.** 168 Seiten. 1925. (Sammlung Göschen Bd. 865.) . . . . Geb. RM. 1.80

Dieses Bändchen gibt in gedrängter Form eine vollständige Übersicht über das Völkerrecht.

Beiträge zum ausländischen öffentlichen Recht und Völkerrecht. Herausgegeben im Auftrage des Instituts für ausländisches öffentliches Recht und Völkerrecht in Berlin in Gemeinschaft mit Friedrich Glum, Ludwig Kaas, Rudolf Smend, Heinrich Triepel von Viktor **Bruns.** Groß-Oktav.

Eine Sammlung einschlägiger wissenschaftlicher Abhandlungen, Materialsammlungen, Übersetzungen besonders wertvoller ausländischer Werke u. a.

Heft 1:
Triepel, H., **Staatsrecht und Politik.** Rede beim Antritt des Rektorats der Friedrich-Wilhelms-Universität zu Berlin am 15. Oktober 1926. 40 Seiten. 1927 . . . . RM. 2.—

Heft 2:
Schmitt, Carl, **Volksentscheid und Volksbegehren.** Ein Beitrag zur Auslegung der Weimarer Verfassung und zur Lehre von der unmittelbaren Demokratie. 54 Seiten. 1927 . . . . RM. 2.60

Heft 3:
Heck, K., **Der Aufbau des britischen Reiches.** (Der Verhandlungsbericht der Reichskonferenz von 1926.) 152 Seiten. 1927. RM. 6.—

Heft 4:
Heller, H., **Die Souveränität.** Ein Beitrag zur Theorie des Staats- und Völkerrechts. 177 Seiten. 1927. . . . . RM. 8.50

Heft 5:
Grentrup, Theodor, **Die Missionsfreiheit** nach den Bestimmungen des geltenden Völkerrechts. 112 Seiten. 1928 . . . . RM. 5.50

Heft 6:
Robinson, Jakob, **Das Minoritätenproblem und seine Literatur.** Kritische Einführung in die Quellen und die Literatur der europäischen Nationalitätenfrage der Nachkriegszeit, unter besonderer Berücksichtigung des völkerrechtlichen Minderheitenschutzes.
Allgemeiner Teil. 265 Seiten. 1928 . . . . RM. 9.—

Heft 7:
Bilfinger, Karl, **Der Reichssparkommissar.** 68 Seiten. 1928. RM. 3.60

Heft 8:
Bumiller, J. M., **Die völkerrechtliche Stellung der fremden Truppen im Saargebiet.** 156 Seiten. 1928 . . . . RM. 9.—

Heft 9:

Das Recht des Ausnahmezustands im Auslande (Frankreich, Belgien, Niederlande, Italien, England, Irland). 296 Seiten. 1928. RM. 14.—

Heft 10:

Gerland, B., Die Beziehungen zwischen dem Parlament und den Gerichten in England. Eine rechtsvergleichende Studie. 137 Seiten. 1928. RM. 8.—

Heft 11:

Leibholz, Gerhard, **Zu den Problemen des fascistischen Verfassungsrechts.** Akademische Antrittsvorlesung. 112 Seiten. 1928. RM. 5.—

Heft 12:

Glum, Friedrich, **Der deutsche und der französische Reichswirtschaftsrat.** Ein Beitrag zu dem Problem der Repräsentation der Wirtschaft im Staat. 188 Seiten. 1929 . . . . RM. 9.—

Heft 13:

Leibholz, Gerhard, **Das Wesen der Repräsentation** unter besonderer Berücksichtigung des Repräsentativsystems. Ein Beitrag zur allgemeinen Staats- und Verfassungslehre. Groß-Oktav. 214 Seiten. 1929. RM. 14.—

Heft 14:

Schenk, v. Stauffenberg, G., **Das Recht der russischen Handelsvertretungen.** Oktav. 95 Seiten. 1930 . . . . RM. 6.—

Heft 15:

Mornik, Stanislaus, **Polens Kampf gegen seine nichtpolnischen Volksgruppen.** Mit 6 Karten. Oktav. 150 Seiten. 1931 . . . . RM. 9.—

Heft 16:

Menzel, Kurt, **Das deutsche Vorkriegs-Vermögen in Rußland und der deutsche Entschädigungsvorbehalt.** Eine Übersicht, zugleich über die Entschädigungsbemühungen der anderen Staaten. Oktav. IV, 236 Seiten. 1931 . . . . RM. 9.—

Kraus, H., **Internationale Schiedssprechung.** Eine Sammlung der für das Deutsche Reich verbindlichen Verträge und Vertragsbestimmungen, die sich auf internationale Gerichtsbarkeit, Schiedsgerichtsbarkeit, sowie Vergleichsverfahren beziehen, nebst den dazugehörigen deutschen Regierungsdenkschriften. Taschenformat. XXXVI, 348 Seiten. 1929. (Guttentagsche Sammlung Deutscher Reichsgesetze Bd. 174.) . . . . Geb. RM. 10.—

„Die vorliegende Dokumentensammlung füllt eine Lücke aus, da es bisher schwer war, alle schiedsrichterlichen Verpflichtungen des Deutschen Reiches auf einmal einzusehen." Friedenswarte.

Strupp, Karl, **Das Werk von Locarno.** Eine völkerrechtlich-politische Studie. Oktav. 180 Seiten. 1926 . . . . RM. 10.—

„Die lückenlose Mitteilung aller für das Verständnis und die Auslegung wichtiger Urkunden macht das aktuelle Buch zu einem außerordentlich wertvollen Mittel der Erkenntnis des Inhalts und der Tragweite dieser grundlegenden Staatsverträge." D. A. Z.

Sering, Max, **Deutschland unter dem Dawes-Plan.** Entstehung, Rechtsgrundlagen, wirtschaftliche Wirkungen der Reparationslasten. Oktav. VIII, 237 Seiten. 1928 . . . . RM. 10,—

„Nicht nur dem Juristen und Volkswirtschaftler, sondern auch dem Laien verständlich, gibt das Werk einem jeden wertvollen Einblick in Deutschlands wirtschaftspolitische Abhängigkeit, die sich bis in die kleinsten Betriebe hineinzieht, die jedes einzelne Glied des deutschen Volkes betrifft." Prakt. Rundschau.

2. Verwaltungsrecht.

Reichsrecht

Bühler, O., **Verwaltungsgesetze des Reiches und Preußens.** Taschenformat. XI, 682 Seiten. 1930 . . . . Geb. RM. 11.—
(Lehrausgaben Deutscher Gesetze, Bd. III.)
Außer den preußischen Verwaltungsgesetzen bringt der vorliegende Band als erster auch die immer wichtiger werdenden Verwaltungsgesetze des Reichs. Durch Weglassung aller für den Unterricht überflüssigen Gesetze, Weglassung auch unwichtiger Bestimmungen in den oft sehr weitschweifigen Verwaltungsgesetzen (wobei aber der Inhalt weggelassener Bestimmungen jeweils kurz angedeutet ist) ist es ermöglicht worden, auch hier einen Band erstehen zu lassen, der nicht schon durch seinen Umfang abschreckt.

Blume, E., und **Weirauch,** W., **Die Eisenbahn-Verkehrsordnung** vom 16. Mai 1928 mit Allgemeinen Ausführungsbestimmungen sowie dem Internationalen Übereinkommen über den Eisenbahnfrachtverkehr vom 30. Mai 1925 und dem Internationalen Übereinkommen über den Eisenbahn-Personen- und Gepäckverkehr vom 12. Juni 1925. Textausgabe mit Anmerkungen. Vierte Auflage. Taschenformat. X, 482 Seiten. 1928. (Guttentagsche Sammlung Deutscher Reichsgesetze Bd. 91.) Geb. RM. 9.—
„Ein treffliches Hilfsbuch für alle, die sich mit dem Eisenbahnverkehrsrecht theoretisch und praktisch zu beschäftigen haben. Der Kommentar wird besonders auch den Gerichten und den Anwälten gute Dienste leisten, da die Ausführungsbestimmungen zur Eisenbahnverkehrsordnung, die vollständig abgedruckt werden, sonst nur in den Tarifen veröffentlicht werden, die in den Kreisen der Juristen weniger bekannt sind. Allen, die es angeht, kann daher die Anschaffung der neuen Auflage dringend empfohlen werden."
Juristische Wochenschrift.

Fischbach, O. G., **Das Reichsbeamtengesetz vom 31. März 1873 in der Fassung der Bekanntmachung vom 18. Mai 1907 mit allen Abänderungen und Ergänzungen.** Taschenformat. 311 Seiten. 1930. (Guttentagsche Sammlung Deutscher Reichsgesetze, Bd. 82.) Geb. RM. 6.—
Die vorliegende Erläuterung des Beamtengesetzes durch den bekannten Staatsrechtlehrer kommt einem besonderen Bedürfnis der Praxis entgegen, die s. Zt. eine den neuesten Fortschritten der Wissenschaft und Rechtsprechung entsprechende Handausgabe sehr entbehrt. Bemerkenswert ist, daß auch verwandte Gesetze und Verordnungen der einheitlichen Erläuterung unterzogen wurden, so daß dieses Buch für die Praxis ein der Sache wie der Erläuterungsart wichtiges Hilfsmittel darstellt.

Fischer, D., und **Staedler,** E., **Die deutsche Post- und Telegraphengesetzgebung.** Teil I: Postrecht (mit Ausschluß des internationalen Rechts). Siebente Auflage. 47*, 586 Seiten. 1929. (Guttentagsche Sammlung Deutscher Reichsgesetze Bd. 7.) . . . . Geb. RM. 15.—
„Die Texte sind mit großer Sorgfalt und mit dem Streben nach einschlägiger Vollständigkeit zusammengestellt. Eine Verbesserung gegenüber den früheren Auflagen bedeutet der der Sammlung neu vorangestellte systematische Abriß des geltenden Postrechts."
Württembergische Industrie.

Teil II: **Telegraphen- und Fernsprechrecht** (mit Ausschluß des internationalen Rechts). Taschenformat. 495 Seiten. 1930. (Guttentagsche Sammlung Deutscher Reichsgesetze Band 7a.) . . RM. 13.—
Wie im ersten Teil, so werden auch hier die Erläuterungen unter die folgenden Gesichtspunkte gestellt: 1. die wechselseitige juristi-

sche und tatsächliche Berührung zwischen den sehr zersplitterten Rechtsquellen. 2. die rechtsgeschichtlichen Zusammenhänge, die zur kritischen Beurteilung des Gegenstandes unerläßlich sind. 3. die öffentlich-rechtliche Eigenschaft des gesamten Rechtsstoffes. Rechtsprechung und Literatur sind bis in die letzte Zeit berücksichtigt.

Sebba, Julius, **Seewasserstraßenordnung.** (Polizeiverordnung zur Regelung des Verkehrs auf den deutschen Seewasserstraßen vom 31. März 1927.) Taschenformat. 493 Seiten. 1928. (Guttentagsche Sammlung Deutscher Reichsgesetze Bd. 171.) . . . . Geb. RM. 8.50

„Es bedarf hierbei wohl nicht der besonderen Hervorhebung, daß die Kommentierungsmethode des rühmlichst bekannten Neu-Herausgebers von Schaps-Seerecht auch in dem vorliegenden Werke eine knappe und doch gründliche geworden ist."

Verkehrsrechtliche Praxis.

Busse, Rudolf, **Luftrecht einschließlich Luftverkehrsgesetz und Pariser Luftverkehrsabkommen.** Taschenformat. XVIII, 448 Seiten. 1928. (Guttentagsche Sammlung Deutscher Reichsgesetze Bd. 170.)

Geb. RM. 10.—

Das vorliegende Buch sucht in einem nationalen und internationalen Teil einen klaren Überblick über das gesamte Luftrecht zu geben; der neueste Stand der Rechtsprechung ist hierbei berücksichtigt. Den erläuterten Gesetzesabkommenstexten ist eine systematische Einführung in das gesamte Luftrecht mit seinen vielseitigen Rechtsdisziplinen vorausgeschickt.

Volkmann, Kurt, **Die Straßenverkehrsordnungen** nebst den einschlägigen Nebenbestimmungen. Taschenformat. 312 Seiten. 1929. (Guttentagsche Sammlung Deutscher Reichsgesetze Bd. 175.) . . . Geb. RM. 7.—

„Das übersichtliche Werkchen, das uns eine schnelle Information über auftauchende Rechtsfragen auf diesem besonderen Verkehrgebiete verschafft, kann Polizeibeamten, Gerichten, Anwälten, Fuhrwerksbesitzern, Kraftfahrern und Radfahrern zur Anschaffung empfohlen werden."

Verkehrsrechtl. Rundschau.

Holzapfel, W., **Die Siedlungsgesetzgebung** im Reich und in Preußen. 347 Seiten. 1920. (Guttentagsche Sammlung Deutscher Reichsgesetze Bd. 140.) . . . . Geb. RM. 3.—

„Die zur Ausführung jener Gesetze bestimmten Behörden und auch die literarische Forschung wird dem Verfasser für seine mühevolle Arbeit Anerkennung zollen." *Archiv für öffentliches Recht.*

Behrend, Ernst, und **Stranz-Hurwitz,** Helene, **Sammlung von Wohlfahrtsgesetzen** des Deutschen Reichs und Preußens nebst den allgemeinen Wohlfahrtsgesetzen von Sachsen, Thüringen, Hamburg, Mecklenburg-Schwerin und -Strelitz, Oldenburg, Lippe und Lübeck.

Teil I: Taschenformat. 560 Seiten. 1923 . . . . . Geb. RM. 5.—

Teil II: Nebst Ausführungsgesetzen sämtlicher Länder zum Reichsjugendwohlfahrtsgesetz. Taschenformat. XVI, 551 Seiten. 1925. (Guttentagsche Sammlung Deutscher Reichsgesetze Bd. 152 und 152a.)

Geb. RM. 9.—

Teil I und II zus. RM. 12.—

„Die kurzen, alles Wesentliche zusammenfassenden Einleitungen zu den einzelnen Gesetzen sind mit außerordentlicher Sachkunde und Klarheit geschrieben; sie genügen zusammen mit den Literaturangaben völlig für den Praktiker, um die Gesetzestexte richtig handhaben zu können. Das Werk ist für alle in der Wohlfahrtspflege Arbeitenden unentbehrlich und sehr praktisch."

Nachrichtendienst des Deutschen Vereins für öffentliche Fürsorge.

Wegner, Arthur, **Jugendrecht.** Ein Lehrbuch zur Einführung. Oktav. IX, 219 Seiten. 1929 . . . . RM. 6.—, geb. RM. 7.50

„Ein gleichartiges und gleichwertiges Werk über das Jugendrecht gibt es noch nicht." *Breslauer Zeitung.*

Drewes, Paul, und **Sandré,** Emil, **Das Reichsgesetz für Jugendwohlfahrt** vom 9. Juli 1922 und **Jugendgerichtsgesetz** vom 16. Februar 1923 nebst Nebengesetzen. Zweite Auflage. Taschenformat. XVI, 496 Seiten. 1928. (Guttentagsche Sammlung Deutscher Reichsgesetze Bd. 154.) Geb. RM. 11.—

„Eine sehr handliche Gesetzesausgabe. Sie bietet in ausführlichen geschichtlichen und rechtlichen Vorbemerkungen und Einleitungen wertvolles Material zur Einführung in den Willen und Geist beider Gesetze und gibt in knappen, aber ausreichenden Erläuterungsbemerkungen zu den einzelnen Bestimmungen dem Praktiker die erforderlichen Unterlagen zur richtigen Anwendung. Das Werk dürfte sich in der Praxis beliebt machen." *Blätter für öffentliche Fürsorge*

Sandré, Emil **Verordnung über die Fürsorgepflicht.** Vom 14. Februar 1924. Mit Einschluß der für die Durchführung dieser Verordnung in Frage kommenden reichs- und landesgesetzlichen Bestimmungen. Taschenformat. 342 Seiten. 1925. (Guttentagsche Sammlung Deutscher Reichsgesetze Bd. 160.) . . . . Geb. RM. 6.—

„Die Zusammenstellung der bis in die jüngste Zeit ergangenen gesetzlichen Bestimmungen, die in Beziehung zur Fürsorgepflichtverordnung stehen, gibt der Sandréschen Arbeit ihre besondere Bedeutung. Die Anmerkungen sind zahlreich und zeichnen sich durch einen feinen, klaren Stil aus. Das Buch ist übersichtlich geordnet und leicht zu handhaben." *Schleswig-Holsteinsche Wohlfahrtsblätter.*

Szczesny, Viktor, **Das Lichtspielgesetz** vom 12. Mai 1920 mit der Ausführungsverordnung Einleitung, Gebührenordnung und Sachregister. Taschenformat. 106 Seiten. 1920. (Guttentagsche Sammlung Deutscher Reichsgesetze Bd. 147.) . . . . Geb. RM. 1.50

„Das neue Lichtspielgesetz hat hier eine ausführliche Kommentierung gefunden. Das Buch kann bei der gründlichen Behandlung des Stoffes als ein geeignetes Hilfsmittel für die Praxis bezeichnet werden." *Preußische Gemeinde-Zeitung.*

Wündisch, Ernst, **Das Gesetz über Schußwaffen und Munition** vom 12. April 1928 (RGBl. I S. 143) nebst der Ausführungsverordnung der Reichsregierung vom 13. Juli 1928 (RGBl. I S. 198) und dem Preußischen Erlaß zur Durchführung des Gesetzes vom 7. September 1928 (MBliV. S. 925). Taschenformat. 139 Seiten. 1928. (Guttentagsche Sammlung Deutscher Reichsgesetze Bd. 173.) . . . . Geb. RM. 5.—

Ein klares zuverlässiges Erläuterungsbuch für den praktischen Gebrauch.

Fraustädter, W., und **Kreutzberger,** M., **Das deutsche Ausländerrecht.** Die Bestimmungen des Reichsrechts und preußischen Landesrechts. Textausgabe mit Erläuterungen und Sachregister. Taschenformat. 396 Seiten. 1927. (Guttentagsche Sammlung Deutscher Reichsgesetze Bd. 166.) Geb. RM. 9.—

„Eine höchst begrüßenswerte Veranstaltung, aus dem Bedürfnis der Praxis hervorgegangen und mit vollendetem Sachverständnis unternommen. Sowohl die Vollständigkeit der mannigfach verstreuten gesetzlichen Bestimmungen als deren Anordnung, Registrierung und Erläuterung durch Ausführungsbestimmungen, Gerichtsentscheidungen, Verwaltungspraxis ist vortrefflich."
Niemeyers Zeitschrift für internationales Recht.

Voß, Werner, **Die reichs- und landesrechtlichen Bestimmungen auf dem Gebiete des Gesundheitswesens.** Zusammengestellt und mit Anmerkungen versehen. Taschenformat. 608 Seiten. 1929. (Guttentagsche Sammlung Deutscher Reichsgesetze Bd. 172.) . . . . . . Geb. RM. 11.—

„Der Band enthält eine Sammlung der Gesetze, Verordnungen und Bestimmungen auf dem Gebiete des Gesundheitswesens, wie sie in dieser Vollständigkeit sonst nicht besteht. Dadurch erst ist ein zuverlässiger und rascher Überblick über die einschlägigen weit verstreuten Bestimmungen gewährleistet."

Württ. Zeitschr. f. Rechtspflege.

Hippel, W. von, **Reichsviehseuchengesetz** vom 26. Juni 1909 nebst Ausführungsvorschriften und dem preußischen Ausführungsgesetz. Zweite Auflage. Taschenformat. 486 Seiten. 1913. (Guttentagsche Sammlung Deutscher Reichsgesetze Bd. 103.) . . . . Geb. RM. 4.—

Boxberger, L. von, **Vogelschutzgesetz** vom 30. Mai 1908 nebst den das Flugwild betreffenden Bestimmungen der Preußischen Jagdordnung. Taschenformat. 57 Seiten. 1909. (Guttentagsche Sammlung Deutscher Reichsgesetze Bd. 89.) . . . . Geb. RM. 1.—

Landesrecht

Bitter, von, **Handwörterbuch der Preußischen Verwaltung.** Dritte, vollständig umgearbeitete Auflage. Unter Mitwirkung zahlreicher hoher Reichs- und preußischer Staatsbeamten herausgegeben von Dr. Bill Drews, Staatsminister a. D., Präsident des Pr. Oberverwaltungsgerichts, und Dr. Franz Hoffmann, Wirklicher Geheimer Oberregierungsrat, Berlin. Lexikon-Oktav. 1928.

RM. 120.—, in Halbleder geb. RM. 132.—

Erster Band, 1. Halbband: Abbaugerechtigkeiten—Fleisch- und Viehagenten. 552 Seiten.

2. Halbband: Fleischvergiftung—Kyffhäuserbund. Seite 553 bis 1134 und IX Seiten.

Zweiter Band: Lackfabriken—Zwischenkredit. VII, 1220 Seiten.

(Im Verlage der Firmen: Walter de Gruyter & Co., Berlin; Carl Heymanns Verlag, Berlin; Roßberg'sche Verlagsbuchhandlung, Leipzig.)

Das zentrale Werk der Praxis des Verwaltungsrechts.

Reichelt, H., **Verwaltungsgesetzbuch für Preußen.** Systematische Zusammenstellung der wichtigsten Verwaltungsgesetze und Verordnungen für Praxis und Unterrichtszwecke. Lexikon-Oktav. VII, 1302 Seiten. 1914 . . . . Geb. RM. 7.60

„Das Buch ist sehr wertvoll, dem Praktiker unentbehrlich und leistet demjenigen, der sich auf eine Prüfung vorbereitet, vorzügliche Dienste. Allen Verwaltungsbehörden wird das Buch warm empfohlen."

Preußische Verwaltungs- und Finanz-Zeitung.

Friedrichs, K., **Die Gesetzgebung über die allgemeine Landesverwaltung** und Zuständigkeit der Verwaltungs- und Verwaltungsgerichtsbehörden. Dritte, durchgesehene Auflage. Taschenformat. XXIII, 295 Seiten. 1927. (Guttentagsche Sammlung Preußischer Gesetze Bd. 42.)

Geb. RM. 5.—

„Der Wert dieser Arbeit liegt darin, daß er eine erschöpfende und klare Übersicht über das tatsächlich geltende Verwaltungsrecht bringt. Das Werk ist ein vorzügliches and nie versagendes Hilfsmittel."

Gesetz und Recht.

Pfafferoth, Carl, **Preußische Beamtengesetzgebung.** Fünfte Auflage. XIV, 280 Seiten. 1916. (Guttentagsche Sammlung Preußischer Gesetze Bd. 2.) . . . . Geb. RM. 2.40

Dultzig, Eugen von, **Das preußische Disziplinargesetz für die nichtrichterlichen Beamten.** Taschenformat. XIV, 364 Seiten. 1914. (Guttentagsche Sammlung Preußischer Gesetze Bd. 51.) . . . . Geb. RM. 4.20

„Der Verfasser kennt das Disziplinarrecht aus eigener Tätigkeit und aus langer Erfahrung. Diese hat er zu einem praktischen Nach-

schlagebuch für alle praktischen Fragen des Disziplinarrechts ausgestaltet. Bei tunlichster Kürze sind doch recht erschöpfende, klare und anschauliche Erläuterungen entstanden, die das Verständnis und die Anwendung des Disziplinarrechts in zweckmäßiger Weise erleichtern. Das Büchlein verdient volle Beachtung."
Zeitschrift für Polizei- und Verwaltungsbeamte.

Hagemann, Rudolf, **Hinterlegungsordnung** vom 21. April 1913. Taschenformat. 175 Seiten. 1914. (Guttentagsche Sammlung Preußischer Gesetze Bd. 53.) . . . . Geb. RM. 2.20

„Das in der vorteilhaft bekannten Guttentagschen Sammlung erschienene Buch darf als ein Hilfsmittel zu dem nicht immer ganz einfachen Verständnis der neuen Hinterlegungsvorschriften bestens empfohlen werden; es ist klar, übersichtlich und ausführlich."
Zentralblatt für freiwillige Gerichtsbarkeit.

Aschrott, P. F., **Gesetz über die Fürsorgeerziehung Minderjähriger.** Vom 2. Juli 1900. Nebst Ausführungsanweisungen. Dritte Auflage. Taschenformat. 374 Seiten. 1917. (Guttentagsche Sammlung Preußischer Gesetze Bd. 28.) . . . . Geb. RM. 2.80

„Das Buch gewährt nicht nur einen klaren Einblick in die gegenwärtige Gestaltung der Fürsorgeerziehung in Preußen, sondern es gibt auch über die Zweifelsfragen, welche bei der Auslegung des technisch ziemlich unvollkommenen Fürsorgeerziehungsgesetzes in besonders reicher Fülle auftauchen, durchweg eine erschöpfende und zutreffende Auskunft." *Das Recht.*

Marcks, A., **Gesetz, betr. die Unterhaltung der öffentlichen Volksschulen.** Taschenformat. 194 Seiten. 1906. (Guttentagsche Sammlung Preußischer Gesetze Bd. 39.) . . . . Geb. RM. 1.80

„Das handliche Büchlein wird, von sachkundiger Seite herrührend und praktisch angelegt, Verwaltungsbeamten, Schulvorständen, Lehrern beim Gebrauch gute Dienste leisten."
Schulblatt der Provinz Brandenburg.

Ledermann, W., und **Brühl,** L., **Die Städteordnung für die sechs östlichen Provinzen Preußens.** Zweite Auflage. Taschenformat. 593 Seiten. 1913. (Guttentagsche Sammlung Preußischer Gesetze Bd. 32.) Geb. RM. 6.—

„Der Kommentar, eine hervorragende Arbeit, ist von der Kritik und der Praxis so einmütig günstig aufgenommen worden, daß er auch in seiner zweiten durch Gesetzgebung, Literatur und Rechtsprechung der letzten zehn Jahre bereicherten Ausgabe keiner weiteren Empfehlung bedarf." *Kommunale Praxis.*

Wölbling, P., **Bildung der neuen Stadtgemeinde Berlin.** Zweite Auflage. Taschenformat. 114 Seiten. 1920. (Guttentagsche Sammlung Preußischer Gesetze Bd. 59.) . . . . Geb. RM. 1.40

„Die Ebenmäßigkeit mit den Kommentaren anderer Gesetze der Guttentagschen Sammlung erringt der Verfasser durch seine strenge Sachlichkeit. Damit muß seinem Werk die Beachtung bei der Durchführung des Gesetzes und bleibender Wert gesichert erscheinen."
Soziale Praxis.

Caro, H., **Gesetz, betr. Austritt aus der Landeskirche,** vom 14. Mai 1873. Taschenformat. 190 Seiten. 1911. (Guttentagsche Sammlung Preußischer Gesetze Bd. 46.) . . . . Geb. RM. 2.40

„Ein sehr praktisches Buch, das in den Anmerkungen zum Wortlaut des Gesetzes eine reiche Fülle von Material bietet für alle möglichen

Fragen, die mit Aus- und Übertritt zusammenhängen. Das genau gearbeitete Inhaltsverzeichnis ermöglicht bei gelegentlicher Benutzung ein leichtes Auffinden des Nötigen."

Deutsch-Protestantische Bücherschau.

Meyer, O., **Gesetz, betr. die Anlegung und Veränderung von Straßen und Plätzen in Städten und ländlichen Ortschaften.** Taschenformat. 211 Seiten. 1913. (Guttentagsche Sammlung Preußischer Gesetze Bd. 50.) RM. 3.—

Strauß-Torney, Hugo von und **Saß,** Carl, früher **Friedrichs,** R., **Gesetz, betr. Anlegung und Veränderung von Straßen und Plätzen** in Städten und ländlichen Ortschaften. (Straßen- und Baufluchtengesetz.) Kommentar. Sechste Auflage. Groß-Oktav. 211 Seiten. 1920. RM. 8.—, geb. RM. 9.50

„Das Werk zeigt eine Reichhaltigkeit und Vollständigkeit, die sonst wenigen Kommentaren eigen ist, und übertrifft hierin noch weit die früheren Auflagen. Besonders erwähnenswert ist die geschickte Anordnung der Erläuterungen und das praktische Inhaltsverzeichnis."

Wochenschrift des Architektenvereins zu Berlin.

Heinz, H. **Die preußischen Baupolizeigesetze** nebst den sonstigen einschlägigen Reichs- und Landesgesetzen. Taschenformat. 404 Seiten. 1928. (Guttentagsche Sammlung Preußischer Gesetze Bd. 64.) Geb. RM. 8.—

Diesem Band ist die Aufgabe gestellt, die in erster Linie in Betracht kommenden Gesetze und sonstigen Vorschriften und die im Zusammenhang hiermit entstehenden Rechtsfragen in übersichtlicher Weise zusammenzufassen und zu erörtern. Die Rechtsprechung des Oberverwaltungsgerichts und anderer Gerichte ist hierbei berücksichtigt worden.

Goldschmidt, O., **Gesetze gegen die Verunstaltung landschaftlich hervorragender Gegenden mit Ausführungsanweisungen.** Taschenformat. 152 Seiten. 1912. (Guttentagsche Sammlung Preußischer Gesetze Bd. 49.) Geb. RM. 2.40

„Der Kommentar bietet eine sachgemäße, sorgfältige und erschöpfende Erläuterung der einzelnen gesetzlichen Bestimmungen. Er wird als ein durch Vollständigkeit und Zuverlässigkeit ausgezeichnetes Hilfsmittel jedem Freunde des Heimatschutzes ein willkommener Ratgeber sein." *Jahrbuch des Verwaltungsrechts.*

Wulff, G., und **Herold,** F., **Wassergesetz** vom 7. April 1913. Mit Einleitung, Erläuterungen und Sachregister. Zweite, umgearbeite Auflage von G. Wulff. Taschenformat. XVI, 665 Seiten. 1928. (Guttentagsche Sammlung Preußischer Gesetze Bd. 52.) . . Geb. RM. 12.—

„Gründlichkeit und trefflichere Kürze bilden einen besonderen Vorzug des Werkes." *Ministerialblatt f. d. preuß. innere Verwaltung.*

Holtgreven, A., und **Wolff,** Th., **Das Wildschadengesetz** vom 11. Juli 1891. Kommentar. Vierte, vermehrte und verbesserte Auflage. Oktav. VIII, 216 Seiten. 1902 . . . . RM. 4.—

„Dieses Werkchen will einerseits die juristisch zweifelhaften Punkte des Wildschadengesetzes wissenschaftlich erörtern und klarstellen und andererseits allen denjenigen, welche bei der Handhabung dieses Gesetzes in irgendeiner Weise, sei es als Private, Beamte, Grundbesitzer oder als Jagdberechtigte, beteiligt sind, ein praktischer Berater sein."

Allgemeine Forst- und Jagdzeitung.

Born, A., **Das preußische Fischereigesetz** vom 11. Mai 1916 in der geltenden Fassung. Taschenformat. 428 Seiten. 1928. (Guttentagsche Sammlung Preußischer Gesetze Nr. 62.) . . . . Geb. RM. 7.50

Die Ausgabe bietet eine bis jetzt fehlende neue Darstellung des Fischereigesetzes, in der vor allem die neue Rechtsprechung eingehend verwertet ist. Außer dem Fischereigesetz, das eine ausführliche Erläuterung gefunden hat, sind die wichtigen Ausführungsverordnungen und im Anhang die einschlägigen Bestimmungen anderer für die Anwendung des Fischereigesetzes in Frage kommenden Gesetze berücksichtigt.

Born, A., Die preußischen Jagdgesetze in ihrer geltenden Fassung. Mit Erläuterungen versehen. Taschenformat. 433 Seiten. 1928. (Guttentagsche Sammlung Preußischer Gesetze Nr. 63.) . . . Geb. RM. 8.—

„Das Buch kann zur Belehrung und Handgebrauch den Gerichten, Landratsämtern, Gemeinden und Forstbehörden sowie allen jagdlich interessierten Personen warm empfohlen werden."

Leipziger Ztsch. f. dtsch. Recht.

Kunze, F., Das Jagdscheingesetz. Zweite Auflage. Taschenformat. 157 Seiten. 1899. (Guttentagsche Sammlung Preußischer Gesetze Bd. 19.) . . . . Geb. RM. 2.—

„Die eingehenden Anmerkungen und die im Titel hervorgehobenen Beigaben machen den kleinen Kommentar zu einem vortrefflichen, in der Praxis schwer entbehrlichen Hilfsmittel zur Auslegung des Gesetzes." Zeitschrift für die gesamte Strafrechtswissenschaft.

Holzapfel, W., Umlegungsordnung. Taschenformat. 144 Seiten. 1921. (Guttentagsche Sammlung Preußischer Gesetze Bd. 60.) . . RM. 1.80

„Holzapfel, der hervorragende Kenner der Auseinandersetzungsgesetze, erläutert die Vorschriften der Umlegungsordnung in seiner scharfsinnigen Art in durchaus erschöpfender Weise und gibt in diesen Erläuterungen ein außerordentlich anschauliches Bild von der Umlegung der Grundstücke. Das Buch ist auch für Laien leicht und gut verständlich und kann jedem, der für die Umlegung Interesse hat, zur Benutzung angelegentlich empfohlen werden."

Preußisches Verwaltungsblatt.

Holzapfel W., Gesetz über Landeskulturbehörden. Taschenformat. 176 Seiten. 1919. (Guttentagsche Sammlung Preußischer Gesetze Bd. 57.) Geb. RM. 2.—

„Der Titel gibt den Inhalt des Werkchens vollständig an, hinzuzufügen ist aber, daß die Erläuterung, die umfangreich und eingehend ist und der praktischen Handhabung des Gesetzes Schritt für Schritt folgt, aus der Feder eines Mannes herrührt, der durch seine sachliche Qualifikation als gründlicher Kenner der Materie für eine zuverlässige Führung die größte Gewähr bietet. Dankenswert ist die Gründlichkeit der im bescheidenen Rahmen geleisteten Arbeit."

Verwaltungs-Archiv.

Kollenscher, M., Rechtsverhältnisse der Juden in Preußen. Taschenformat. VIII, 199 Seiten. 1910. (Guttentagsche Sammlung Preußischer Gesetze Bd. 45.) . . . . RM. 2.40

„Eine zusammenfassende, erschöpfende Darstellung der in den verschiedensten Quellen zerstreuten zahlreichen Judengesetze und Verordnungen. Jede Synagogengemeinde und jeder, der sich mit jüdischen Angelegenheiten beschäftigt, müßte dieses Buch besitzen."

Jüdische Rundschau.

3. Steuerrecht

Nieberl, A., Reichsabgabenordnung vom 13. Dezember 1919 nebst Einführungsverordnung vom 18. Dezember 1919 und Übergangsverordnung vom 11. Oktober 1921. Textausgabe mit Anmerkungen und ausführlichem Sachregister. Zweite, neubearbeitete Auflage. Taschenformat. 1927. (Guttentagsche Sammlung Deutscher Reichsgesetze Bd. 143.) . . . . Mit folgendem Nachtrag geb. RM. 12.—

„Die Darstellung ist leicht verständlich und klar. Das Sachregister ist gründlich bearbeitet. Jedenfalls wird das Buch, das einen mit der praktischen Handhabung der RAbgO. vertrauten Verfasser erkennen läßt, nicht nur den Steuerbeamten, sondern auch dem rechtsuchenden Publikum und seinen Beratern ein willkommener guter Führer auf diesem Gebiet sein." Juristische Wochenschrift.

Nieberl, A., **Die Änderungen der Reichsabgabenordnung** durch die Verordnung vom 1. Dezember 1930. Taschenformat. 127 Seiten. 1931. RM. 2.—

Michaelis, Richard, **Die Dritte Steuernotverordnung** vom 14. Februar 1924. Mit besonders ausführlicher Berücksichtigung der Vorschriften über die Aufwertung und die öffentlichen Anleihen. Taschenformat. VIII, 388 Seiten. 1924. (Guttentagsche Sammlung Deutscher Reichsgesetze Bd. 157.) . . . . Geb. RM. 7.—

„Ganz besonders zu rühmen ist der Kommentar von Michaelis, der dank seiner eingehenden und gründlichen Bearbeitungsweise erheblichen Einfluß auf die Praxis gewonnen hat." Juristische Wochenschrift.

Hollaender, Adolf, **Einkommensteuergesetz und Körperschaftsteuergesetz** nebst den zugehörigen Aus- und Durchführungsbestimmungen, Verordnungen und Erlassen. Taschenformat. XXXIX, 697 Seiten. 1926. Mit Nachtrag. 1928. (Guttentagsche Sammlung Deutscher Reichsgesetze Bd. 151.) . . . . Geb. RM. 24.—

„Das auf die Bedürfnisse der Praxis abgestellte und ihnen gerecht werdende Buch wird jedem gute Dienste leisten, der sich handelnd oder leitend auf dem äußerst unsicheren, ohne Hilfsmittel überhaupt nicht begehbaren Boden der heutigen Einkommensteuer zurechtfinden muß." Juristische Rundschau.

Pick, Reichsbewertungsgesetz. Textausgabe mit Anmerkungen. In Bearbeitung.

Schachian, Herbert, **Erbschaftsteuergesetz,** Fassung vom 22. August 1925, mit Anmerkungen. Vierte Auflage. Oktav. 65 Seiten. 1926. RM. 2.50

„Eine vollständige Darstellung des Erbschaftssteuerrechts und der zugrunde liegenden bürgerlich-rechtlichen Vorschriften des Erbrechts. Als wissenschaftliche und praktische Leistung steht der klar und scharf geschriebene Kommentar in vorderster Reihe unter seinen Rivalen; er ist als Wegweiser besonders zu empfehlen." Juristische Wochenschrift.

Hoffmann, U., **Die preußischen Erbschaftsteuergesetze.** Taschenformat. 561 Seiten. 1905. (Guttentagsche Sammlung Preußischer Gesetze Bd. 20.) . . . . RM. 3.—

Lindemann, Otto, **Umsatzsteuergesetz** (neueste Fassung) mit Ausführungsbestimmungen. Vierte, vermehrte und verbesserte Auflage. Taschenformat. 518 Seiten. 1926. (Guttentagsche Sammlung Deutscher Reichsgesetze Bd. 132.) . . . . Geb. RM. 10.—

„Es handelt sich um einen ausführlichen, gediegenen und klar abgefaßten Kommentar, der den weiteren Vorzug besitzt, auf dem laufenden zu sein. Das Werk kann allen Interessenten nur warm empfohlen werden." Industrie- und Handelszeitung.

Lindemann, Otto, **Grunderwerbsteuergesetz** (neueste Fassung) mit den Ausführungsbestimmungen. Zweite, völlig umgearbeitete Auflage.

Taschenformat. 186 Seiten. 1926. Mit Nachtrag 1927. (Guttentagsche Sammlung Deutscher Reichsgesetze Bd. 139.) . . . . Geb. RM. 4.—

„Das Buch wird manchem in den mannigfachen Streitfragen des in der Praxis sehr einschneidenden Gesetzes ein willkommener Ratgeber sein. Die Erläuterungen zeichnen sich durch Klarheit und Gemeinverständlichkeit im besten Sinne aus." Württembergische Industrie.

Hagelberg, E., und **Krämer**, L., **Grunderwerbsteuergesetz** vom 12. September 1919 (RGBl. S. 1617) in der Fassung des Gesetzes vom 11. März 1927 (RGBl. I S. 72) nebst Einleitung, Sachregister und Ausführungsbestimmungen und der einschlägigen Vorschriften des Finanzausgleichs-Steuermilderungsgesetzes und Steuerstrafrechts. Für die Praxis erläutert. Zweite, völlig umgearbeitete und erweiterte Auflage. Groß-Oktav. 355 Seiten. 1928 . . . . Geb. RM. 15.—

„Die verhältnismäßige Kürze ihrer Erläuterungen bei großer Vollständigkeit ist zu rühmen. Das Buch ist nicht nur für den Juristen, sondern auch für den gebildeten Laien, namentlich Grundstücksmakler und Hausbesitzer, von großem, praktischem Wert."
Zeitschrift d. Deutsch. Notarvereins.

Hagelberg, E., und **Krämer**, L., **Wertzuwachssteuerrecht.** Kommentar. Groß-Oktav. 256 Seiten. 1929 . . . . . RM. 12.—, geb. RM. 13.50

Die Verfasser kommentieren die neue Wertzuwachssteuerordnung für Berlin und die preußische Mustersteuerordnung. Ihr Buch ist ein Leitfaden für die Steuerpflichtigen und ihre Rechtsberater und die mit der Wertzuwachssteuer befaßten Behörden. Es stellt die rechtliche und wirtschaftliche Bedeutung der Bestimmungen klar: Die Rechtsprechung des Preußischen Oberverwaltungsgerichts wurde erschöpfend berücksichtigt. Auch Spezialfragen wie die Aufwertung und das Schwarzkaufwesen wurden behandelt.

Hoepker, Heinrich, **Die Industriebelastungsgesetze** vom 30. August 1924 nebst den Durchführungsbestimmungen zum Gesetz über die Industriebelastung. Taschenformat. XV, 200 Seiten. 1925. Mit Nachträgen. (Guttentagsche Sammlung Deutscher Reichsgesetze Bd. 159.)
Geb. RM. 4.—

„Die Anmerkungen sind erschöpfend und führen den Leser mit Geschick in die schwierige und neue Materie ein. Rechtsanwälte sowie Kaufleute, für welche die Industriebelastung in Frage kommt, werden das mit einem guten Sachregister ausgestattete Werk mit gleichem Nutzen gebrauchen!" Industrie- und Handels-Zeitung.

von **Lympius**, W., von **Elbe**, K., **Das Kommunalabgabengesetz und das Kreis- und Provinzialabgabengesetz.** Dargestellt in der Rechtsprechung des Oberverwaltungsgerichts. Groß-Oktav. X, 440 Seiten. 1930.
RM. 22.50, geb. 24.—

„Man muß es als einen besonders glücklichen Gedanken bezeichnen, wenn die Verfasser die gesamte Rechtsprechung des OVG., ja auch die nichtveröffentlichten Entscheidungen auszugsweise in einer Form wiedergegeben haben, die in hohem Grade die Arbeit der Praxis wie auch der Wissenschaft erleichtert. Wenn dieses Werk in hervorragendem Maße geglückt ist, so ist es wohl in erster Linie darauf zurückzuführen, daß beide Verfasser als Mitglieder des OVG. zu den Berufensten in der Abfassung einer solchen Arbeit gehören." Reichsarbeitsblatt.

Eiffler, Kurt, **Staatliche Verwaltungsgebühren.** Gesetz über staatliche Verwaltungsgebühren vom 29. September 1923 nebst Gebührenordnungen und Ausführungsbestimmungen. Taschenformat. 192 Seiten. Mit Nachtrag. 1925. (Guttentagsche Sammlung Preußischer Gesetze Bd. 61.)
Geb. RM. 6.—

„Das Buch ist für alle preußischen staatlichen und kommunalen Behörden unentbehrlich.“ *Deutsches Beamtenarchiv.*

Loeck, P., und **Eiffler,** K., **Preußisches Stempelsteuergesetz** mit den gesamten Ausführungsbestimmungen. Unter besonderer Berücksichtigung der Entscheidungen der Verwaltungsbehörden und der Gerichte herausgegeben. Zehnte, neubearbeitete Auflage. Taschenformat. 476 Seiten. 1928. (Guttentagsche Sammlung Preußischer Gesetze Bd. 18.) Geb. RM. 13.—

„Die zahlreichen Auflagen zeugen für die Güte und praktische Brauchbarkeit des Buches, das durch den von Eiffler hinzugefügten Anhang auf den gegenwärtigen Rechtsstand gebracht ist.“ *Finanz-Ministerialblatt.*

Lebbin, Georg, **Nahrungsmittelgesetze** mit Erläuterungen. Zweite, stark vermehrte Auflage in zwei Bänden.
Zweiter Band: **Getränkegesetze und Getränkesteuergesetze** (Wein, Bier, Branntwein, Mineralwasser). Unter Mitarbeit von Rechtsanwalt Dr. Kniebe. Taschenformat. XII, 400 Seiten. 1926. (Guttentagsche Sammlung Deutscher Reichsgesetze Bd. 54b.) . . . . . . Geb. RM. 10.—

„Die wichtigsten Gesetze sind eingehend kommentiert und so vollständig ergänzt, daß die Sammlung als unentbehrliches Hilfsmittel, wie es in dieser Art bislang noch fehlte, für den Sachbearbeiter bei Behörden und Verbänden sowohl als auch für den Kaufmann der Branche zu begrüßen ist.“ *Württembergische Wirtschafts-Zeitschrift.*

Wündisch, Friedrich, **Das Tabaksteuergesetz** vom 12. September 1919 nebst den Ausführungsbestimmungen vom 26. Februar 1920. Taschenformat. 286 Seiten. 1920. Mit Nachtrag 1925. (Guttentagsche Sammlung Deutscher Reichsgesetze Bd. 146.) . . . . Geb. RM. 4.—

„Endlich ein Kommentar zum Tabaksteuergesetz! Die Ausgabe kommt den Wünschen der Praxis nach einer erschöpfenden Darstellung des neuen Gesetzes in umfassender Weise entgegen. Das Buch bildet eine ausgezeichnete Informationsquelle für alle Fragen, die in der Praxis vorkommen.“ *Deutsche Tabak-Zeitung.*

VII. Entscheidungs-Sammlungen und Zeitschriften.

Entscheidungen des Reichsarbeitsgerichts. Herausgegeben von den Mitgliedern des Reichsarbeitsgerichts. Oktav.
Band I. 1928. Band II. 1928/29. Band III. 1929. Band IV. 1929/30. Band V u. VI 1930, Band VII 1931 . . Je RM. 6.50, geb. RM. 8.—

Entscheidungen des Reichsgerichts. Herausgegeben von den Mitgliedern des Gerichtshofes u. d. Reichsanwaltschaft. Oktav. (2 Sammlungen.)
1. **Entscheidungen in Zivilsachen.** (Werden in Heften im Umfange von etwa 5 bis 6 Bogen sowie in vollständigen Bänden, geheftet und gebunden, ausgegeben. Jährlich 4 Bände.) 1.—130. Band.
Je RM. 6.50, geb. RM. 8.—

Generalregister zum hundertelften bis hundertzwanzigsten Bande der von den Mitgliedern des Gerichtshofes und der Reichsanwaltschaft herausgegebenen **Entscheidungen des Reichsgerichts in Zivilsachen.** Bearbeitet von **Hans Triebel.** Oktav. XXIII, 509 Seiten. 1929.
RM. 15.—, in Halbleder RM. 18.—

Durch die umfassenden Register über je 10 Bände der amtlichen Sammlung von Reichsgerichtsentscheidungen wird das in dieser enthaltene umfängliche reiche Material der praktischen Benutzung erst voll erschlossen. Die Register verarbeiten das Material in 1. einem systematischen Register (mit einer dazugehörigen alphabetischen Übersicht), 2. einem alphabetischen Register, 3. einem Quellenregister, 4. einer chronologischen Übersicht, 5. einer Zusammenstellung der Entscheidungen nach Oberlandesgerichtsbezirken. Damit ist der höchste Grad von Sicherheit und Schnelligkeit für die Benutzung der Entscheidungssammlung erreicht.

2. **Entscheidungen in Strafsachen.** (Werden in Heften im Umfange von 5 bis 6 Bogen sowie in vollständigen Bänden, geheftet und gebunden, ausgegeben. Jährlich 1 Band.) 1.—65. Band. Je RM. 6.50, geb. RM. 8.—

Schiedsgericht für Oberschlesien. Trybunal Rozjemczy dla Górnego Slaska. Amtliche Sammlung von Entscheidungen des Schiedsgerichts für Oberschlesien, veröffentlicht gemäß der Bestimmung des Art. 592 des Genfer Abkommens vom 15. Mai 1922. Zbiór urzedowy orzeczeń Trybunalu Rozjemczego dla Górnego Śląska ogloszony wedle postanowienia art. 592 Konwencji Genewskiej z dnia 15 maja 1922r. Oktav. Band I. Tom. I. Nr. 1/4. 129 Seiten. 1929.
Pro Band RM. 12.—

Diese amtliche Sammlung veröffentlicht Entscheidungen des Schiedsgerichts für Oberschlesien, soweit sie von grundsätzlicher Bedeutung sind, in deutscher und polnischer Sprache. Die veröffentlichten Entscheidungen sind insofern für alle Gerichte und Verwaltungsbehörden von besonderer Bedeutung, als sie für sie bindend sind und jede Abweichung dem Schiedsgericht zur Entscheidung vorzulegen ist.

Zeitschrift für die gesamte Strafrechtswissenschaft. Gegründet von Fr. von **Liszt** und **A. Dochow.** Unter ständiger Mitarbeiterschaft hervorragender Fachmänner herausgegeben von Prof. Dr. K. **von Lilienthal,** Prof. Dr. Ed. **Kohlrausch** und Prof. Dr. W. **Gleispach.** Der Jahrgang besteht aus 8—9 Heften. Quart.

Bd. 1—43. 1881—1922. Je RM. 15.—. Bd. 44. 1922. RM. 25.—. Bd. 45. 1924. RM. 21.—. Bd. 46—49. 1925—1929. Je RM. 30.—. Bd. 50. 1929/30. RM. 36.—.

Juristische Rundschau. Herausgegeben von Otto **Lindemann,** Ministerialdirektor, Geh. Oberjustizrat, Berlin, Dr. Friedrich **Flad,** Senatspräsident beim Reichsgericht, Leipzig, **Fritz Hartung,** Reichsgerichtsrat, Leipzig und

Höchstrichterliche Rechtsprechung. Herausgegeben von Eugen **Friedrichs,** Senatspräsident, Breslau, Dr. Albert **Feisenberger,** Reichsanwalt, Leipzig. — Erscheint am 1. und 15. jeden Monats.

Jahrgang 1931. Vierteljährlich RM. 7.50, Einzelheft RM. 1.50

Beilage „Höchstrichterliche Rechtsprechung" einzeln vierteljährlich 5.—

Zeitschrift für ausländisches öffentliches Recht und Völkerrecht. Im Auftrage des Instituts für ausländisches öffentliches Recht und Völkerrecht herausgegeben von Dr. Viktor **Bruns,** Professor an der Universität Berlin, Leiter des Instituts. Lexikon-Oktav.

Band I, Teil 1: Abhandlungen. XXVIII, 657 Seiten. 1929. RM. 43.—
Band I, Teil 2: Urkunden. XVI, 858 Seiten. 1929 . . . RM. 54.—
Band II, Teil 1/2: Abhandlungen und Urkunden. 368 Seiten. 1930. RM. 45.—

Der neuen Zeitschrift für ausländisches öffentliches Recht und Völkerrecht ist es als Aufgabe gesetzt, die wichtigsten, die Wis-

Kolibri 360 GmbH
Ferdinand-Jühlke-Straße 7
99095 Erfurt, Deutschland
produktsicherheit@kolibri360.de